Food

图说餐饮管理系列

餐饮营销与促销

陈素娥 主编

U0331425

化学工业出版社

·北京·

《餐饮营销与促销》一书，首先从整体、宏观的角度介绍了餐饮企业营销计划和餐饮营销活动策划的内容，再从具体的营销渠道和方法着手介绍了餐饮企业网络营销、广告营销、节假日营销、品牌营销以及菜单营销、店内营销、跨界营销的操作要领、步骤和细节，并附以大量实际案例。

《餐饮营销与促销》一书理念新颖，实用性和可操作性强，是一套不可多得的餐饮企业管理与操作实务读本，可以作为中小餐饮企业创业者、管理人员、基层员工参考使用的工作手册和指导用书。

图书在版编目（CIP）数据

餐饮营销与促销/陈素娥主编． —北京：化学工业出版社，2018.2
（图说餐饮管理系列）
ISBN 978-7-122-31010-1

Ⅰ．①餐… Ⅱ．①陈… Ⅲ．①饮食业-市场营销学-图解 Ⅳ．①F719.3-64

中国版本图书馆CIP数据核字（2017）第279538号

责任编辑：陈　蕾　　　　　　　　　　装帧设计：尹琳琳
责任校对：边　涛

出版发行：化学工业出版社（北京市东城区青年湖南街13号　邮政编码100011）
印　　装：三河市延风印装有限公司
710mm×1000mm　1/16　印张17½　字数307千字　2018年2月北京第1版第1次印刷

购书咨询：010-64518888（传真：010-64519686）　　售后服务：010-64518899
网　　址：http://www.cip.com.cn
凡购买本书，如有缺损质量问题，本社销售中心负责调换。

定　　价：68.00元　　　　　　　　　　　　　版权所有　违者必究

▶▶ 前　言

近年来，餐饮市场可谓是异常火爆。尤其是近两年，大小企业都进军餐饮市场，很多餐饮品牌扎堆出现的同时，大批品牌悄然消失。餐饮行业新一轮的大洗牌，使得只有不断创新的优质品牌才能够在竞争激烈的市场上逆势而上。

有业内人士指出，未来餐饮业只有两种形态：一是以外卖为核心的产品模式；二是以社交为核心，创造不同场景与体验的餐厅模式。无论是哪种形态，都需要"独一无二"的产品与体验。然而，并不是每个品牌都能够做到。那么，哪些品牌关注度最高？哪些品牌才能够在市场上脱颖而出呢？

根据赢商网大数据中心与汉博商业研究院联合发布的数据显示，在2016年第一季度最受关注的餐饮品牌前50名中，外婆家位列第一，成为一季度最受关注的餐饮品牌；西贝莜面村、火炉火、胡桃里音乐酒馆、原麦山丘、禄鼎记、乐凯撒比萨、奈雪の茶、天泰餐厅与70后饭吧等餐厅分别位列前十。从整体榜单看，占比最多的餐饮类型是中式正餐、休闲餐饮与火锅，分别占据15席、8席与7席。另外，在本季度的前50名餐饮品牌中，新兴品牌共有24席上榜，几乎占据了榜单的一半。可以看出，越来越多的优质新兴品牌已经开始渗透国内餐饮市场，并受到了市场与消费者的关注。

中式正餐主打性价比、融合创新的地域特色及品质化。上榜的中式正餐品牌依然是以川菜、江浙菜受关注度最高。中式正餐人均消费价格集中在60元左右，且消费者偏年轻化，因此创新的菜品与独特的就餐环境成为了此类餐饮品牌的重要因素之一。值得关注的是，上榜的新兴品牌前期多以周边城市进行试点布局，嫁接互联网或微信圈等进行商业模式创新，后期成熟后迅速向全国拓展。

此外，随着消费者的年轻化，越来越多的品牌都在想方设法地抢占年轻消费者的市场，以"创意"为品牌附加值取得消费者关注的品牌为数不少。如通过"爆款单品""有格调的就餐环境""嫁接互联网思维的商业模式"等创新的招数吸引顾客，相信这种方式也将成为未来餐饮品牌的发展趋势之一。

因此，只有向大众化餐饮市场、年轻化消费趋势、品牌效应、菜品的创新、有格调的就餐环境、嫁接互联网思维的商业模式等转变，才能顺应时代潮流，抢占餐饮先机，发现餐饮机遇，轻松地挖掘财富，成为成功的掘金人。

然而，除了创意之外，日常的经营管理也非常重要。一个好的创意，必须有好的经营，才可能走向成功。经营则须从细微处入手，做好采购控制、员工培训、营销促销等一系列工作。笔者针对目前餐饮市场的状况，凭借多年的管理和培训经验，组织编写了《图说餐饮管理系列》图书，包括《餐饮运营与管理》《餐饮营销与促销》《餐饮成本控制与核算》《餐饮岗位·制度·流程·表格》《连锁餐饮运营与管理》《餐饮电商营销》，为餐饮企业经营者和从业人员提供全方位的指导和参考。

本书理念新颖，实用性和可操作性强，是一套行之有效的餐饮企业管理与操作实务读本，可以作为中小餐饮企业创业者、管理人员、基层员工参考使用的工作手册和指导用书。

本书由陈素娥主编，在编写过程中，得到多家餐饮企业和餐饮一线从业人员的帮助及支持，其中参与编写和提供资料的有王红、王健、王春华、李建华、李景吉、李汉东、李春兰、刘婷、刘春海、刘海江、李牧苇、冯飞、宋健、张君、许华、陈丽、周军、周亮、高健、匡粉前、杨雯、赵建学、黄彪，最后全书由匡仲潇审核完成。同时本书还吸收了国内外有关专家、学者的最新研究成果，在此对他们一并表示感谢。

由于编者水平有限，书中难免出现疏漏与缺憾，敬请读者批评指正。

编者

▶▶ 目 录

第一章　餐饮企业营销计划

　　现今阶段，餐饮企业竞争日益激烈，消费者也变得越来越成熟，这就对餐饮企业经营者提出了更高的要求。如何做好营销计划，吸引消费者目光，提高经营效益，成为餐饮企业发展的重头戏。

第二章　餐饮营销活动策划

中国的餐饮市场正在发生革命性的变化，消费者已不再仅仅满足于酒足饭饱，他们对餐饮产品的形式、外延甚至情感因素都会有所要求。食客们希望吃的已不单单是食物，更要吃出体验、吃出品味、吃出健康。餐饮产品已经上升为一种全方位的服务，形象、包装、环境、特色、式样、品牌以及企业的文化，都是客人进行消费选择的依据，所以必须要对餐饮产品营销进行市场活动策划。

第三章　餐饮企业网络营销

随着餐饮业网络营销的发展，餐饮业将进入所谓"数字化餐饮"时代。有关描绘"数字化餐饮"的报道层出不穷，如"一场新的革命在餐饮业中发生""人们明天用鼠标吃饭？""数字化餐厅与数字化食品必将风靡全球"等。

第四章　餐饮企业广告营销

　　广告营销是指餐饮企业通过广告对餐厅的产品及服务展开宣传推广,促成消费者的直接购买,扩大产品的销售,提高餐饮企业的知名度、美誉度和影响力的活动。随着经济全球化和市场经济的迅速发展,在餐厅业,尤其是餐饮企业营销战略中,广告营销活动发挥着越来越重要的作用,是餐饮企业营销组合中的一个重要组成部分。

第五章　节假日的餐饮营销

　　节假日的餐饮营销在全国各大餐厅和餐饮企业已普遍"开花",如春节前后和圣诞节的社会活动。假日市场的形成和发展,给餐饮业带来勃勃商机,如何抓住机遇,扩大假日经营的内涵和外延,如何遵循假日市场规律,是广大餐饮经营者所研究的课题。

第六章　品牌营销

近几年，我国餐饮业呈现出高速增长的发展势头，成为"热门"行业之一。21世纪是品牌纵横的世纪，品牌已成为餐饮企业最有潜力的资产，品牌扩张成为企业发展、品牌壮大的有效途径。纵观我国餐饮企业发展模式，当前发展主要方向和任务是提升品牌文化水平，推进餐饮产业化。

第七章　其他营销方法

除了前述的餐厅营销方法以外，餐饮企业还有许多其他的营销方法，如菜单营销、店内营销、跨界营销等，这些营销方法若运用得当，对餐饮业绩的拓展是大有功效的。

第一章
餐饮企业营销计划

引言

　　现今阶段，餐饮企业竞争日益激烈，消费者也变得越来越成熟，这就对餐饮企业经营者提出了更高的要求。如何做好营销计划，吸引消费者目光，提高经营效益，成为餐饮企业发展的重头戏。

第一节 营销计划

一、营销计划的重要性

营销策划是一个餐饮企业希望改造环境、征服客人的一种准备付诸实践的意识行为。随着社会的快速发展，如今的市场已经步入高度的社会市场营销阶段，之前的"生产时代""产品时代"已经不复存在，消费者消费行为日趋理性化，一个以客人利益为中心的全新社会市场营销时代已经到来。

对于一家餐饮企业来说，制订好营销工作计划更是"重中之重"。如今的餐饮企业营销似乎进入了一种误区：营销就是节日做活动，通过一些活动，或许餐饮企业一时间生意也很火爆，但活动一过，马上又变得冷冷清清。

因此，餐饮企业有必要做出符合市场需求的营销规划，根据目前餐饮企业情况，制订一个营销计划设计，诸如：制定营销方案、市场推广计划，并在工作中逐步实施，推动餐饮企业的不断发展，也从长远发展的角度，为餐饮企业下年度的经营打好坚实的基础。

二、营销计划的要求

1.简单易行

营销计划的设计应尽量简单，尽可只有几个需要完成的关键项目，这样的营销计划才能使餐饮企业集中精力并获得成功。

2.切合实际且有弹性

制订的营销计划必须不断地进行重新审视和重新评估。一个好的营销计划需要一定程度的稳定性。它只是意味着当环境改变了，或者表明当该定位将不再是最有效的时候，就不必故步自封。

3.可衡量并能实现目标

餐饮企业营销计划必须符合餐饮企业的经营能力、经营范围及经营风险，并且有切实可行的时间和资源。

餐饮企业营销计划必须根据其完成的这项可衡量及可行的目标所需要的时间和日期，来指派具体的责任。而这些责任，既有个人的责任，也有集体的责任。例如："提高日销售额5个百分点"。计划制订后还应该持续地跟踪以确保这些责任被落实，又或者在特殊的时候这项计划需要被更改，这些规定就要求组织中所有的人都要全面理解计划。

【实战范本】餐饮市场营销计划的一般编写格式 ▶▶▶ ·····················

一份较为完整的餐饮市场营销计划，应包括概要、背景评价、营销目标、营销策略、营销组合的具体策略、财务文件、监督和控制、应急计划和其他文件等，具体内容及编写格式如下。

一、概要

餐饮市场营销计划正文前面的数页为概要部分，这部分内容负责对当前形势、目标、策略、行动方案和财务指标的关键部分进行扼要介绍。

二、背景评价

1.历史情况评价，考虑的事项如下。

（1）市场

① 市场大小和规模，以及竞争对手的销售历史情况与市场占有率。

② 市场潜力、餐饮主产品和相关产品供求的主要趋势。

（2）市场活动

① 餐饮各产品销售的定价情况以及引起变化的原因。

② 销售渠道形式。

③ 销售策略和实践。

④ 广告和促销。

（3）本餐饮产品的销售额、成本、毛利润

根据销售地区、客户类别、产品类别等分类方式，分别进行销售额和成本的历史情况分析。

① 利润历史情况。

② 各产品系列的销售量、销售额和利润的变化。

（4）产品、技术及工艺的改进

① 产品所处的生命周期阶段。

② 产品设计和开发的提前期（或周期）。

③ 市场效果。

④ 产品生产和质量控制的难度。

（5）市场特点　在下面各方面的趋势。

① 目标客人的消费规律。

② 目标客人的购买频率、数量和时间。

③ 目标客人的购买过程。

④ 服务情况。

（6）政府和社会

① 法律环境。

② 财政与金融政策。

③ 消费者保护活动的情况。

④ 自然环境保护带来的影响。

2.产品基本情况档案

产品基本情况档案是单独的档案文件，但它与整个营销计划密切相关，它是对产品和市场营销活动的结果、环境条件和特征等，从统计上所做的永久性记录。

产品基本情况档案的作用是提供关于产品的所有必要信息。这些将成为营销计划的基础，并使新员工能尽快熟悉产品和市场。这也使得管理上的策略有连续性。

准备档案的基本职责通常是由负责该产品或产品系列的经理人员（如产品经理）承担的。

3.形势分析

（1）销售分析

① 产品系列的销售额、成本和利润的趋势。

② 中间商、目标客人、重要客人的销售情况。

③ 从区域、产品、渠道等方面分析过去与现在的销售情况。

（2）行业吸引力分析

① 市场因素：大小；增长率；周期性；季节性。

② 行业因素：生产能力；新产品进入前景；竞争状况；供应商议价能力；替代产品的威胁等。

③ 环境因素：社会因素；政治因素；人文统计上的因素；技术因素；法律法规因素等。

（3）客人分析

① 谁：谁是客人；如何分类；本餐饮和竞争对手的目标市场群体过去和将来的情况。

② 为什么：客人为什么购买；什么时间购买；用所购产品做什么；购买决策影响人的目的。

③ 可能的变化及其影响：影响客人购买目标的因素；如何预测这种改变；客人行为的改变预示着什么；这种改变对本餐饮和竞争对手的影响如何。

④ 客人分析对理解整体市场的作用是什么。

（4）竞争对手分析

① 针对每个主要的竞争对手分析以下的内容：如何衡量和评价餐饮的竞争表现；如何达到其目的；促进和阻碍的因素是什么；优势和缺点是什么；竞争策略和手段将如何变化；未来的战略可能是什么。

② 进行完整的分析：包括评价餐饮过去的成果和策略。

③ 进行资源评价：设计新产品的能力；生产制造能力；营销能力；财务

能力；管理能力。

（5）资源分析

① 对本餐饮进行评价：把本餐饮的资源状况与主要竞争对手的资源状况进行比较；将资源状况与寻求机会或避免威胁的要求进行比较；把资源状况与战略决策对资源的要求进行比较。

② 评价的内容：设想和设计能力；生产能力；营销能力；财务能力；管理能力；该业务中取得成功的意愿。

4.计划的假设

① 对未来进行假设的明确方针。

② 规划、预言和预测。

三、营销目标

1.餐饮企业的目标。

2.各个部门的目标。

3.营销目标。

（1）数量（销售量、销售额、市场占有率、利润和费用等）。

（2）方针。

（3）时间范围。

（4）基本原则。

四、营销策略

1.策略的备选方案。

2.市场定位策略。

3.产品定位策略。

4.其他关键性策略。

五、营销组合的具体策略

1.定价策略。

2.广告与促销策略。

3.广告创意策略。

（1）媒体计划。

（2）消费者促销与中间商（或贸易）促销。

4.销售与销售渠道策略。

5.产品研究开发策略。

6.市场开拓策略。

六、财务文件

1.预算

（1）广告与促销预算。

（2）销售额。

（3）市场研究预算。

（4）产品开发预算。

2.预算报表

（1）成本

① 总成本与单位成本。

② 变动成本与固定成本。

③ 预测总收入。

（2）利润

① 总利润、单位产品利润。

② 投资收益率等。

七、监督和控制

1.在监督和控制中将要使用下面的研究信息

（1）间接数据（或第二手资料）。

（2）销售报告。

（3）合同或订单。

（4）非正式渠道的信息。

2.原始数据来源

（1）有关餐饮的各种财务审计数据。

（2）特定的、提供数据的公司，如市场研究公司、管理咨询公司等。

（3）用户调查网等。

八、应急计划和其他的文件

1.应急性计划。

2.应考虑的备选策略方案。

3.其他有关文件。

三、营销计划的步骤

餐饮企业营销计划设计，一定要基于调查的基础上，从外部环境和内部环境进行考察，并且借助数据的分析，才能做到设计的方案有效并得到落实。

1.外部环境考察

外部的环境，包括国际和国内趋势，此外，还应该考虑众多产业的趋势，诸如各种细分市场的成长或衰退趋势、上座率趋势及餐饮企业将会面临的一些新的发展及衰退趋势。

此外，要在合理的范围内收集有关可能的竞争者的数据。所谓"合理的范围"，就是包括距离本店3千米的餐饮企业。营销小组必须站在客观的立场评估竞争者，对于产品投放市场后的评估结果，必须真实、客观并且切实可行。

2.内部环境考察

在附近搜集到的数据要力求准确和充分。餐饮企业有新菜品、上座率、收入、点菜率等数据这些数据必须每季度、每月、每天更新，它们也是确定过去、现在、未来细分市场和目标市场的依据。

3.数据分析

餐饮企业最先要分析的是环境和市场趋势，处于积极还是消极的状态？将会如何影响我们？餐饮企业怎样利用或抵消它们的影响？

还有，市场的潜力和机会是什么？想要确定这些，需要对所有的需求因素、各种细分市场以及目标市场进行分析。

另外，确定市场的供需在哪里？未被满足的需求在哪里？同行竞争者未填补的利益空间又在哪里？

4.营销定位

结合餐饮企业以往的客户信息和餐饮企业以往设计的策划及收集到的真实、客观的数据进行分析，有针对性地进行营销定位。

 拓展阅读

营销计划中需要的竞争信息

1.描述

对构成竞争的餐饮企业的自然特征进行简要的描述，不仅要强调劣势，也要强调优势。确定诸如竞争对手何时对自己的产品进行最后更新、在不久的将来其产品升级的计划、设施设备情况以及竞争对手所有对你构成竞争的特色——即产品服务组合。描述应包括有形、无形的产品及服务的质量和水平，人员、程序、管理、预订系统、分销网络、失败或成功的营销努力、促销、市场占有率、市场形象、市场定位、连锁的优势与劣势等。上述这些项目在最后的分析中都很重要。所有的优势与劣势都应该详细说明。

2.客人群

谁是他们的客人？为什么这些客人会去他们那里？这些客人也是你的潜在客人吗？营销计划的一部分需要致力于创造产品的需求，而大部分的营销计划致力于从竞争对手那里赢得客人。如果不知道这些客人是谁，那么从竞争对手那里获得客人将会困难重重。

3.价格结构

涉及价格的竞争者来自何处？虽然餐饮企业的产品价格易于得到，但是相对于价格其传递的产品也很重要。当进行价格分析时，用同样的产品进行比较很重要。

4.未来供给

确定在未来是否会有新的项目影响到你的竞争环境是很重要的。此类信息一般可以通过商会或者当地其他的渠道得到。

第二节 营销计划执行

一、了解餐饮企业市场营销的特点

餐饮企业的产品是有形设施和无形服务的结合，它不是单纯以物质形态表现出来的无形产品，餐饮企业产品的市场营销存在特殊性，有综合性、无形性、时效性、易波动性的特点，具体内容如下图所示。

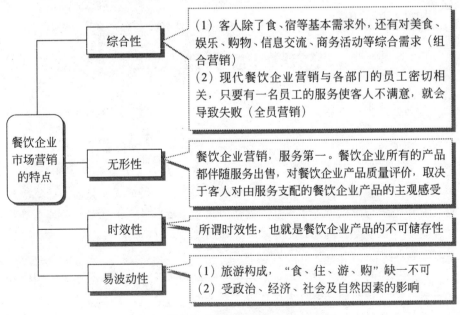

餐饮企业市场营销的特点

　　总而言之，餐饮企业要根据市场营销的特点，制订切实可行的营销计划设计，以追求最高效益。

二、餐饮企业市场营销基本要求

　　餐饮企业营销工作必须具备六项基本要求，如下图所示。

> **要求一**　满足客人需求

现代餐饮企业营销首先要满足的是客人的需要。以客人为中心，尊重客人的需求，要充分认识到客人需求和企业利益之间的依存关系

> **要求二**　要具有连续性

餐饮企业营销活动是一个连续不断的管理活动，而不是一次简单的促销活动或简单的决策。还要着眼于未来企业的发展，立足长远，为适应市场的变化而获得能够长期经营成功的营销思想和战略

> **要求三**　按步骤进行

餐饮企业营销工作是一个有计划、有步骤的过程。各项计划和活动的实施，必须要有计划、按步骤进行，而且每一项营销活动都要一步一步地去落实、推进

> **要求四**　调研起关键作用

餐饮企业营销活动的实施，需要以市场调研作为基础。通过市场调研，企业能够清楚地认识到客人的需求，才可以更好地为客人提供满足他们需求的产品和服务

> **要求五**　各部门精诚合作

在餐饮营销工作过程中，需要各个部门同心协力，发挥团队合作精神

> **要求六**　与同行及相关行业合作

任何一个餐饮企业，在推行营销活动的过程中，都要注意与同行、与相关行业搞好合作关系

餐饮企业营销的六项基本要求

三、适合餐饮企业的营销策略

1.强化产品印象营销

应针对目标市场，清晰定位，并以巩固消费者的形象为突破口，强化产品在消费者中的印象。如：针对高消费者的菜肴、服务高档的商务餐厅；针对大众消费的环境温馨、服务周到、菜肴实惠的家居型餐厅等。

营销途径有：利用新闻媒体即电视、电台、报纸、互联网等。目的在于扩大品牌知名度，树立餐饮企业形象，它是一种信息传播手段，可以指导消费，刺激需求，扩大销售。争取做一些让消费者受益并记忆深刻的活动，以确实提升企业形象，得到更多消费者的认可。

2.节假日特色营销

在一年的各种节日里，如春节、情人节、端午节、六一儿童节、中秋节、国庆节、重阳节等都可以举办各种活动。节日餐饮是以普通百姓为主体的市场，其特点是人员多、流动量大。餐饮业可以根据节假日特点，开展特色营销，如推出"传统名菜名点""特色鲜明的创新宴席"等，形成节日品牌。

3.绿色餐饮营销

由于现在生活水平提高，一些生活观念的改变，人们更加注重自己的生活健康及身边的生活环境，所以很多人追求绿色生活，食品方面更加注重绿色化。这也给餐饮企业营销增加了越来越多的新内容。为迎合这种变化，众多的餐饮企业逐渐推出自己特色的绿色食品，并且增加了许多的保健设施等。特别是近年来，人们对保健已经开始重视，而药膳无疑成为许多人心中的理想保健措施。同时餐馆应适应市民消费需求的变化，推出各种精工细作的野菜时蔬。

4.实现连锁经营

能够快速提高市场占有率的最有效的途径就是实行餐饮企业的规模经营，同时，不能只注重于扩大规模经营，还要注重其质量，如果既要注重质量又要进行规模经营，必须通过一些措施来提高效益。比如烹饪、服务态度、操作程序，以及资金的运转方面都要处理好。扩大经营规模还可以实行连锁经营。这种方式既扩大了经营规模，还可以使餐厅的特色能够更好地推广。可以在城市的不同地区，经营一个同样有特色的餐厅，也就是人们说的分店，这样能够更好地使餐饮大众化。

5.餐厅形象营销

进行餐厅的形象设计策划，比如在设计店徽、选择餐厅主题、餐厅的装饰格调、家具、布局、色彩灯饰等方面下功夫，使之起到促销的作用。一个好的餐厅形象，能使人觉得温暖舒心，更能使消费者对餐厅有一个好印象。

🔍【实战范本】某餐饮企业营销计划 ▶▶▶ ------------------------------------

一、前言

中国辛勤的劳动人民，在数千年的饮食文化的探索和发展中，逐渐形成了风格各异的粤、鲁、湘、川等各大菜系和属于地方特色的食品。北京烤鸭，是北京名食，它以色泽红艳、肉质细嫩、味道醇厚、肥而不腻的特色，被誉为"天下美味"而驰名中外。"鸭王烤鸭"是现代烤鸭师秉承传统烤鸭工艺而研发出的新派烤鸭，烤鸭表面色泽金黄油亮，外酥香而里肉嫩，有一种特殊的鲜美味道，是烤鸭中的极品。

当今的宣化餐饮业，发展趋势可概括为：发展十分迅速，规模不断扩大，市场不断繁荣。然而，繁荣的同时意味着竞争的加剧，总有餐饮店铺"倒下"，又有新的店铺"站起来"，但总有少数几家在大浪淘沙中站稳脚跟并不断发展壮大。作为北京新派烤鸭在宣化餐饮业的代表，"鸭王烤鸭"应成为响当当的招牌。

二、市场/企业分析

宣化餐饮市场同样存在着激烈的竞争，各式各样的大小酒店、饭店，争夺着宣化有限的餐饮资源，冲击着食客的味觉和视觉。

一个酒店要获得成功，必须具备以下条件：①拥有自己的特色；②全面的（质量）管理；③足够的市场运营资金；④创新，不断推陈出新。这些条件缺一不可，否则，就是昙花一现。这也是许多酒店、餐馆风光开业又迅速消失的原因所在。

××酒楼，是在原××美食苑的基础上新生的饭店。××洗浴、××美食苑经过多年的宣传与运营，已经有了一定的知名度，在宣化更是家喻户晓。如能利用其在宣化的知名度延续宣传××酒楼，提高菜品质量（行家点评稍差），加强人员培训、管理，定能成为宣化餐饮界的后起之秀。

三、营销策划

餐饮服务的目的是让顾客满意，只有顾客满意了，酒楼才能获得利润；要做好优质的服务，离不开企业内部员工的努力；内部员工营销的成功又以全面的（质量）管理、有效的激励机制和良好的企业文化氛围为基础。

××酒楼开业两个月，现正在举办"回报消费者关爱"的优惠活动。借此机会，应以顾客满意营销、内部员工营销和文化营销三者结合，作为本次活动的重点。

1.本次活动的目的：增加"××酒楼"品牌的影响力，提升知名度和美誉度；提升形象，增强竞争力；加强员工的企业忠诚度和向心力；提高员工服务意识、工作积极性；进一步提升企业文化；提升销售额，增加利润；为下一步更好地发展打下良好的基础。

2.活动时间：××年7月1～15日，共计15天。

3.参与人数：所有员工、就餐的顾客等。

4.顾客满意、员工满意、管理提高、文化创新。

四、具体方案策划

（一）SP方案

1."微笑服务"

在活动期间，所有员工一律微笑服务，细致耐心，让顾客乘兴而来满意而归，提高顾客的感觉消费价值。具体实施如下。

××年7月5日前召开动员大会，6～15日在服务员之间开展"服务大比武"，在大厅设一个专门的版面，每日评出"当日服务之星"，并给予物质奖励。

2.特价

（1）每日推出一道特价菜，日不重样。

（2）随顾客所点菜品加赠部分菜品，如消费100元送两份小菜；消费200元以上，加赠2道凉菜；消费500元以上，加赠4道凉菜等。

（3）打折，这是一个迅速提高消费的法宝，建议适当打折刺激消费。

（二）内部营销方案

内部营销是一项管理战略，核心是发展员工的顾客意识，再把产品和服务推向外部市场前，先对内部员工进行营销。这就要求员工与员工、员工与企业之间双向沟通、共享信息，利用有效的激励手段。

1.在全体员工内部加强温情管理

要求每一个员工将所面对的其他员工视为自己的顾客，像对待顾客一样进行服务。并在以后的工作中，将内部员工营销固定下来。

2.征文比赛

内部员工征文：《我的选择——××》（所有员工都写，洗浴部、餐饮部各写个的。目的是培育员工热爱××的情感，让大家齐心协力，共创辉煌！）

要求如下。

（1）题材围绕××酒楼、××洗浴所发生的事情，可以是工作经历、感想、寄语等。

（2）体裁不限。散文、杂文、记叙文、议论文、诗歌皆可。

（3）截止日期为××年7月13日。

鼓励全体员工积极投稿。本次征文活动评出一等奖1名，奖金200元；二等奖2名，奖金100元；三等奖5名，奖金50元，并进行集中展出。

3.成本节约比赛

通过系列活动，对内部员工进行再教育，提供其的积极性。

（三）产品营销方案

1.在推行特色餐饮的同时，推进情侣套餐、商务套餐、家庭套餐、孝心套餐等。如：情侣套餐可推出38元、48元、58元等价位。

2.绿色家宴：随着生活水平的提高，人们的饮食已不仅仅是为了解决温饱，而是吃"绿色"，吃"健康"。绿色家宴的推出，无疑会受到消费者的青睐。在原材料使用上，力推生鲜类绿色食品；在烹饪方式上，结合现代人的消费时尚，使菜肴风味化、营养化；在家宴的菜谱上，注重菜肴的营养搭配，平衡膳食，满足人们的健康要求。

（四）文化营销方案

向消费者宣传××的企业文化，增强企业在目标消费群中的影响力。

在公交车身上制作××酒楼的环境图片、烤鸭的制作流程图和酒店的精神口号（××酒楼提醒您：关注饮食健康），让顾客把"吃"当作一种享受，使顾客乐而忘返。

五、广告营销方案

在信息发达的现代社会，媒体无疑是吸引大众眼球的媒介。可根据不同的媒体有不同受众的特点，合理地进行市场定位和目标顾客的定位，合理地选择媒体投放广告，不可片面追求覆盖率，造成广告的浪费。

硬广告和软广告相结合，软硬兼施，以取得更好的效果。利用媒体整合，实现小投入，大产出。

六、效果分析

1.宣传造势，让消费者产生强烈的记忆感，引起良好的口碑宣传，提高知名度和美誉度。

2.店内富有人情味，服务周到，能提升目标消费者对企业的忠信度。

3.通过服务比赛、征文比赛、成本节约比赛，能极大地增强员工的企业归属感和向心力，提高工作积极性。

4.通过促销，提升营业额。

每日评出"当日服务之星"，并给予物质奖励。

四、如何有效执行营销计划

餐饮企业想要有效地执行市场营销计划，必须要建立起专门的市场营销组织。这个市场营销组织通常由一位营销副总经理负责，主要有两项任务要完成。

（1）合理安排营销力量，协调餐饮企业营销人员的工作，提高营销工作的有效性。

（2）积极与生产、财务和人力资源等部门的管理人员配合，促使餐饮企业的全部职能部门和所有员工同心协力，竭尽所能地满足目标客人的需要，保证高效地完成市场营销计划。

实践上，营销部门开展营销工作的有效性，不仅依赖于营销组织结构的合理性，还要配备合格的营销人员，充分调动他们的工作积极性和创造性，增强其责任感和奉献精神，把计划任务落实到具体部门、具体人员，才能保证在规定的时间内完成计划任务。由此可以看出，高效合理的营销组织和高素质、合格的营销人员是执行计划的必备条件。

【实战范本】××餐饮企业营销计划 ▶▶▶ -------------------------------

一、广告策略

1.建立餐厅知名度，告诉消费者餐厅所提供的产品与提供何种特色的服务。针对本餐厅目前的情况，以及本餐厅的主要客户群是"白领"阶层，考虑到"白领"工作压力等方面的因素，我们推出以营养、健康为主题的一系列活动。活动具体内容：首先开展猜谜活动，题目是关于营养饮食方面的，譬如吃什么食物补充维C，吃什么食物对眼睛有好处，吃什么食物可以让人心情愉悦、可以减压，把题目弄成一个小纸条或别的什么东西，类似于猜灯谜那种，猜对了有奖品或者就餐优惠等。地点，可以在餐厅外面举行。

猜谜活动的可行性分析：比如这样一个类似的活动，当时是有很多人围上去参加的，只要在餐厅门口聚集了人气，由于大多数消费者都会有从众心理，跟着围过来看的人就多了，可有效提高公司知名度。本活动持续时间为3个工作日。

2.强化餐厅形象，增加消费者由认知、肯定到指定购买。

具体内容如下。

（1）加强对该餐厅的广告宣传，不定期地配合阶段性的促销活动，掌握适当的时机，及时、灵活地进行，如在某些节日，或对本餐厅或对客户群体有重大意义的时间及时开展促销活动。广告内容以餐厅文化和餐厅特色介绍为主，包括本餐厅的品牌、经营理念和口号、特色、环境、服务、当期的促销活动等。

（2）拓展广告渠道，印制专用的DM、传单，微信、QQ等网络渠道推广，上下班必经的车站推广，在"白领"较常阅读的杂志上刊登广告，并附带优惠券。针对单项商品（单品）或新商品来加强广告与促销活动。针对本餐厅健康饮食的一系列活动，通过各种广告形式和促销形式大力宣传，宣传时间持续一个月。使得本餐厅食品健康营养的观念深入身心。打造餐厅以人为本的良好形象。

二、产品策略

1.提高餐饮质量、创立特色产品

（1）要保证产品原材料的卫生与新鲜。严格把关，特别是原材料的采购和处理，禁止使用不合格的原材料或其他配料。

（2）严格按照各种制作工艺和流程做好每一道菜，提高口感。定期对厨师进行培训，提高其厨艺。

（3）增加产品品种，研发多种新菜式。

2.重视产品组合。产品组合的目的是增强产品的吸引力、增加销售量。

合理计划餐饮产品与节假日的组合。以盖饭、拉面、小食品为主，精心制作营养套餐、情侣套餐、家庭套餐、个人消费套餐等，形成自己的特色。具体设想有以下几种套餐。

产品组合一：营养套餐。由于本餐厅的目标客户是"白领"阶层，针对"白领"阶层的健康问题我们推出了营养套餐。有关报道指出，不良的午餐状况是造成"白领"健康状况差的一个很重要的因素。而且最近的人越来越注重健康饮食，我们应该把握这个机会。

具体设想：通过前面的广告宣传，让营养套餐这一观念深入人心，并有利于打造企业"以人为本"的良好形象。具体套餐组合可以有素食餐、水果餐等，具体视餐厅情况而定。

产品组合二：情侣套餐。情侣在就餐时对就餐环境要求也相对较高，他们一般选择环境幽雅、气氛浪漫且档次相对较高的地方就餐。该餐厅装修典雅，环境色以枣红和浅米黄色为主，整体感觉时尚、简约，给情侣们提供了一个约会的好场景。该餐厅应该发挥这方面的优势。同时，在经营该市场时，应该注意到情侣的消费特点和要求，并以之作为出发点形成自身特色的经营方式。

具体操作如下。

（1）氛围和气氛的制造。浪漫温馨的就餐气氛，柔和温馨的灯光，轻松浪漫的音乐，以及在适当的时候为情侣们点上几根蜡烛，让他们享受一份烛光晚餐。这些都是吸引客人的极好方法。

（2）附加服务（特色服务）。对于消费满一定金额（如50元以上）的情侣们赠送一枝玫瑰等。

产品组合三：周末特价。在周五晚上、周六、周日这三个时间段，推出优惠产品或提供特价服务。客人对象主要是情侣和小型同事聚会，但事先应需要做好活动宣传等工作。

3.不放过任何可能的节日，不断推出新组合，这点×××西餐厅做得不错，可以作为借鉴。在元旦、元宵节、情人节、七夕、中秋节、感恩节、圣诞节等节日里可以推出一些适合节日气氛的新产品。

4.创造轻松、温馨、浪漫的气氛。

由于本餐厅的主要客户群是"白领"阶层，他们当中很多都是刚离开学校、离开家里，刚投入到这个社会，对于社会上一些风气可能还是不能完全接受，也依然眷恋着学校和家里的温暖。所以，创造轻松、温馨、浪漫的气氛能给他们带来温暖的感觉，让他们对本餐厅印象更深刻。气氛是服务态度、服务技术、服务员的形象、餐厅的建筑装潢、设施设备的布局、色彩、背景音乐等因素的综合，更体现了一种文化品位。因此，本餐厅应在原有幽雅环境的优势下，充分营造一种轻松、温馨、浪漫的就餐气氛。

三、销售渠道策略

依据餐厅的特点，宜采用直接销售和一级销售渠道两种形式，以前者为主。

1.直接销售

对到餐厅就餐的新客户以及老客户尽量让他们满意，形成二次、三次的回头消费，形成一部分稳定的客源。

2.一级销售

选择公司或商场活动，与之建立关系，可以将抵用券作为奖品等，或其他形式，从而增加客流量。另外，我们还可以开展网络订餐业务。现在"白领"的工作一般比较繁忙，再加上最近天气比较热，可能不想出来吃饭，网络订餐服务给他们提供一定的便利性。

3.主要设想

餐厅把产品的详细信息发布于网上，客人通过网络订餐服务可以直接点餐，也可以选加配料。另外还可以开展电话订餐业务，但是由于电话订餐要找号码，还存在对产品的不了解，与网络订餐相比，稍显逊色。但开展网络订餐服务的前提是要保证能准时送餐。

四、管理策略

1.员工招聘

（1）由于本餐厅针对的主要的客户是"白领"阶层，大都是25～30岁，所以，在员工招聘方面应该选择些年轻有活力的员工，这样可以更好地吸引消费者到此消费，而且他们可以更好地与客人沟通，以便更好地了解客人的需要。

（2）除了要招聘一些年轻有活力的员工外，员工素质也是需要考虑到的。在选择时，应选择有良好思想道德素养和职业道德的员工。

2.员工管理

（1）加强思想教育，无论什么时候思想教育都是必要的，只有有良好的思想素养的员工，才能够更好地做好自己的工作。

（2）增强专业技能培训，提高服务质量。本餐厅已经意识到餐厅服务员手生、年轻，服务意识薄弱，我们就应该从这一方面着手对员工进行专业技能培训，并且这样的培训是经常性的。关心员工生活，"以人为本"就是"以员工为核心"，只有忠诚的员工才能带来客人的忠诚。

作为管理者，应该关心员工的生活，学会尊重员工，让他们有一种思想：餐厅也是属于他们的。要建立有效提高员工工作积极性的机制，具体内容为，完善员工奖惩制度，提倡微笑服务，每周评选微笑之星、服务之星、最佳服务员，给予一定的物质或金钱奖励。

3.餐厅服务

提高服务质量，提倡阳光般的服务，给予客人真诚的笑容，服务员要和客人多沟通，多联络感情，给人一种亲切感，着力打造一种温馨的氛围。

4.给客人发意见卡

客人的意见是餐厅成长的"肥料"，可以在客人就餐完毕后结账时给他发意见卡，上面可以写一些问题。比如，你认为本餐厅的服务有哪些不足，有哪些需要改正之类的。并注明，下次来消费可以凭填好的意见卡获得一定折扣的优惠。每周评选一次，对意见中肯且正确的，选出前三名等，以一定的奖品奖励。

五、营销预算

1.活动成本

视具体情况而定。

2.平面宣传

以DM为主，DM的广告形式有信件、海报、图表等多种，视具体情况而确定费用。

3.地面传单

新产品推出时适当使用印制成本为0.08元/张的意见卡。

六、风险

每一种方案都暗含风险，如何在风险和收益之间取得平衡，是决策中的重要问题。

风险分析可以帮助我们做出最稳妥的决策方案，以下是对本次方案可能产生风险的分析。

1.市场风险

目前市场上的同类餐厅可能随时采取一些新的营销策略，会使得本餐厅的销售额受到影响。

2.成本控制风险

本餐厅是以环境幽雅及产品种类多样取胜的，所以在成本控制方面最大的风险在于过多投入市场开发而忽视服务和产品创新等方面。如果本方案推出的一些产品组合市场效果低于期望指，那么由该方案所产生的成本（包括人工及产品）将较难回收。产品组合推出将面临较大风险。

3.内部环节脱节风险

本方案的一些产品组合如果在本餐厅内部出现环节脱节的情况也会使得餐厅面临风险。

七、收益

1.市场占有率

通过一系列营销活动，迅速占领"白领"市场，使得大部分希望有优雅的就餐环境的"白领"能够来餐厅消费。

2.总体营销量

在先前的宣传及促销的基础上，结合各类产品的特点，提高本餐厅的总体营销量，进而增加销售额。

八、营销计划的实施和销售控制

1.营销计划的实施

营销计划的实施需要餐厅全体服务人员和参加活动的人员的协调及配合。

2.销售控制

各细分市场的业绩评估采用每月进行一次评估，及时分析未完成的相应销售指标的原因（是产品、服务还是促销方式、价格问题），提出相应的改进措施。

第二章
餐饮营销活动策划

引言

　　中国的餐饮市场正在发生革命性的变化，消费者已不再仅仅满足于酒足饭饱，他们对餐饮产品的形式、外延甚至情感因素都会有所要求。食客们希望吃的已不单单是食物，更要吃出体验、吃出品味、吃出健康。餐饮产品已经上升为一种全方位的服务，形象、包装、环境、特色、式样、品牌以及企业的文化，都是客人进行消费选择的依据，所以必须要对餐饮产品营销进行市场活动策划。

第一节　餐饮企业营销活动

一、餐饮企业营销活动的概念

餐饮企业营销活动是指餐饮经营者为了使客人满意、实现经营目标而展开的一系列有计划、有组织的活动，它是一个完整的过程，而不是一些零碎的推销活动或广告宣传。通过餐饮企业营销活动的定义可以看出，餐厅利益与客人利益是对立统一的，而活动是两者利益的协调者。也就是说，餐饮企业营销活动是依靠餐厅一整套营销活动不断地跟踪客人要求的变化，及时调整餐厅整体经营活动，努力满足客人需要，获得客人信赖，通过客人的满意度来实现餐饮经营目标，从而达到消费者利益与餐厅利益的一致。

二、餐饮企业营销活动的意义

在这样的背景下，餐饮企业的营销活动也需要因时制宜。餐饮消费通常是重复性、区域性、体验性的个性化过程。因而餐饮产品的营销活动不仅仅是依靠"口碑"来进行的，还需要餐饮企业人员根据外部不可控因素（主要由政治、经济、人口、技术、教育、法律、国际关系等）的变化，综合运用各种可控因素（主要指餐厅的人、财、物），建立起一种对外界，特别是对市场动态需求具有自我适应能力及反馈销售的控制系统，以保证餐厅主动适应外界的变化环境，趋利避害，及时捕捉市场机会。加上"一传十，十传百"的口碑效应，进而帮助餐饮企业提高品牌知名度，提高客人的忠诚度和满意度，争取赢得回头客。因此，必须做足和做好餐饮企业营销活动，才能使餐厅顺利地生存发展。

餐饮企业营销的意义主要表现在以下几个方面，如下图所示。

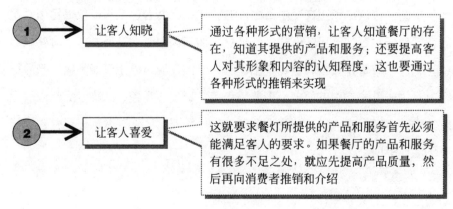

① 让客人知晓　通过各种形式的营销，让客人知道餐厅的存在，知道其提供的产品和服务；还要提高客人对其形象和内容的认知程度，这也要通过各种形式的推销来实现

② 让客人喜爱　这就要求餐灯所提供的产品和服务首先必须能满足客人的要求。如果餐厅的产品和服务有很多不足之处，就应先提高产品质量，然后再向消费者推销和介绍

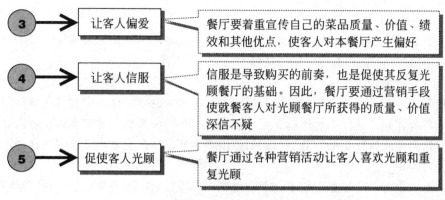

餐饮企业营销的意义

三、餐饮企业的营销活动计划

在不断变化着的餐饮市场环境中，为了使自己的经营决策不致迷失航向，在激烈的竞争中生存和发展，任何餐饮企业都不得不对自己的业务活动进行系统规划，识别有利的经营机会，制定有效的销售策略、创新方案，从而使餐饮企业或餐厅的发展不断占据市场的有利地位。

1. 自我定位

餐饮企业或餐厅根据自身的现状，分析影响企业的关键因素及存在的问题，如下图所示。

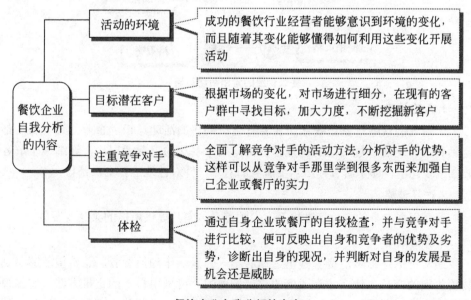

餐饮企业自我分析的内容

2.明确目标

餐饮企业营销活动的目标是通过制定活动战略和活动计划来实现的。如何才能制定出一个好的目标呢？应该从以下几个方面入手。

（1）明确活动目标　针对不同的活动目标，采用不同的活动方法，但不要盲目地制定。如果餐饮企业的目标是增加人气，那么也要制订一个如何来维持回头客的目标计划，这样不至于以影响或者牺牲现有回头客为代价来赢得新客人；如果餐饮企业的目标是增加利润，比如推出美食节，那么也要制订出利润计划，否则会适得其反。

餐饮企业活动目标必须是一个看得到、摸得着的，而不是一些不切实际的或者是模糊不清的。活动目标必须要有一个范围，要有时间性。

（2）制定战略行动　对于餐饮企业的每一个活动目标，都应有一个活动战略和活动计划，并且要详细地列出这个活动战略的行动步骤，让活动人员可以有章可循，不会盲目地、没有标准地去实施。

四、餐饮企业的营销活动策略

餐饮企业的营销活动策略主要包括五个方面，如下图所示。

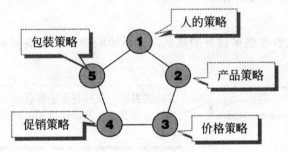

餐饮企业的营销活动策略

1.人的策略

所谓人的策略，就是餐饮企业要有全员销售的活动意识，企业的每个员工都是销售员。企业通过市场的调查、分析，确定餐厅的消费者层次，详细地了解客户需求及愿望，即了解餐厅所需要服务的对象，针对性地进行全员销售。

2.产品策略

餐厅根据自身的定位标准以及客人的需求，向其提供所需的菜品及服务。

3.价格策略

通常价格是影响消费者做出选择的第一因素，作为消费者，总希望能够买到物美价廉的产品。什么才是适度的物美价廉呢？可采用科学的定价方法，比如说尾数定价法，利用价格在尾数上的差别对消费者产生不同的心理影响。比如，某

8年红葡萄酒，288元和298元通常不被认为有何差别，但是298元和308元在消费者看来差别就比较大了。此类心理定价法在餐饮定价中是很有效果的，包括定价的目标、定价的技巧，都会直接影响到消费者的购买力。

4.促销策略

促销的任务是使客人深信本企业或餐厅的产品就是他们所需要的（如八月十五促销月饼），并促使他们来购买和消费。

5.包装策略

向客人提供一种多样化、综合而全部的产品和服务，即整体销售以满足客人物质上、精神上的需求。同时，餐厅的"包装"又是指把产品和服务结合起来，在客人心目中形成本企业或餐厅的独特形象。

第二节 餐饮企业促销活动策划与管理

餐饮企业促销是指餐厅向目标客人宣传介绍餐饮食品和服务项目及配套设施，促使客人前来消费的市场营销活动。餐饮企业促销是营销组合中又一个重要的组成部分，其目的在于扩大餐厅服务在公众和目标市场中的声誉及影响，促进餐饮食品的销售。

一、餐饮企业促销的目标

餐饮企业促销可帮助消费者充分认识餐饮产品及餐饮企业，其具体目标如下图所示。

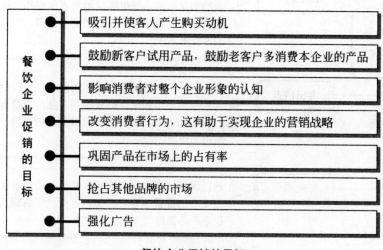

餐饮企业促销的目标

餐饮企业促销的目标
吸引并使客人产生购买动机
鼓励新客户试用产品，鼓励老客户多消费本企业的产品
影响消费者对整个企业形象的认知
改变消费者行为，这有助于实现企业的营销战略
巩固产品在市场上的占有率
抢占其他品牌的市场
强化广告

餐饮企业促销的目标

二、餐饮企业促销的意义

近年来，餐饮企业促销活动越来越被餐饮企业重视，其意义如下图所示。

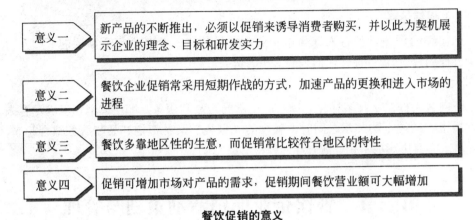

意义一	新产品的不断推出，必须以促销来诱导消费者购买，并以此为契机展示企业的理念、目标和研发实力
意义二	餐饮企业促销常采用短期作战的方式，加速产品的更换和进入市场的进程
意义三	餐饮多靠地区性的生意，而促销常比较符合地区的特性
意义四	促销可增加市场对产品的需求，促销期间餐饮营业额可大幅增加

餐饮促销的意义

三、餐饮企业促销的作用

餐饮企业促销的作用如下图所示。

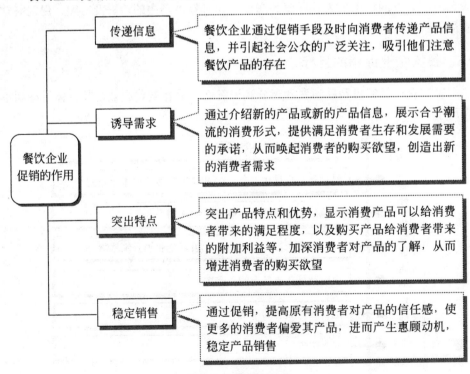

餐饮企业促销的作用	传递信息	餐饮企业通过促销手段及时向消费者传递产品信息，并引起社会公众的广泛关注，吸引他们注意餐饮产品的存在
	诱导需求	通过介绍新的产品或新的产品信息，展示合乎潮流的消费形式，提供满足消费者生存和发展需要的承诺，从而唤起消费者的购买欲望，创造出新的消费者需求
	突出特点	突出产品特点和优势，显示消费产品可以给消费者带来的满足程度，以及购买产品给消费者带来的附加利益等，加深消费者对产品的了解，从而增进消费者的购买欲望
	稳定销售	通过促销，提高原有消费者对产品的信任感，使更多的消费者偏爱其产品，进而产生惠顾动机，稳定产品销售

餐饮企业促销的作用

四、餐饮企业促销的方法

1.服务促销法

服务促销法就是在提供额外服务之中促销，主要可以分为几类，如下图所示。

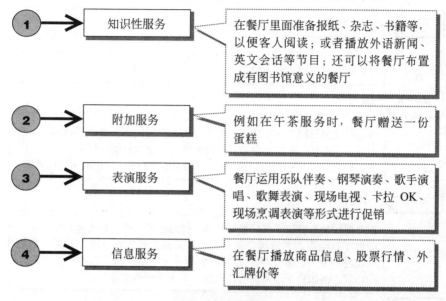

服务促销法的分类

2.优惠促销法

优惠促销法就是采取的一系列折扣来鼓励客人反复光顾和在营业的淡季时间里购买、消费餐饮产品及服务的办法。餐厅的优惠促销主要有以下形式，如图所示。

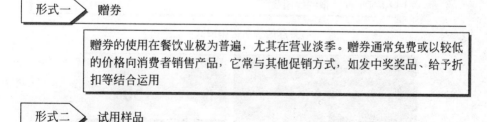

餐厅的优惠促销形式

形式三 套餐折扣

当经过仔细设计将若干种菜肴组合成一种套餐时，餐厅可以按较低价格将其出售，即以一定的折扣价格吸引新客人，增加整体收入。有宴会场地和可以承办婚礼的餐厅通常都这样做

形式四 额外赠品

餐厅在以正常价格供应食品饮料给客人后，另外再赠送其他一些小礼品。赠品不仅对儿童有吸引力，对成人也有类似作用

形式五 折扣

折扣是优惠促销的常见形式。餐厅不但可以根据客人消费额的多少，确定折扣的高低，还可以在餐饮销售的淡季和非营业高峰期间，实行半价优惠和买一送一等优惠促销活动，以吸引更多的客人，进而增加销售额

形式六 积分奖励

积分奖励是一种用于奖励餐厅常客，提高客人忠诚度的优惠促销方法，即餐厅按照客人消费额计算分数，客人每次消费获得的分数可以累加形成总积分数。餐厅根据客人的积分多少，制订和实施不同档次的奖励计划，例如给予较高的折扣优惠，甚至免费消费等

形式七 联合促销

联合促销是指两家或两家以上的餐厅以及餐厅与其他企业基于相互利益的考虑，以某种能够接受的形式与运作手段共同进行市场沟通和产品推广的促销手段。例如，餐厅与葡萄酒生产商合作，举办"葡萄酒节"。这种联合促销策略不但使葡萄酒商获得了向目标市场有效推销产品的机会，而且带动了餐厅的其他相关产品和服务的销售，降低了餐厅独自促销时应负担的促销费用

餐厅的优惠促销形式

(a)

(b)

某餐饮企业代金券

3.节日促销法

促销要抓住各种机会甚至创造机会来吸引客人购买，以增加销量。各种节假日是难得的促销时机，餐饮企业一般每年都要做自己的促销计划，尤其是节日的促销活动应当生动活泼，富有新意，以取得较好的促销效果。主要有下图所示几种促销时机。

时机一　重大会议期间

在当地举办国际性或全国性的大型会议期间，外国、外地客人较多，餐厅可以举办以本地特色菜肴或地方风味小吃为主题的促销活动

时机二　重要节日、纪念日、庆典日期间

春节、元宵节、中秋节、圣诞节、新年等节日，人们常以团体或家庭的形式在外就餐。若恰逢大型庆典日、节日，举办独具特色的促销活动，餐厅不但能为节日助兴，而且能为自身带来一定的经济效益

时机三　季节性假期或当地风俗

季节性假期、风俗节假日时的餐饮促销活动应当借题发挥，突出节日的气氛

餐饮企业节日促销时机

4.环境促销法

餐厅通过照片、文字、实物等营造的环境、气氛和情调，是对客人的一种无形推销，是构成客人就餐经历的重要因素。

就餐环境将直接影响客人的就餐情趣和满意程度。为此，餐厅可在电梯内或大堂等地设置餐饮告示牌或橱窗，招贴诸如菜肴特选、特别套菜、节日菜单和新增项目等信息，或刊登特色菜肴、餐厅的照片等。

展示厨房也是现代餐厅经常使用的环境促销方法。有的餐厅用玻璃墙将餐厅和厨房隔离开来，客人可以看着厨师烹调菜肴；还有的在餐厅设置大屏幕电视，进餐的客人可以在电视屏幕上观看配菜加工和烹饪制作等一系列精彩场面。这种展示厨房的促销方法，增加了餐厅的进餐气氛，同时也提高了客人的食欲。

5.对象促销法

对象促销法，就是选择某类客人作为销售对象，并据此组织餐饮销售活动的方法。该类对象的选择一般为餐饮的重要客人，对餐饮的销售具有重要的影响。比如针对儿童、女性客人的促销。

拓展阅读

餐厅的促销活动

1.穿裙子打折

武昌一家餐厅在微信公众号上"喊话"，只要你穿长裙进店，就能花最少的钱来这家餐厅"豪吃"一顿！不但女士穿长裙打折，男士穿裙子更是享受2.9折优惠。虽然并没有男士真地穿裙子来，但餐厅此举吸引了许多人前来用餐，也打响了名气。

2.吃饭送彩票

北京一家餐饮企业在门口挂出了一幅写着"就餐赠彩票"的横幅，显得十分醒目。吃饭送彩票，这招灵。如果单纯打折，每桌酒席少则也要让利百元左右，而赠彩票只是每人两元钱，相比之下，店主节省不少。而消费者却觉得赠给自己的不只是两元钱，或许是500万元的大奖。

3.男模变身餐厅"服务员"

天津一家餐厅为招揽客人，推出"男模特为女士服务"活动。多名外籍男模变身"服务员"为客人服务，吸引大批女客人入店消费，享受特殊的"女王"级待遇。短短一天时间，为餐厅带来了超高人气。

五、促销评估

1.促销业绩评估

（1）检查法　检查法即对餐饮企业促销前、促销中和促销后的各项工作进行检查，具体如下图所示。

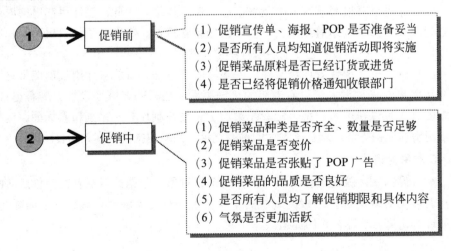

1 → 促销前
（1）促销宣传单、海报、POP是否准备妥当
（2）是否所有人员均知道促销活动即将实施
（3）促销菜品原料是否已经订货或进货
（4）是否已经将促销价格通知收银部门

2 → 促销中
（1）促销菜品种类是否齐全、数量是否足够
（2）促销菜品是否变价
（3）促销菜品是否张贴了POP广告
（4）促销菜品的品质是否良好
（5）是否所有人员均了解促销期限和具体内容
（6）气氛是否更加活跃

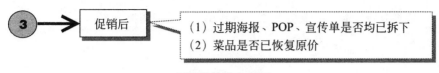

促销活动检查事项

（2）前后比较法　前后比较法是对餐饮企业在开展促销前、促销中与促销后的销售额进行比较，一般会出现十分成功、得不偿失、适得其反三种情况。

① 十分成功　餐饮企业促销"十分成功"的示例图如下图所示。

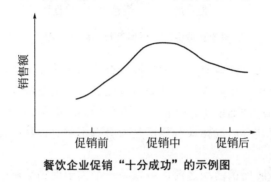

餐饮企业促销"十分成功"的示例图

② 得不偿失　餐饮企业促销"得不偿失"的示例图如下两图所示。

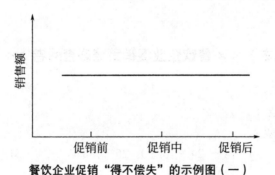

餐饮企业促销"得不偿失"的示例图（一）

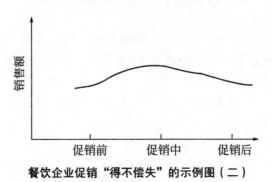

餐饮企业促销"得不偿失"的示例图（二）

③ 适得其反　餐饮企业促销"适得其反"的示例图如下图所示。

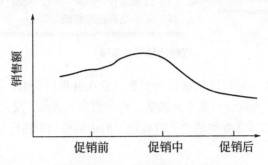

餐饮企业促销"适得其反"的示例图

（3）顾客调查法　顾客调查法就是抽取合适的顾客样本进行调查，以了解促销活动的效果。例如，在促销活动期间可以通过发放调查问卷，看有多少顾客是因餐饮企业的促销活动而前来消费的、其对促销活动有何评价、是否从中得到了实惠、该次活动对其今后选择就餐场所是否会有影响等，从而评估餐饮企业促销活动的效果。

　　餐饮企业在开展促销活动之前，可以做一个关于促销策略的调查问卷，以了解顾客对促销活动的看法。以下提供一份××餐饮企业促销策略调查问卷，供读者参考。

🔍【实战范本】××餐饮企业促销策略调查问卷 ▶▶▶----------------------

1.您的性别是？

男（　）女（　）

2.您的年龄是？

18岁以下（　）　18～24岁（　）　25～30岁（　）　31～35岁（　）

36～40岁（　）　40岁以上（　）

3.您的收入是？

1000元以下（　）　　1000～1999元（　）　　2000～2999元（　）

3000～4999元（　）　5000～10000元（　）　10000元以上（　）

4.您的职位是？

普通职员（　）中层管理人员（　）高层管理人员（　）

5.您经常在外就餐吗？

经常（　）有时（　）偶尔（　）

6.您是通过什么途径知道××餐厅的？

熟人或朋友介绍（　）网络（　）户外广告（　）报纸杂志（　）

7.您认为您再次光顾本餐厅的最重要原因是什么？

食物味道（　　）　环境（　　）　服务（　　）　地理位置（　　）　价格（　　）

8.您觉得××餐厅令您最满意的是哪个方面？

食物味道（　　）　环境（　　）　服务（　　）　地理位置（　　）　价格（　　）

9.您一般在什么情况下选择××餐厅？

情侣约会（　　）　朋友聚会（　　）　同学或同事聚餐（　　）　家人聚餐（　　）

10.您是否愿意收到本餐厅的宣传册？

非常愿意（　　）　愿意（　　）　不是很愿意（　　）　拒绝接受（　　）

11.如果本餐厅要进行网络促销，您认为效果将会如何？

非常好，而且网上订餐很方便（　　）

如果服务不打折扣，可以接受（　　）　不看好（　　）

12.今后是否愿意收到本餐厅的网络订餐资料？

非常愿意（　　）　愿意（　　）　无所谓（　　）　不愿意（　　）

13.您觉得本餐厅的产品价格是否合理？

非常合理（　　）　较合理（　　）　一般（　　）　不合理（　　）

很不合理（　　）

14.您认为本餐厅通过何种渠道宣传最为有效？（多选）

口碑宣传（　　）　平面媒体宣传（　　）　网络宣传（　　）

15.您比较喜欢哪种优惠政策？（多选）

买套餐赠送优惠券（　　）

网上打印优惠券（　　）

办会员卡，对会员有优惠（　　）

消费满一定数额赠送果盘或其他菜品（　　）

生日当天享受优惠（　　）

凭学生证享受优惠（　　）

在淡季或非高峰期享受优惠（　　）

16.优惠对您的吸引程度？

很大（　　）　一般（　　）　没影响，想吃的话还是会去吃的（　　）

17.如果本餐厅每隔一段时间推出一些新菜品，您是否愿意经常光顾尝试？

非常愿意，喜欢尝试不同口味（　　）　愿意，偶尔换换口味也不错（　　）

随便，无所谓（　　）　　不愿意，经典口味比较让人放心（　　）

18.如果本餐厅参加团购的话，您认为如何？

愿意参加，会节省一部分钱（　　）　有时间的话会参加（　　）　无所谓（　　）

不喜欢，团购的话怕菜品质量和服务质量会有所下降，人也会很多（　　）

（4）观察法　观察法即通过观察顾客对餐饮企业促销活动的反应，如顾客的踊跃程度、优惠券的回报度、参加抽奖竞赛的人数以及赠品的偿付情况等，对促销业绩进行评估。餐饮企业可以利用促销活动总结表和促销活动成果汇总表对促销业绩进行评估分析，如下面两表所示。

促销活动总结表

活动名称	
目的	
形式	
吸引顾客人数	
顾客反应	
现场活动状况	
销售额/元	
利润/元	
效果评价	
问题分析	
改进建议	

促销活动成果汇总表

部门名称				本年度促销次数		
促销名称		编号		协助供应商	促销时间	
促销产品		预估数量		实际销量	预算费用占比	
促销费用		预算费用		实际费用	实际费用占比	
赠品领用记录						
差异说明及活动检讨						
活动改进建议						

2.促销效果评估

促销效果主要从促销主题、促销创意、促销菜品三个方面来进行评估，如下图所示。

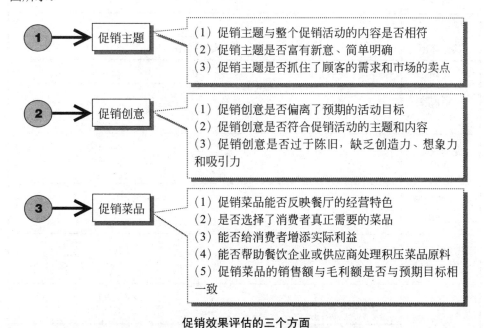

<table>
<tr><td>1 → 促销主题</td><td>（1）促销主题与整个促销活动的内容是否相符
（2）促销主题是否富有新意、简单明确
（3）促销主题是否抓住了顾客的需求和市场的卖点</td></tr>
<tr><td>2 → 促销创意</td><td>（1）促销创意是否偏离了预期的活动目标
（2）促销创意是否符合促销活动的主题和内容
（3）促销创意是否过于陈旧，缺乏创造力、想象力和吸引力</td></tr>
<tr><td>3 → 促销菜品</td><td>（1）促销菜品能否反映餐厅的经营特色
（2）是否选择了消费者真正需要的菜品
（3）能否给消费者增添实际利益
（4）能否帮助餐饮企业或供应商处理积压菜品原料
（5）促销菜品的销售额与毛利额是否与预期目标相一致</td></tr>
</table>

促销效果评估的三个方面

餐饮企业在对促销效果进行评估时，需要运用到相关表单，如促销成本分析表、促销活动总结表、促销效果评估表，如下面三表所示。

促销成本分析表

分析人：   审核人：

方式	
说明	
促销期间	
估计费用	
实际费用	
成本收益分析	
批示	

促销活动总结表

填表人：   日期：

促销地点		促销时间	
促销主题			
预计算用		实支费用	
差额		原因	
促销内容及方式			
促销成果分析			
存在的问题及理由			
改善措施与经验总结			
意见	餐饮部经理		
	总经理		
备注	填写本表的意义在于监控促销活动的过程与结果，同时本表也是核准下次促销活动的重要考量依据		

促销效果评估表

日期：

促销日期	选择媒体	投放力度	重点对象	销售情况	备注

3.促销活动总结

（1）促销人员评估　促销人员评估可以帮助促销人员全面而迅速地提高促销水平，督促其在日常工作流程中严格遵守规范、保持工作热情，如下表所示。

促销人员评估表

促销商品：　　　　　　　　　评估人：　　　　　　　　日期：

活动地点	促销人员姓名	考核项目										违反重要规定	评分	现场状况说明
		标准性						工作态度						
		动作	音量	仪表仪态	亲和力	专业知识	促销方案执行度	配合度	工作积极性	工作纪律遵守情况	服务态度			
备注	违反重要规定包括以下几项 1.逃班 2.迟到早退（15分钟内） 3.未执行分内工作 4.未按规定着装 5.用餐超时 6.报表不实													

（2）促销活动总结报告　促销活动结束后，餐饮企业就需要对本次活动进行分析和总结，撰写促销活动总结报告。以下提供两份总结报告示例，供读者参考。

🔍【实战范本】××酒楼元旦促销活动总结 ▶▶▶ ----------------------------

目前，在本酒楼各部门的相互配合下，我们完成了元旦促销活动。下面，从四个方面对此次促销活动进行总结。

一、优点

1.宣传方面

（1）制作了元旦促销活动的电梯灯箱、X展架、LED屏等，滚动播出元旦促销活动内容，起到了很好的宣传效果。

（2）服务人员积极地向客人进行推销，并给客人详细地解释了活动内容，提升了客人的消费欲望。

（3）点菜员向客人详细地推荐了本酒楼在活动期间推出的相关优惠政策。

（4）客人结账时，收银员主动提醒客人结账抽奖并发放小礼品。

（5）负责雅间的领班、主管在过生日的客人用餐期间及时赠送长寿面。

2.员工培训

（1）集体培训元旦促销相关知识和内容。

（2）每天不定期地对员工就活动优惠政策进行考核，使每位员工都能熟记活动相关内容，以便于向客人推荐。

3.细节服务

（1）特别向服务人员强调促销活动期间服务的重要性，在对客服务的过程中保质保量，不能有一丝的懈怠。

（2）领班、主管在促销活动期间多巡视、多检查，对服务人员进行监督，发现问题及时纠正、及时处理。

（3）每日餐前进行卫生检查。

二、不足

1.宣传方面

由于广告公司的工作效率低下，导致宣传品未能预期到位。员工在促销活动期间的积极性和主动性也有所欠缺。

2.员工培训

员工培训未做到使每位员工熟悉和了解促销活动的各项内容。此次促销活动没有引起相关部门的足够重视，导致活动期间的宣传力度不到位。

3.细节服务

员工缺乏积极主动推销的意识，全员促销意识还有待加强。

三、分析

1.市场分析

如今，客人消费已经逐步趋于理性化，除了新鲜特色的菜品外，他们还需要更加人性化的服务方式。酒楼的目标消费群体应该是朋友聚餐、家庭用餐、公司聚会等。

2.竞争对手分析

为了在竞争中立于不败之地，我们首先应该找准目标消费群，有针对性地定期推出不同的促销活动和更换新菜谱，使客人养成到××酒楼用餐的消费习惯，提高对本酒楼的忠诚度和归属感。

四、总结

（1）今后举办促销活动时，需至少提前一个月递交活动促销计划报请总经理审批或组织讨论。

（2）对今后所有的促销活动，应至少提前半个月进行大面积推广。可使用的推广方式包括报纸广告、电台广告、宣传单页、电梯灯箱广告、易拉宝展架、LED屏滚动播出等。

（3）有针对性地推出相应的宣传促销活动，以赢得更多新老客户对本酒楼的认同。

（4）应至少提前半个月就促销活动内容对员工进行培训，以达到全员促销的目的。

（5）顾客资料应及时整理归档，将其作为促销活动的宣传基础人群。

（6）应及时将顾客反馈意见收集、整理、上报，并有针对性地进行相关的整改。

（7）定期对员工进行餐饮销售技巧方面的培训，促使其养成良好的推销意识和习惯。

🔍【实战范本】××饭店周年店庆促销活动总结 ▶▶▶ --------------------

一、总结

（1）活动期间，饭店推出了"消费＿＿＿元/份以上的鱼翅可买五赠一"的优惠政策。共赠出鱼翅（＿＿＿元/份）66份，其中33份鱼翅堂食，赠券33张，共计＿＿＿元，活动期间共回收赠券3张，附带现金消费送＿＿＿元。

（2）活动期间，消费指定红酒（＿＿＿元/瓶）即买一赠一。共赠送红酒＿＿＿瓶，价值＿＿＿元。

（3）活动期间，海鲜特价优惠，特价菜包括黄金斑20条（＿＿＿元/条），鳜鱼5条（＿＿＿元/条），基围虾3千克（＿＿＿元/千克），扇贝40只（＿＿＿元/只），大明虾55只（＿＿＿元/只），花蟹6.7千克（＿＿＿元/千克），咸黄鱼15条（＿＿＿元/条），共计优惠＿＿＿元。

（4）活动期间，包房消费满＿＿＿元赠送KTV包厢消费券一张，共计送出＿＿＿张。

二、分析

（1）由赠送出的鱼翅抵用券的回收情况来看，为了鱼翅抵用券而二次消费的客人不多，没有因为优惠活动而较明显地提高鱼翅的点击率。由此可见，鱼翅的吸引力不是很足。

（2）活动期间指定红酒买一送一的优惠活动受到部分客人的欢迎，客人表示希望类似的活动能够经常举行。酒水特价优惠活动也能减少客人自带酒水的比例，建议可以考虑在总结此次活动经验的基础上再次推出类似的活动。

（3）特价海鲜优惠是此次系列活动中最受客人欢迎的活动，但有部分客人反映参与优惠的海鲜种类不是很多，希望部分高价海鲜也能有相应的优惠。建议可以在合理控制成本的情况下多推广此类活动。

（4）包房消费满＿＿＿元赠送KTV包厢消费券的活动受到部分客人的欢迎，但也有客人表示希望能延长包厢消费券的使用期限，部分当天没有时间去KTV的客人并没有享受到此次优惠。

第三节　庆典活动营销策划

庆典活动是餐饮企业利用自身或社会环境中的有关重大事件、纪念日、节日等所举办的各种仪式、庆祝会和纪念活动的总称，包括节庆活动、纪念活动、典礼仪式和其他活动。

通过庆典活动，可以渲染气氛，强化餐饮企业的影响力；也可以使餐饮企业广交朋友，广结良缘；成功的庆典活动还可能具有较高的新闻价值，从而进一步提高餐饮企业的知名度和美誉度。

一、庆典活动营销策划步骤

餐饮企业有关庆典活动策划大致可分为以下几个步骤。

1.庆典活动的策划及宣传

庆典是庆祝活动的一种方法，需要每项具体的活动都体现出兴隆、炽热、兴奋、快乐的气氛。这样，庆典的意图——描写餐饮企业的出色形象，展示餐饮企业的雄厚实力和远景，展示餐饮企业的员工的出色精神面貌和凝聚力、战斗力，扩大餐饮企业的在社会各界的影响力，才可以真实地得以贯彻落实。

2.拟定并确定客人名单及发放请柬

来宾组成：政府官员、地方实力人物、知名人士、新闻记者、社区公众代表、客人代表或特殊人物等。总之，来宾要具有一定的代表性。发放请柬要求：请柬提前7～10天发放。重要来宾请柬发放后，组织者当天应电话致意，庆典前一天再电话联系。

3.拟定庆典程序

庆典的一般程序如下图所示。

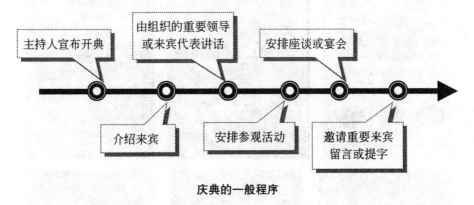

主持人宣布开典

由组织的重要领导或来宾代表讲话

安排座谈或宴会

介绍来宾

安排参观活动

邀请重要来宾留言或提字

庆典的一般程序

4.事先确定致贺词、答词的人名单

致辞人和剪彩人分己方与客方，己方为组织最高负责人，客方为德高望重、社会地位较高的知名人士；选择致辞人和剪彩人应征得本人同意，并拟好贺词、答词，贺词、答词都应言简意赅。

5.安排各项接待事宜

事先确定签到、接待、剪彩、摄影、录像、扩音等有关服务礼仪人员。精心组织好来宾的招待作业。主办方热心、注重细节的招待作业，会使来宾感受到主人真挚的尊重与敬意，从而使每位来宾都能心情舒畅。庆典的招待小组，原则上应由年轻、精干、形象较好、口头表达能力和应变能力较强的员工组成。

6.形成策划方案

庆典活动的策划最终要形成策划方案。

二、开业庆典营销

1.开业庆典认知

开业庆典，又名"开张庆典"。一家餐饮企业的开业庆典，不只是一个简单的程序化庆典活动，而是一个经济实体、形象广告的第一步，它标志着一个餐饮企业的成立，昭示着它已经站在了经济角逐的起跑线上。

一家餐饮企业通过开业庆典的宣传，告诉世人，在庞大的社会经济肌体里，又增加了一个鲜活的餐饮企业细胞。

从客观上来看，一个餐饮企业的开业庆典，就是这个餐饮企业的经济实力与社会地位的充分展示。从来宾出席情况到庆典氛围的营造，以及庆典活动的整体效果，都会给人一个侧面的诠释。

各放异彩的开业宣传单

2.开业庆典的意义

开业庆典的意义，如下图所示。

意义一	通过开业庆典活动，传递餐饮企业隆重开业的消息，扩大知名度，提高美誉度，树立良好的企业形象，为今后的生存发展创造一个良好的外部环境
意义二	进一步加强与当地媒体的互动和交流，为在区域市场中的销售和推广营造一个良好的舆论环境，同时扩大在某市餐饮行业内的知名度
意义三	开业的隆重运作，有利于增加员工对企业的信心，加强企业的凝聚力

开业庆典的意义

开业庆典也是餐饮企业的一项传统风俗，从沿海到内陆都有着同样的风俗，觉得开业庆典能给之后的经营活动带来好运。

对于开业，餐厅需要做足准备，做好策划。以下提供一个在实际中可运用的范本供参考。

【实战范本】××餐厅开业促销方案 ▶▶▶ ------------------------------

××餐饮旗下又一主力品牌——××餐厅将于近期隆重开业，为配合餐厅开业，以及更好地在开业之初做好品牌的宣传和推广，现特制订如下开业推广计划。

一、媒体宣传

在餐厅开业时（具体日期），提前3天开始在××电视台、××教育电视台、调频广播进行媒体密集宣传、推广。

二、网站宣传

开业之日起，利用与我公司合作较好、知名度较高的网站进行合作宣传、推广。重点介绍、宣传我公司××店的盛大开业信息。

三、××餐饮旗下××家分店全面宣传

制作"热烈祝贺××餐饮××店盛大开业"的横幅，在各家门店的醒目位置进行悬挂宣传。

四、餐厅开业促销支持

1.团购支持

在与我公司长期合作的知名团购网站——×××网进行一次团购套餐销售，能在短期内显著提高餐厅知名度以及我餐厅的顾客人数（客流）。

2.餐厅开业前3个月内进行大酬宾活动

（1）凡进店消费的顾客可享受全单7.8折优惠（海鲜、酒水、主食除外）。

（2）DM单。凭单（DM）进店消费均可免费赠送1道我店招牌菜品（5选1）。

（3）套餐。餐厅组合最大优惠力度的精美套餐（4种）进行开业酬宾。

（4）"幸运大转盘"活动。凡进店消费的顾客可在就餐结束后，参加我店的幸运大转盘活动，100%中奖率，奖品为我店特色菜品1份，顾客下次来店就餐时可以使用，再无其他消费限制。

五、其他支持

（1）在开业前期，全面进行员工的各项技能培训（前厅服务、厨房操作），提升餐厅的服务质量以及出品品质，务必确保每一位进店顾客都能享受到最满意的服务和就餐感受，以增加再次来店消费的可能性。

（2）开业之初，在各岗位人员配置上，以最大的人员配置为准，确保餐厅运行的顺畅和高效。

以上为我店开业促销、宣传的相关思路和方案，敬请领导审阅，不足之处，望予以指正！

××店

20××年×月×日

三、周年庆典营销活动策划

1.认知周年庆典

周年庆典是一个餐饮企业成立周岁庆典，一般而言，它都是逢五、逢十进行的。

一个餐饮企业的周年庆典不只是一个简单的程序化庆典活动，而是一个餐饮企业团体已经步入正轨、茁壮成长的表现，它标志着一个餐饮企业的成长，昭示着餐饮企业已经站在了经济角逐的道路上，在加速前进。

从客观上来看，一个餐饮企业的周年庆典，就是这个餐饮企业的经济实力与社会地位的充分展示。从来宾出席情况到周年庆典氛围的营造，以及周年庆典活动的整体效果，都会给人一个侧面的诠释。

餐厅周年庆宣传单

通常来说，人们习惯用对比的方法来看待周年庆典。比如某连锁餐饮企业举行周年庆典，人们首先想到的是，与其同等规模的其他餐饮企业举办活动时的情形，对比之下，人们会对举办活动的餐饮企业持有一种看法，也就是认知程度的问题，如果印象比较好，对餐饮企业的信赖程度就会提高。

同时，周年庆典也是中国人的一项传统的风俗，认为周年庆典能给之后的经营活动带来好运。

2.周年庆典策划方法

餐饮企业进行周年庆典策划，可以从以下几个方面来考虑。

（1）确定庆典活动的对象　一般而言，庆典活动对象可分为几类，如右图所示。

政府官员每天都能收到很多庆典活动的邀请，他们更感兴趣的是这个活动与宏观导向是否契合、是否有示范效应；媒体关注的是有没有独特的新闻点；而餐饮企业员工就更需要进行群体性研究了。

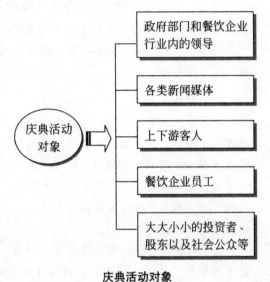

庆典活动对象

（2）庆典活动围绕餐饮企业的文化进行　餐饮企业周年庆典本身就是进行餐饮企业文化理念落地的一种有效策略，必须以传播餐饮企业文化理念、弘扬餐饮企业精神为主旨，否则，便失去了本身应有的意义。

（3）庆典活动把握"三个关键环节"　庆典活动要把握的"三个关键环节"，也就是要把握好创意、宣传、组织。

什么是创意？这里从字面上做两点解释：一是"创造新意"，即具有新颖性和创造性的想法或构思，它表现为对传统的叛逆、对常规的破坏，具有"一招定乾坤"的震撼能量；二是"创造意图"，任何创意都有其目的性，都必须追本溯源。好的创意可以操作执行、可以转化为效益。这种

庆典活动的"三个关键环节"

创意被餐饮企业界称为"灵魂创意"或者叫"本质创意"。

（4）制定行之有效的周年庆典策划方案　制定一个行之有效的庆典策划方案，是整个餐饮企业庆典策划活中必不可少的一环，对整个庆典活动起着至关重要的作用。

🔍【实战范本】××餐厅店庆营销活动策划案 ▶▶▶ ┄┄┄┄┄┄┄┄┄┄┄┄

自××年××月××日，××鱼馆崛起于济南餐饮市场以来，十一年的风风雨雨、十一年的时光见证着××鱼馆自艰难起步到现在省内外拥有20多家连锁加盟店、1000多名员工、多种业态、资产过亿的集团公司。

如今，公司即将迎来自己十一周年的店庆，面对竞争激烈、变幻不定的餐饮市场，作为新派鲁菜的代表如何来筹划十一周年店庆呢？

一、前言

中国辛勤的劳动人民，在数千年的饮食文化的探索和发展中，逐渐形成了风格各异的粤、鲁、湘、川等各大菜系和具有当地风味的特色小吃。鲁菜是中国北方第一大菜系，历史悠久，影响广泛，是中国饮食文化的重要组成部分，传统鲁菜以其味咸、鲜、脆嫩、风味独特、制作精细享誉国内外。在川、粤菜系大举北上和东北特色菜蜂拥入关时，××鱼馆在市场搏杀中脱颖而出，成为新派鲁菜的代表之一。

当今的餐饮行业，发展趋势可概括为：发展十分迅速，规模不断扩大，市场不断繁荣。然而，繁荣的同时意味着竞争的加剧，每天总有一些餐饮店铺"倒下去"，又有更多的餐饮店铺"站起来"，但总有少数几家在大浪淘沙中站稳脚跟并不断发展壮大。近年来，作为新派鲁菜代表的××鱼馆一直屹立在餐饮界的潮头，"××全鱼宴"成为响当当的招牌。

二、市场/企业分析

济南的餐饮市场同样存在激烈的竞争，自生自产的宾馆、酒店林林总总，外来的菜系如谭鱼头、火锅城、姜仔鸭、烧饿仔等连锁加盟店在济南均有分布，争夺着济南有限的餐饮资源，冲击着食客的味觉和视觉。

一个酒店要获得成功，必须具备以下基本条件：

其一，拥有自己的特色；

其二，全面的（质量）管理；

其三，足够的市场运营资金；

其四，创新，不断推陈出新。

这些条件缺一不可，否则，就如昙花一现。这也是许多酒店、餐馆风光开业又迅速消失的原因所在。

近五六年来，公司通过自身发展、管理输出、品牌输出等方式在餐饮界大显身手，同时又在不断地积累着雄厚的管理和技术资本。而作为鲁菜代表的"××全鱼宴"，既可以看到传统鲁菜的精当和细腻，又有孔府菜的豪华与高贵，更能感受到微山湖气息的清新与曼妙。

三、营销策划

餐饮服务的目的是让顾客满意，只有顾客满意了，酒店才能获得利润；要做好优质的服务，离不开企业内部员工的努力；企业内部员工营销的成功又以全面的（质量）管理、有效的激励机制和良好的企业文化氛围为基础。

在这恰逢十一周年店庆和圣诞节到来，借此时机，我们以顾客满意营销、企业内部员工营销和文化营销三者相结合，作为本次店庆活动的重点进行。以济南市五个店为例，措施如下。

1.本次店庆活动目的：增加公司的品牌影响力，提升公司的知名度和美誉度；提升公司形象，增加企业竞争力；加强公司员工的企业忠诚度和向心力；提高全员服务意识、工作积极性；展现公司文化底蕴，进一步提升集团公司的企业文化；提升公司销售额，增加利润；为20××年更好的发展打下良好的基础。

2.本次店庆活动时间：20××年12月13～22日，共计10天。

3.地点：略。

4.参与人员：公司所有员工、前来就餐的顾客等。

5.营销主题：顾客满意、员工满意、管理提升、文化创新。

四、具体方案策划

（一）SP方案

1."微笑服务"

在店庆期间，所有员工一律微笑服务，细致耐心，让顾客乘兴而来，满意而归，提高顾客的感觉消费价值。

策划如下：20××年12月12日前各店召开动员大会；13～22日服务员之间开展"服务大比武"竞赛，在大厅设立一个专门版面，每日评出"当日服务最优之星"，并给予物质奖。

2.特价

（1）每日推出一款特价菜，每日不重样。

（2）随顾客所点菜品加赠部分菜品，如当次消费满100元，加赠2碟凉菜；消费满200元，加赠4碟凉菜等。

（3）打折，这是一个迅速提高销售额的法宝，建议适当打折刺激消费。

3.礼品、抽奖

有计划发放公司店庆纪念品、小礼物，增强与客人亲近感，扩大宣传面。公司统一印制部分店庆纪念品，要求小而实用、漂亮大方，如带有店庆标志的签字笔、气球、打火机、帽子等，按桌发放。

抽奖方案：主题——"品全鱼宴、中大奖、游微山湖"。

凡于20××年13～22日店庆期间，当日当次消费满150元的顾客均可以参加。每店设立一等奖2名，奖励"微山湖一日游"，公司统一组织，中奖顾客食、宿、住、行完全免费；二等奖11名，奖店庆红包1个，现金100元；三等奖100名，奖店庆红包1个，现金5元。

（二）内部营销方案

内部营销是一项管理战略，核心是发展员工的顾客意识，在把产品和服务推向外部市场前，先对内部员工进行营销。这就要求员工与员工、员工与企业之间双向沟通、共享信息，利用有效的激励手段。

1.在全体员工内部加强温情管理，要求每一位员工将所面对的其他员工视为自己的顾客，像对待顾客一样进行服务。并在以后的工作中，将内部员工营销固定下来。

2.征文比赛。内部员工征文主题："我的选择——××鱼馆"。

要求：

（1）题材围绕××鱼馆所发生的事情，可以是工作经历、感想、看法、寄语等；

（2）体裁不限，散文、杂文、记叙文、议论文、诗歌皆可；

（3）截止时间为20××年12月20日。

希望全体员工积极投稿。本次征文活动将评出一等奖1名，奖金200元；二等奖2名，奖金100元；三等奖5名，奖金50元，并进行集中展出。

3.成本节约比赛。通过系列活动，对内部员工进行再教育，提高其的积极性。

（三）产品营销方案

1.在推行传统餐饮的同时，推进情侣套餐、商务套餐、家庭套餐、孝心套餐等，如可推出18元、28元、38元、48元情侣套餐等。

2.绿色家宴。随着生活水平的提高，人们饮食已经不仅仅是为了解决温饱，而是吃"绿色"，吃"健康"。绿色家宴的推出，无疑会受到消费者的青睐。在原料使用上，力推生鲜类绿色食品；烹饪方式上结合现代人的消费时尚，使菜肴风味化、营养化；在家宴的菜谱上，注重菜肴的营养搭配，平衡膳食，满足人们的健康要求。强烈建议厨房部推出。

3.秋冬季节是滋补的好时候，建议引进高档营养滋补菜品。

（四）文化营销方案

1.借店庆十一周年之际，向消费者宣传公司的企业文化，增强公司在目标消费者中的影响力。

策划如下：20××年13～22日店庆期间，设立大型宣传板，上面张贴公司的精神口号，微山湖风光图片，鱼宴的制作流程，各分支公司的图片资料，公司员工的寄语等，让顾客把"吃"当作一种享受，使顾客乐而忘返。

2.店堂现场气氛，包括灯光、音响、海报、POP等。

（五）广告营销方案

在信息发达的现代社会，媒体无疑是吸引大众目光的媒介。酒店根据不同媒体有不同媒体受众的特点，合理进行自己的市场定位和目标客户的定位，合理地选择媒体投放广告，不可片面追求覆盖率，造成广告的浪费。

作为公司本次店庆来说，一般选择媒体有《××晚报》一栏1500元左右，《××时报》一栏600元左右，电视可以上5秒、15秒广告，其次还可以在互联网上宣传（费用优惠）。

硬广告和软广告相结合，软硬兼施，以取得更好的效果。具体发布可为：店庆前两天发布一次，13日发布一次，18日发布一次。利用媒体整合，实现小投入，大产出。

五、店庆现场布置

1.所用媒介

氢气球、条幅、公司吉祥物、大型宣传海报、宣传单、展板、POP（各种张贴画）、礼仪人员、纪念品等。

2.店庆时酒店外观

氢气球带着条幅在空中飘飘欲飞；吉祥物热情向顾客招手；楼体外打出"十一周年店庆"醒目标语和优惠项目的大条幅，以及供应商的祝贺单位的条幅；进门处设置一个高精度喷绘的店庆告示牌；礼仪小姐发放公司店庆纪念品；整体呈现出一种喜气洋洋的气氛。营造出简洁又有品位的节日氛围，顾客从门前一过，就会被这种气氛所吸引。

3.店内景观

服务员穿戴整齐，面带微笑，热情洋溢；总台服务细致耐心；地面光可鉴人；桌椅一尘不染；公司各种宣传资料可随手览阅；灯光明亮柔和；音乐如高山流水；绿色盆景赏心悦目；顾客从进店时刻起，即能享受到一流的服务和视、听、触、嗅觉的全方位感官享受。进餐完毕，还可以参与抽奖，并赠送纪念品。

让顾客从始至终享受到××鱼馆一流的服务，留下美好的记忆。

六、费用预算

略。

七、效果分析

1.宣传造势，五店联合店庆，气势宏大，让消费者产生强烈的记忆感，引起良好的口碑宣传，提高公司的知名度和美誉度。

2.店内外造型富有人情味，服务周到，能提升目标消费者对本企业的忠诚度。

3.通过服务比赛、征文比赛、成本节约比赛，能极大增强本公司员工的企业归属感和向心力，提高工作积极性。

4.通过促销，提升公司营业额。

5.本次活动规模大而费用相对低廉，能取得事半功倍的效果，形成大的轰动效应。

第三章
餐饮企业网络营销

引言

　　随着餐饮业网络营销的发展，餐饮业将进入所谓"数字化餐饮"时代。有关描绘"数字化餐饮"的报道层出不穷，如"一场新的革命在餐饮业中发生""人们明天用鼠标吃饭？""数字化餐厅与数字化食品必将风靡全球"等。

第一节 认识网络营销

餐饮业的网络营销就是通过互联网接触顾客进行交易，确切地说，就是通过网络（或电子）渠道商向顾客提供餐饮服务。网络营销，习惯上也称电子商务，近些年来在餐饮业的应用开始兴起。例如，"网上餐厅"和"送餐服务"便体现了这种新时尚。中国现已有一批餐饮网络公司或有餐饮业务的网站公司，可供餐饮企业借以开展网络营销，如中国吃网、中国美食网、中华美食网、食在中国、中国餐馆等。另外，新浪、搜狐、网易等知名网站公司，开辟有专门的餐饮频道。

一、餐饮企业网络营销认知

网络营销指基于互联网平台，利用信息技术与软件工具满足与客人之间交换概念、产品、服务的过程，通过在线活动创造、宣传、传递客人价值，并且对客人关系进行管理，以达到一定营销目的新型营销活动。

餐饮企业网络营销，是指餐饮企业为发现、满足或创造客人需求，利用互联网（包括移动互联网）所进行的市场开拓、产品创新、定价促销、宣传推广等活动的总称。

网络营销具有跨时空、整合性、交互性、成长性和经济性等特征，餐饮企业的网络营销已成为餐饮企业营销中必不可少的营销手段。

俏江南在官方网站上显示的网络营销方式

二、餐饮企业网络营销的背景

网络营销是伴随着信息技术的发展而发展的，网络技术的发展和应用改变了经济体系中信息的分配和接受方式，改变了人生活、工作、学习、合作和交流的环境，企业必须相应地积极利用新技术变革企业经营理念、经营组织、经营方式和经营方法。

信息技术的发展，特别是通信技术的发展，促使互联网络成为一个更强、更新的媒体。

网络营销产生的背景，如下图所示。

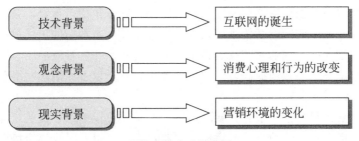

网络营销产生的背景

1.技术背景：互联网的诞生

互联网集信息技术、通信技术、计算机技术为一体，具有传播范围广、成本低、及时、互动等特点，从其诞生起，就成为企业发布商业信息、寻找商机的重要手段。所以说，没有互联网，就没有网络营销。

2.观念背景：消费心理和行为的改变

互联网的出现，使得消费观念、消费方式和消费的地位都发生了巨大的变化，使网络消费者心理及需求呈现出新的特点和趋势，如下图所示，这使传统的营销手段和方式或者工具已不能满足新变化的要求，因此需要开发新的营销工具。因此，网络营销应运而生，并随着新的消费心理和行为的改变而不断发展创新。

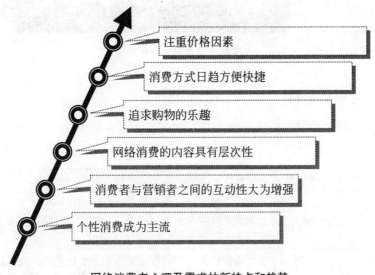

网络消费者心理及需求的新特点和趋势

3.现实背景：营销环境的变化

在竞争越演越烈的商业社会里，对许多企业来说，渠道成本是非常巨大的；同时，一个行业对一些新兴中小企业的进入壁垒也越来越高；商品信息又由于计算机技术和网络的发展而呈现海量化趋势。为了在竞争中占优势，企业必须不断地推出各种低成本的网络营销手段来开辟新的市场，发现新的市场机会。消费者面对在选购过程中消耗的时间成本越来越高，而商家在进行商品比较或者竞价的过程中，也需要更高效地提高自己的竞价能力。基于以上原因，网络营销便成为双方选择工具。

利用一系列网络营销工具开展网络营销，不仅可以节约昂贵的店面租金，减少库存商品资金占用，消除经营规模的限制，而且可以及时收集市场信息、捕捉消费趋势，更好地开发出满足消费者需求的产品和服务。这些都可以使企业经营成本和费用降低，增强企业的市场竞争能力。

随着科技和互联网的发展，消费观念和经营理念的变化，市场竞争的改变，餐饮企业的网络营销将得到不断发展与完善。

全聚德官方网站页面

三、网络营销的特点

餐饮企业网络营销的特点，如下表所示。

餐饮企业网络营销的特点

序号	网络营销的特点	具体说明
1	跨越时空	网络可以不受时间约束和空间限制进行信息交换，餐饮企业有更多时间和更大空间进行营销，随时随地提供全面的营销服务
2	整体性	网络营销是一种全程营销渠道。餐饮企业可以借助网络将不同的传播营销活动进行统一设计规划和协调实施，以统一传播资讯向消费者传达信息，避免营销中的不一致性所产生消极影响
3	有效降低成本	通过互联网络进行信息交换，可以减少印刷成本、邮递成本、人工成本，极大提高营销人员的工作效率

续表

序号	网络营销的特点	具体说明
4	便于双向沟通	可以向客人随时展示菜品，连接资料库，提供有关菜品的信息查询，可以和客人做互动双向沟通，可以收集市场信息，进行市场调查等
5	高效性	计算机可储存大量的信息，供客人查询，可传送信息的数量与精确度远超过其他媒体。餐饮企业能够根据市场需求，及时推出新产品或调整价格，及时有效地了解并满足客人的需求，维护或发展餐厅产品的市场份额
6	人性化	网络营销是一种低成本与人性化的促销，避免了营销人员强势推销干扰，通过信息提供与互动式交流，与客人建立长期的良好关系

四、餐饮企业网络营销的意义

餐饮企业网络营销的意义主要表现在，如下图所示的十个方面。

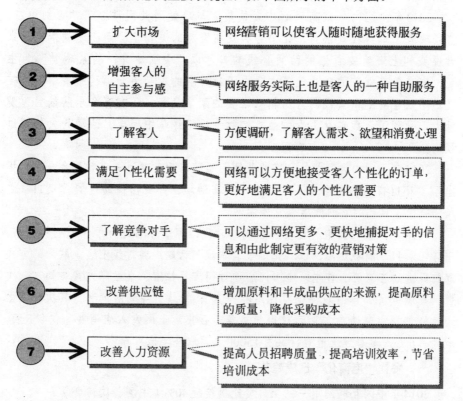

1 扩大市场 — 网络营销可以使客人随时随地获得服务

2 增强客人的自主参与感 — 网络服务实际上也是客人的一种自助服务

3 了解客人 — 方便调研，了解客人需求、欲望和消费心理

4 满足个性化需要 — 网络可以方便地接受客人个性化的订单，更好地满足客人的个性化需要

5 了解竞争对手 — 可以通过网络更多、更快地捕捉对手的信息和由此制定更有效的营销对策

6 改善供应链 — 增加原料和半成品供应的来源，提高原料的质量，降低采购成本

7 改善人力资源 — 提高人员招聘质量，提高培训效率，节省培训成本

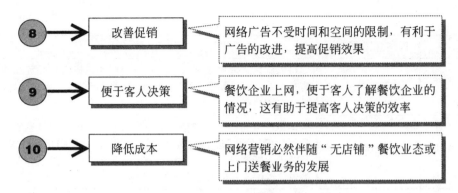

餐饮企业网络营销的意义

【实战范本】电商餮餐狂欢夜，餐饮业出要"脱光" ▶▶▶----------------

2013年"双11"，小南国餐饮就抢先一步"触电"，搭上了"双11"快车进驻天猫商城，辐射全国门店的餐饮消费电子券是其中经营业务之一。

2013年，国内一家高级酒店餐饮集团与珍爱网共同举办了"告别单身，抱紧珍爱"单身狂欢派对，让单身男女在至尊的美食享受间邂逅爱情。北京大悦城和上海延安百汇的两间金钱豹餐厅以"告别单身，豹紧珍爱"为主题，充满着光棍节的狂欢气氛，吸引了数百名的单身男女踊跃报名。会员在现场不仅享受到由金钱豹大厨精心准备的豪华晚餐，还有著名乐队献唱为爱助力，受到了无数单身男女的热捧，数十段姻缘从中而生，活动的火热超过预期。

2014年，国内大型餐饮"净雅集团"紧随其后，通过与订餐平台合作，推出了"双11夜宵套餐半价"的优惠大酬宾活动，并成功借助这股"双11"之风，推出了自己的官网微店以及外卖网。

2014年，在"拥抱"移动互联网的时代，呷哺呷哺进行了一系列新探索，借势"双11"消费热潮，以"光棍节有本领"话题，通过线上线上联动的方式双重促进到店消费。首先，线下门店通过门店易拉宝、桌贴等方式告知"一次性消费满96元，即可获得全年优惠券一套"，持续引导到店消费；其次，线上通过微信游戏邀请参与互动获得优惠券，召集线上网友入店消费。仅仅8天，就吸引5万人参与线上游戏，共有15000人领取全年优惠券。

一、餐饮"电商化"已成趋势

2014年中国互联网用户网上订餐比例接近40%（中国餐饮协会）。

2015年上半年中国在线订餐用户中，有46.0%的用户只通过手机、平板等移动终端进行订餐，两者并用的用户占比则为21.6%；2015年上半年中国在线订餐用户中，64.8%的用户选择在线订餐基于其优惠活动的举办。（艾瑞咨询）

由以上三组数据我们可以直观地看到，餐饮"电商化"已成为行业发展新潮流，未来更有可能成为行业主流。2015年，餐饮品牌麻辣诱惑已经开始在北京推出微信外卖，用户只需关注麻辣诱惑的官方微信，即可在线下单，享受送餐上门服务。该模式最大的好处就是节省人力、营销、管理成本，商家能"还利于民"，价格更优惠，迄今为止，不少大型餐饮企业也纷纷推出微信订餐服务，这种"线下餐线上卖"俨然已成业内趋势！

二、"双11"成败的关键在于平台转型

"双11"之所以成为各行业所青睐的一个节日，正是看中了这背后的巨大流量市场，相关数据统计，中国网民总数为6.88亿，其中移动用户为5.94亿，占比高达86.3%，用户已经习惯于通过手机端去满足生活中的各种需求。餐饮企业要想跻身"双11"之中，平台是一道关卡，否则没有平台，线上消费者去哪里找你，又如何从线上引流到线下？因此餐饮企业应从过去闷头做线下实体店的思维模式中走出来，好好考虑如何利用互联网工具，快速融合到互联网电商时代里。从2014年阿里巴巴"双11"数据显示，第2分钟，交易额突破10亿元，第5分钟，交易额突破20亿元，第10分钟，交易额突破36亿元，第38分钟，交易额突破100亿元。从2009年的5000万元到2014年的571亿元，仅仅6年时间，"双11"的成交额翻了1141倍。看到这样实实在在的大数据，谁都会心跳不止，心动不已！无电商，不营销；无平台，不电商。要想在电商大战中分得一杯羹，餐饮企业缺少一个容器，这个容器，就是连通"双11"的电商"平台"，把自己呈现在消费者的手机里，计算机里。

首先要让你的产品没有可比性！不管是菜品创新也好，服务创新也好，营销噱头也要。总之要做到人无我有，人有我优，人优我新，人新我奇。"双11"，更多的是一场价格战，而支撑价格战的是规模和资本！拼品牌！尤其是对于中小餐饮企业，在品牌和资本不具备优势的情况下，做到独树一帜才是关键。只能让消费者没有可比性，他才会关注你，选择你。同时，坚决杜绝以节日大餐的名义对消费者进行"绑架"，而是从消费者的角度为其量身定制产品，合理设置节日套餐，做到明码标价。

1.团购平台

借力大型团购平台的好处就是，不用自己去找客户，还可以直接参与到团购平台发起的"双11"促销活动中，省时、省心也省力。但值得注意的是，团购平台在为餐饮企业带来了更多的客人的同时，又像是一个潜伏在商家与客人

之间的毒瘤，把大量消费者变成了"价格敏感型"客户，节日一过，餐饮企业除了得到一个漂亮的人数数据之外，什么也没得到，既无法获得消费者的任何信息，也无法了解消费者的需求。而且本来就是薄利促销，却还得再与团购平台分成，想必做过团购的餐饮企业都会有这种感觉——赔了夫人又折兵，图什么？对于要想在"双11"大干一场的餐饮企业来说，这样的结果又岂是一个"悲壮"能够形容得了的。

2. 自建平台

说到自建平台，很多餐饮企业负责人可能会惊呼"天哪，'双11'就这几天了，哪还有时间去建立平台？"时间虽紧迫，但为时不晚，2015年"双11"并非是电商的末班车，错过了还会再来，平台建好了，这次机会没把握住，还有下次"双11"，但是平台没建好，机会再多，你也只能眼睁睁地看着它从眼前溜走。

自从"互联网+餐饮"的概念提出后，就出现了专注服务餐饮商家而活跃起来的线上加线下整合餐饮系统厂商，为餐饮企业推出餐饮实体发展与管理的行业解决方案，涵盖了从接入微信餐饮业务、提供店内餐饮管理系统，到收银结算、会员管理营销的完整方案，旨在帮助餐饮企业创建自身品牌，提供营销管理方案的同时，建立商家与客人的沟通机制，让餐饮企业负责人时刻理解客人需求的满足，保持良好的用户体验。

要把"双11"的消费者"哄"好关键在于：消费者希望自己在餐厅线下实体店感触到的产品和服务是与线上展示描述是一致的，没有让消费者有太大的失落感。这就要回归到做餐饮的本质了：口味和服务。

首先在"口味"上，餐饮企业根据消费者的特点来决定，通过对目标消费群体口味偏好的摸底，进而结合本土口味偏好来实现融合创新。其次，要打造精品菜品，提升整体菜品质量。正所谓"食不厌细，脍不厌精"。餐饮企业要做到款款是精品，道道是美味，从选材到烹饪再到装盘，都是一项系统工程，每一个关键都要把握好，每一个细节都要注意到，每一道工序都要严格把关，来不得半点马虎，全员都要建立精品意识，建立严谨细致的工序链接。最后则是做好服务，当下以及未来，用餐体验、食品安全等，将是成餐饮行业内各家的主要竞争力。因此餐饮企业业务必要从现在开始，不断加强服务人员培训，提高服务质量和管理水平，利用移动互联网改造自身与消费者的关系，提高企业效率，形成消费升级和打造用户完美体验。

这是一个变革的时代，入局"双11"只是一个开始，或许在"触电"起始阶段，过去的经验及技术能够给我们提供不少便利，但是如果继续走下去，必将陷入泥潭而无法自拔。只有清零后才能更加清醒，轻松地从现实角度逐步分析，不被短期利益诱惑，才能真正找到正确的方向。

三、赢得你的目标消费群体

最新一组数据显示，在热衷于餐饮O2O的用户中，"80后"占据半壁江山，其次是"90后"，也有近1/3。可见，这批生长在互联网时代下的混迹在每年"双11"大战中"80后、90后"，已然成为餐饮企业当下最需要讨好和圈住的主力客人群体，那么在"双11"来临之际，餐饮企业如何抓住他们的心呢？

（1）与他们使用同样的在线工具，找到他们，迎合他们。

（2）利用互联网技术的手段满足他们消费需求。

（3）利用互联网形成"圈子互动"，激发他们分享，达到口碑传播的效果。

（4）在线上和线下与他们保持高频互动。

四、传统"双11"营销依然火热

据了解，餐厅在"双11"当天开展以"光棍节"为主题的促销活动，一直都很受单身一族欢迎，而且效果也非常好，活动当天的营业额能比平时翻几番。"双11"，餐厅不妨继续选好切入点，举办类似订婚、"脱光"这样的迎合单身男女的主题活动，为节日造势，为餐厅宣传。同时在菜品设计上，还可以推出"年度精选光棍套餐"，消费者以11元、111元的"光棍价"就可以选择"精选单身""精选脱光"等定制套餐。

五、餐饮企业的"互联网+"

1."互联网+"的定义

"互联网+"是创新2.0下的互联网发展新形态、新业态，是知识社会创新2.0推动下的互联网形态演进及其催生的经济社会发展新形态。"互联网+"是互联网思维的进一步实践成果，它代表一种先进的生产力，推动经济形态不断地发生演变，从而带动社会经济实体的生命力，为改革、创新、发展提供广阔的网络平台。

全聚德的"互联+"战略发布会

2."互联网+"的特征

总体来说，"互联网+"共有六大特征，如下图所示。

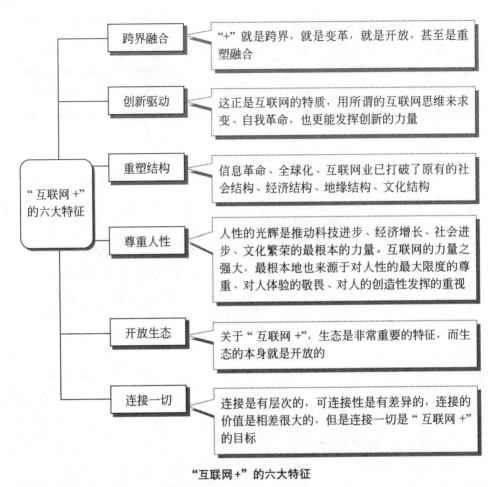

"互联网+"的六大特征

3.餐饮企业的"互联网+"

餐饮企业的"互联网+"就是利用信息通信技术以及互联网平台，让互联网与餐饮企业进行深度融合，创造新的发展生态。

由"互联网+"的特征可以看出，"互联网+"必然给餐饮企业带来新的机遇，主要表现在三个方面，如下图所示。

方面一　互联网是展现餐饮企业的优秀信息平台

在信息丰富、实时沟通、市场呈加速度变化的资讯时代，互联网加快了人与人之间的沟通和了解，信息变得空前重要，谁先一步掌握信息，谁就领先于市场

方面二 ▷ 互联网为餐饮企业增加了富有竞争力的营销手段

> 餐厅的网站，是餐厅在互联网上的一个窗口，类似于传统名片的作用，但又是一个比传统的杂志广告、电视广告、报纸广告和其他广告形式更有成本效益的广告方式

方面三 ▷ 互联网为餐饮企业带来很多新的机会

> 互联网的到来，给餐厅带来了很多便利。它效率更高，成本更低，信息更准确，沟通变得更互动

餐饮企业的"互联网+"

 拓展阅读

"互联网+"时代：生鲜电商和餐饮O2O正改变着传统饮食文化

　　最近一段时间，不少老字号美食和地方特色美食纷纷进行互联网营销，尝试以"互联网+"和O2O模式经营的例子屡见不鲜。在"互联网+"战略的驱动下，从地方政府到各个老字号企业，都不约而同地选择了"拥抱"互联网。

　　一直以来，饮食文化都是地方的一大特色，"百里不同风，千里不同俗"的饮食文化几千年来未曾改变。但互联网时代到来后，电子商务的崛起和O2O模式的诞生，给餐饮行业带来了颠覆性的改变，如今"互联网+"的东风吹起，必将重塑中国的传统饮食文化。

从电商开始，地域性饮食文化已逐渐淡化

　　相信很多年轻人真正意识到传统饮食文化的魅力，是从纪录片《舌尖上的中国》开始的。在十年前，或许我们看到这部纪录片时对里面的美食还可望而不可求，但在一个电子商务高度发达的时代，区域性的饮食限制正在逐渐淡化。

　　一般来说，电商对地域性饮食的改变体现在两个方面：一是C2C模式下，很多人在电商网站上开通自己的小店，把当地特色美食放在网上销售；二是B2C电商平台的推动，越来越多的食品加工企业，在京东、天猫等B2C平台上开通旗舰店，一些经过包装并符合食品安全要求的地方小吃走上电商的舞台。数据显示，2014年，我国电子商务交易总额达到13.4万亿元，同比增长28.8%，网络零售总额接近2.8万亿元，同比增长49.7%。电商已经成为生活中

不可或缺的一部分，而饮食文化的区域性特征也开始逐渐淡化。

不管怎样，传统电商的发展在一定程度上改变了地方性饮食文化，却也仅仅体现在小吃和特产的层面上。而真正改变人们饮食结构和饮食习惯的，还要归功于正在不断壮大的生鲜电商。

O2O 的兴起，生鲜掀起的另一场饮食变革

这些年来，O2O 的概念越来越火，国内的餐饮 O2O 市场更是被易观国际评估为万亿元规模的潜在市场。

从肯德基、海底捞等连锁餐饮到全聚德、庆丰包子等传统美食，再到遍布大街小巷的街边小吃，无一不和 O2O 挂钩。美团、大众点评等团购平台引来不少连锁餐饮企业的入驻，饿了么、淘点点等外卖平台几乎把一二线城市大街小巷的小吃店尽数收入囊中。2014 年中国餐饮 O2O 的市场规模为 943.7 亿元，用户规模为 1.89 亿。而《2014 年中国团购市场统计报告》显示，餐饮美食的团购市场规模达到了 447.1 亿元。从易观国际的数据来看，2014 年中国互联网餐饮外卖市场交易规模突破 150 亿元，订单规模达到 3.7 亿单。

餐饮 O2O 和团购改变了人们的饮食习惯，而生鲜电商却改变了人们的饮食结构和饮食文化。

2012 年被称为生鲜电商的元年，几经沉浮之后剩下了天天果园、我买网等垂直生鲜电商网站，京东、天猫、苏宁等电商平台的生鲜频道却成了最大的赢家。因为《舌尖上的中国》而家喻户晓的查干湖鱼，长时间来因为物流难题仅限于当地市场销售。京东则瞅准了这一行业痛点，在 2014 年和查干湖品牌所有者松粮集团达成了相关合作。查干湖鱼出水后，工作人员立刻对鱼进行密封包装和速冻处理，随后通过京东的全程冷链物流配送，并实现在出库后 24 小时内送抵消费者。让查干湖鱼的销售范围从吉林扩展到东三省、北京、天津、上海、河北、山东、山西、江苏甚至浙江。

无疑，生鲜电商直接解决了食材的地域性问题，在未来必将有更多的生鲜、食品等搭乘生鲜电商的冷链物流，走向全国。"互联网+"大潮的到来，将加快这一趋势的发展。

"互联网+"时代，饮食文化的未来已可以预期

"互联网+"的时代，已不再单纯是电商渠道的下沉，传统行业主动"拥抱"互联网让饮食文化的未来变得可以预期。

从最近发生的四个事件可以看出互联网对饮食文化的影响。第一个是京东利用其自营冷链配送优势，在线上销售青岛、三得利等品牌原浆啤酒，打破了原产地销售的模式，这是类生鲜食品的改变。第二个是老字号饭店"东来顺"，在 2012 年就开始尝试 O2O，之后在京东和天猫上开设了旗舰店，并在美

团网上推出团购套餐，最近又入驻拍拍微店，传统的餐饮行业开始深度接触互联网。第三个是以小龙虾而闻名国内的盱眙，其国际龙虾节已经举办了14届，2015年更是拉上京东举办起了互联网龙虾节，区域性饮食文化开始和互联网挂钩。第四个是，在这个美食APP横行的时代，海尔也在2015年4月发布了自家的美食互动APP，试图从硬件到软件来打造所谓的智慧厨房。

当然，"互联网+"时代下的新饮食文化，对电商平台、物流渠道、售后保障等有了更大的要求，从目前来看可行的模式大概有以下几种。

第一是产地直供。不管是盱眙龙虾还是原浆啤酒，以及查干湖鱼和阳澄湖大闸蟹，以京东和天猫为代表的电商平台采取了产地直供的模式。通过和当地的食品企业进行合作，直接把产品搬到电商平台上来销售，既保证了产品的安全性，也缩减了不必要的中间环节。

但冷链物流配送能力正逐渐成为衡量产地直供模式是否可行的重要标准，除了为品牌商提供干线运输、仓储以及销售问题外，"最后一千米"的配送成了最大的制约因素。京东自营的物流体系成为其最大的亮点，截至2015年3月31日，京东在全国43座城市运营了143个大型仓库，设立了3539个配送站和自提点。而天猫的解决方案则是通过菜鸟网络来加强对快递公司的掌控力，从而解决"最后一千米"的递送与服务难题。而近些年来社区O2O的出现，也为生鲜产品的"最后一千米"运输提供了另一种可行的解决方案。

第二种模式是农业电商。不管是众筹农业还是农村电商，其根本都是使农产品通过互联网而获得更大的销售范围。目前涉足农业电商的企业很多，形式也不一而同，既有京东、阿里巴巴等"下乡刷墙"，通过乡村服务站的形式来发展农村电商，也有人试图用互联网来改变农业生产流程，进而发展成F2F模式，即家庭和农场的直接关联。举个例子来说，居住在上海的某个家庭可以通过农业电商和中西部的某个农业合作社达成合作，进而直接获得自己所需要的某种食材。

第三种模式是进口生鲜电商的进一步发展。在物流难题未能很好解决的情况下，生鲜电商们不约而同地选择了进口产品，不得不通过进口产品的价格优势来弥补运输和仓储成本。不久前京东战略领投了以进口水果为主要业务的天天果园，而合作之后京东将为天天果园提供物流体系支持，帮助天天果园拓展全国市场。相信在未来会有更多的生鲜平台"拥抱"互联网巨头和物流大亨，从而共同促进冷链物流的发展。

总体来说，物流仍是最大的制约因素。数据显示，2014年我国快递收入突破2000亿元大关，并呈现出50%以上的增幅，冷链宅配的复合增速在80%以上，相信解决冷链物流难题只是时间上的问题。

从食材开始，到饮食习惯，再到饮食文化，都将会因为"互联网+"的到来而彻底改变。

第二节　餐饮企业网站营销

餐饮企业网站建设适用于大型连锁餐饮企业，网站可提供菜品介绍、会员招募、网络调研、客人网络体验、网络订餐等内容。

餐饮企业网站是综合性的网络营销工具，传统企业网站以企业及其产品为核心，重在介绍企业及其产品，新型网站以客人为核心，处处围绕客人进行设计。尤其是餐饮企业自身与客人联系非常密切，网站更要体现其服务特性和客人导向性。

真功夫官方网站上的网络订餐栏目

一、网站主要栏目设置

大型餐饮企业网站建设，一般都是由营销部负责。营销部设有专门的网站编辑部来负责企业网站网页设计、网站内容更新等。

餐饮企业要重视定义和搭建网站，将其作为对外宣传、推广、服务及营销的载体，来配合企业的发展和需要，使网站具有鲜明、动感、庄重、大方而又不失功能的特色。

1.网站首页

网站首页设计秉承简约大方的设计理念，力求在有限的空间里面，在最短的时间把餐饮企业专业的特色展现在浏览者面前。浏览者一进入首页就能够了解整个网站的最新内容，从而吸引浏览者经常访问网站。网站首页要主要注重页面编排和页面设计。

湘鄂情官方网站首页

2.栏目设置

不同餐饮企业，其经营菜系、风格不一，因此可能在具体设置栏目时有着自己企业的独特性。在这里，对餐饮企业网站需要设置的主要栏目进行分析讲解。

餐饮企业网站一般包括"餐厅介绍""菜品介绍""店面介绍""餐厅印象""新闻中心""会员商城""人力资源""在线订餐"这八个栏目，主要内容就是发布餐饮企业的具体情况，让浏览者和会员通过网站对餐厅的相关介绍，来了解整个餐厅的情况，从而来提升对餐饮企业餐厅的认知。

餐厅栏目设置

序号	栏　　目	说　　明
1	餐厅介绍	一般包括企业介绍、企业文化、管理团队、企业责任、企业荣誉等
2	菜品介绍	一般包括经典菜品、饮品、推荐菜品、新品展示等
3	店面介绍	一般包括店面地图、新店开业、店面介绍、外卖等
4	餐厅印象	一般包括主题活动、宴会及婚宴、店面掠影等
5	新闻中心	一般包括公司新闻、公告、行业动态等
6	会员商城	一般提供会员积分活动、代金券、O2O等
7	人力资源	主要发布招聘信息
8	在线订餐	提供在线订餐、订座服务

全聚德官方网站的栏目设置展示

二、自建网站注意事项

餐饮企业如果是自己进行网站建设，需要注意如下图所示的事项。

事项一	清楚地显示餐饮企业网站有什么信息
事项二	提供方便和可理解的浏览方式，甚至要为那些不愿或不能下载图像的用户考虑
事项三	只在有必要的地方加上图形和其他东西，因为并不是每个浏览者都能利用图形的
事项四	不要误导客户，不要贬低你的竞争对手，以免给你带来麻烦
事项五	餐饮企业的企业形象吻合餐饮企业的市场定位，由于网页和网站主页及其他互联网信息经常被复制在全世界的图书、杂志、报纸与教科书中，所以营销人员应确定餐饮企业网站上的企业形象对餐饮企业是合适的
事项六	开放式的主页。不要假定网站只能用某个特定网页浏览工具才能观看，更不要把主页设计得只有 Netscape 才可以浏览，应该让尽可能多的网页浏览工具能浏览到你的主页

自建网站注意事项

三、与专业网站制作公司合作

餐饮企业也可以与专业网站制作公司合作，请其负责网站建设。当然，一定要选择资质较好的公司，并且要与其签订网站建设合同，保证双方的合法权益。以下是某餐饮企业签订的网站建设合同书，仅供参考。

【实战范本】某餐饮企业网站建设合同书 ▶▶▶ ⋯⋯⋯⋯⋯⋯⋯⋯⋯⋯

甲　　方：＿＿＿＿＿＿＿＿餐饮服务有限公司（以下简称甲方）

乙　　方：＿＿＿＿＿＿＿＿科技有限公司（以下简称乙方）

甲方在利用乙方提供的信息资源进行信息传播和自我服务时，应严格遵守国家的有关法律、法规和行政规章制度，遵守《中华人民共和国计算机信息网络国际互联网管理暂行规定》《中国公用计算机互联网国际联网管理办法》和《中国互联网络域名注册暂行管理办法》等有关法律规定，甲方自行发布的有关信息不在乙方法律责任范围。为明确双方的权利和义务关系，经双方协商一致，签订本协议。

一、网站项目内容

1.甲方委托乙方承担＿＿＿＿＿＿＿＿＿网站项目开发，乙方根据甲方需求定制版面，经甲方签字确认后，甲方不得无条件要求乙方修改版面的架构、颜色及增加新的网站功能和频道。

2.网站注册域名：＿＿＿＿＿。空间使用标准：＿＿＿＿＿＿＿。

3.甲方应按合同要求完成项目资料的准备工作，提供必要的信息资料，积极协助乙方开发工作。

二、首年网站制作总金额：人民币＿＿＿＿＿元；（大写）＿＿＿＿＿＿。

三、甲方责任

1.甲方有责任与乙方相互配合，在网站开发与实施过程中，保证有甲方专人负责甲、乙双方的协调工作。

2.甲方有责任提供相关的网站开发所需的文件、资料、电子版企业商标。

3.甲方按合同规定按时支付乙方工程款，预付款不退还，按建站预定标准，网站设计直到甲方满意为止。

四、乙方责任

1.乙方应按期保证完成网站项目的开发，并负责网站在服务器端的实施，使网站正常运行。

2.乙方保证按合同期限完成网站开发工作，未经甲方同意，乙方不得对第三方透露甲方的任何资料。

3.乙方为甲方提供与"网站建设标准（方案书）"相同的网站建设标准和服务。

4.网站开发完成，乙方要提供网站源程序和源代码给甲方；在网站建立和维护期一年内，乙方对网站更新修改，应将更新的源程序和源代码提供给甲方。

5.乙方应在网站建立和维护期一年内免费为甲方提供除网站内容更新以外的技术支持。

五、甲方权利

1.凡涉及甲方的网站域名和空间在乙方注册及租用的,甲方拥有该网站的域名和空间的管理权及使用权。

2.甲方网站的版权归甲方所有,网站内容的一切责任由甲方负责;甲方拥有网站制作程序和源代码的所有权及管理权。

六、乙方权利

1.乙方为甲方制作的网站,在网站的每个页面脚下都要注上乙方的制作商标,甲方不得私自删除乙方的制作商标。

2.在甲方没有付清乙方网站制作费期间,乙方有权停止甲方网站运行和拒绝提供源程序及源代码给甲方。

七、双方责任和协作事项

1.甲、乙方双方必须保证其网站不违反国家法律。

2.乙方负责合同期内网站的维护工作和保证网站的正常运行。

3.如甲方要增加新的网站功能和频道,甲方按乙方《网站建设收费标准》相应的功能和频道所定的收费支付乙方费用,并且乙方需要与甲方另议《网站维护合同》。

八、违约责任和争议的解决

1.本合同签订即生效,甲、乙双方必须全面履行合同所规定的义务,任何一方不得擅自变更或解除合同。

2.由于违约造成本合同不能履行或不能完全履行的,责任方承担违约责任。

3.甲方如不按合同付款,乙方有权停止甲方网站运作和拒绝提供源程序和源代码给甲方,直至结款后再开通及提供源程序和源代码给甲方;因不按合同付款而停止甲方网站运作而造成的一切后果由甲方自负,乙方一概不负责;反之,乙方如延期交付网站的,每日罚金为合同金额的_____。

4.网站验收完成,乙方将网站程序文件和源代码交给甲方后,甲方如私自改动源代码,造成网站出现程序错误,后果由甲方自理,乙方一概不负责。

5.本合同未尽事宜,由双方友好协商解决。必要时,可签订《网站建设补充合同》。《网站建设补充合同》可作本合同不可分割的组成部分。

九、开发工期

1.网站开发日期:乙方自甲方网站确定版面风格之日开始_____天内完成网站的开发工作。

2.如发生人力不可抗拒的情况或有自然灾害等客观因素或甲方未能做好准备工作，由双方协商，工期顺延。

十、网站质量及保证

1.乙方将按相关行业标准进行网站开发。

2.甲方必须向乙方提供软件开发所涉及的文件、数据。

3.网站投入运行后，乙方负责首年免费维护，并保证为期一年的网站系统及程序的正常运作。

4.开发过程中，甲方应全力配合乙方，以便更好地完成工作。

十一、验收

网站开发完成后，由乙方提出书面验收申请，甲方须在__日内组织签字验收确认，如超过____日被视为已验收合格，并在__日内结清余款。

十二、网站续约

1.本网站空间及域名自____年____月____日起一年内有效。有效期满后，甲方如需乙方对其网站进行网站内容和图片更新维护或网站升级，则需另签订《网站维护合同》，其费用按乙方《网站建设收费标准》收取；甲方如不需乙方对其网站进行网站内容和图片更新维护或升级，则只需交人民币____元/年（只含一个合同内指定域名和网站空间费），乙方应在空间及域名到期前_____天通知甲方续费。

2.若甲、乙双方不再签订《网站维护合同》，网站的内容和图片更新维护由甲方自理。

十三、付款方式

1.签订合同时支付50%，初步稿子确认（签字盖章）支付40%，网站完成支付10%，1万元以下支付全款。

2.付款说明：_____。

十四、本合同一式两份，双方各执一份，经甲、乙双方授权代表签字后生效，有效期为一年。

甲方：	乙方：
授权代表签字：	授权代表签字：
地址：	地址：
电话：	电话：
传真：	传真：
年　月　日	年　月　日

第三节 餐饮企业微信营销

　　微博是一个偏媒体属性、注重传播的平台，微信是一个偏工具属性、注重沟通互动的平台。微信更多的是扮演一个对话/沟通/服务/管理的工具。对于餐饮行业而言，微信是一个实用的"活菜单活地图"，免费的scrm管理系统和一个免费的群发信息平台。餐厅可以把微信公众账号变身为一个移动版的便携式"活菜单"。餐厅能留在用户微信通讯录中，当他有需求的时候能够轻易找到餐厅，那么餐厅的目的就达到了。顾客只需输入餐厅地址即可获得最近的店铺地址。这对于餐饮企业来说，再也不用担心消费者记不住你有多少分店，哪一家离他们最近，只需要输入自己的位置，微信就会就近推荐离客户最近的一家店。

一、微信的定义

　　微信是腾讯公司于2011年1月21日推出的一款通过网络快速发送语音短信、视频、图片和文字，支持多人群聊的手机聊天软件。用户可以通过微信与好友进行形式上更加丰富的类似于短信、彩信等方式的联系。微信已不单单是一个充满创新功能的手机应用，它已成为中国电子革命的代表，覆盖90%以上的智能手机，并成为人们生活中不可或缺的日常使用工具。

　　截至2015年第一季度末，微信每月活跃用户已达到5.49亿，用户覆盖200多个国家、超过20种语言。此外，各品牌的微信公众账号总数已经超过800万个，移动应用对接数量超过85000个，微信支付金额则达到了4亿元左右。

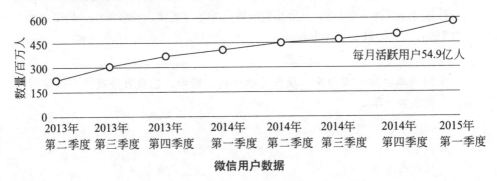

微信用户数据

二、微信的功能

　　微信支持发送语音、文字、图片；支持单人聊天及多人群聊；支持多种类型手机之间相互收发消息。微信的功能，具体如下图所示。

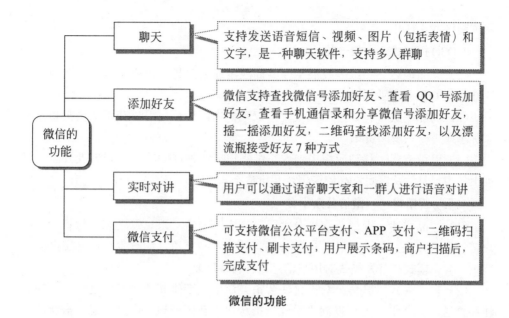

微信的功能

三、微信营销模式

1."草根"广告式——查看附近的人

（1）产品描述　通过微信中基于LBS的功能插件"查看附近的人"可以使更多陌生人看到这种强制性广告。

（2）功能模式　用户点击"查看附近的人"后，可以根据自己的地理位置查找到周围的微信用户。在这些附近的微信用户中，除了显示用户姓名等基本信息外，还会显示用户签名档的内容。所以用户可以利用这个免费的广告位为自己的产品打广告。

（3）营销方式　营销人员在人流最旺盛的地方后台24小时运行微信，如果"查看附近的人"使用者足够多，这个简单的签名栏也许会变成移动的"黄金广告位"。

2.社交分享式——朋友圈

（1）产品描述　用户可以通过朋友圈发表文字和图片，同时可通过其他软件将文章或者音乐分享到朋友圈。用户可以对好友新发的照片进行"评论"或"点赞"，用户只能看共同好友的评论或赞。

（2）功能模式　朋友圈的基本功能便是向好友展示图片，且发朋友圈时，可以附上所在餐厅，使好友更直观地了解到餐饮企业。

（3）营销方式　朋友圈为分享式的口碑营销提供了最好的渠道。微信用户可以将手机应用、计算机客户端、网站中的精彩内容快速分享到朋友圈中，并支持网页链接方式打开。

3.O2O折扣式——扫一扫

（1）产品描述 二维码发展至今其商业用途越来越多，所以微信也就顺应潮流结合O2O展开商业活动。

（2）功能模式 将二维码图案置于取景框内，扫描后可以获得成员折扣、商家优惠或是一些新闻资讯。

（3）营销方式 移动应用中加入二维码扫描这种O2O方式早已普及开来，坐拥上亿用户且活跃度足够高的微信，其价值不言而喻。

4.互动营销式——微信公众平台

（1）产品描述 微信公众平台主要包括实时交流、消息发送和素材管理。用户可以对公众账户的"粉丝"进行分组管理和实时交流，同时也可以使用高级功能——编辑模式和开发模式对用户信息进行自动回复。

（2）功能模式 微信公众平台使营销渠道更加细化和直接。通过一对一的关注和推送，公众平台方可以向"粉丝"推送包括新闻资讯、产品消息、最新活动等消息，甚至能够完成包括咨询、客服等功能，成为一个称职的CRM系统。

（3）营销方式 通过发布公众号二维码，让微信用户随手订阅公众平台账号，然后通过用户分组和地域控制，平台方可以实现精准的消息推送，直指目标用户。再借助个人关注页和朋友圈，实现品牌的"病毒式"传播。

5.微信开店——微信商城

微信商城并不是微信"精选商品"频道升级后的腾讯自营平台，而是由商户申请获得微信支付权限并开设微信店铺的平台。截至2013年年底，利用公众号申请微信支付权限需要具备两个条件：第一必须是服务号；第二还需要申请微信认证，以获得微信高级接口权限。商户申请了微信支付后，才能进一步利用微信的开放资源搭建微信店铺。

🔍【实战范本】××餐饮企业微信营销活动 ▶▶▶ --------------------------

餐饮企业该如何利用微信开展营销呢？在实际操作过程中又有哪些细节问题需要注意？

一、主打官方大号，小号助推"加粉"

餐饮企业可采用注册公众账号，在"粉丝"达到500人之后申请认证的方式进行营销，更有利于餐饮企业品牌的建设，也方便商家推送信息和解答消费者的疑问，更重要的是可以借此免费搭建一个订餐平台。

小号则可以通过主动寻找附近的消费者来推送大号的"引粉"信息，以此将"粉丝"导入到大号中统一管理。

二、打造品牌公众账号

申请了公众账号之后，在设置页面对公众账号的头像进行更换，建议更换为餐饮企业店铺的招牌或者商标，大小以不变形、可正常辨认为准。此外，微信用户信息应填写餐饮企业的相关介绍，回复设置的添加分为被添加自动回复、用户消息回复、自定义回复三种，餐饮企业可以根据自身的需要进行添加。

餐饮企业可以用每天群发的信息做一个安排表，准备好文字素材和图片素材。一般推送的信息可以是最新的菜式推荐、饮食文化、优惠打折方面的内容。

三、实体店面同步营销

餐饮企业的店面也是充分发挥微信营销优势的重要场地。在菜单的设计中添加二维码并采用会员制或者优惠的方式，鼓励到店消费的客人使用手机扫描。采用这种方法不但可以为公众账号增加精准的"粉丝"，而且也可积累一大批实际消费群体，对后期微信营销的顺利开展至关重要。店面能够使用到的宣传推广材料都可以附上二维码，当然也可以独立制作X展架、海报、DM传单等材料进行宣传。

四、用活动吸引消费者参与

微信营销比较常用的就是以活动的方式吸引目标消费者参与，从而达到预期的推广目的。以签到打折活动为例，餐饮企业只需制作附有二维码和微信号的宣传海报及X展架，配置专门的营销人员现场指导到店消费者使用手机扫描二维码。消费者扫描二维码并关注商家公众账号即可收到一条确认信息，在此之前商家需要提前设置好被添加自动回复。凭借信息在埋单的时候享受优惠。

微信订餐示例

四、微信营销的推广

1.公众账号线上推广准备

（1）建立微网站——餐饮行业门户　针对餐饮行业的移动互联网门户建设，重点突出特价优惠菜品、推荐菜品、招牌主打菜品等全方位展示功能，将商家信息第一时间全面展示在微信端，方便消费者查看，并使消费者第一时间被诱人的菜品吸引，直接促成消费。

（2）微活动　餐饮行业巨大的客流量会为商家带来巨大的发展机会，然而餐饮行业消费者忠诚度很低的问题成为每个商家的困扰。而微活动在迅速吸引消费者关注的同时，定期的营销活动还能促进消费者对品牌的忠诚度，最终将客流量转化为客留量。

（3）预约订座功能　针对线下餐厅用餐高峰期客流量较大而餐厅接待能力有限的情况，餐饮企业可推出微信端预约订座功能，消费者在微信端提前预约，操作便捷，同时能省去大量等待排队的时间，也给商家提前准备菜品、安排座位的时间，以便提供更周到的服务，提升消费者对商家的好感度和忠诚度。

在线订座/订餐

（4）一键导航　基于消费者对于餐饮行业具体地理位置的需求，餐饮企业研发一键导航功能，方便消费者快速定位自己的地理位置并进行导航，全程引导消费者到店就餐，大大减少因无法快速找到商家位置而导致的用户流失。

（5）微会员　由于餐饮行业的普遍性，几乎每个人都是餐饮行业的用户，但是每个商家对自己的消费者却并不了解。也对消费者忠诚度的提升形成一定障碍。若能推出微会员功能，则可收集会员信息，建立商家的消费者数据库，从而为会员提供专属服务，提升服务质量的同时，微会员也可将促销优惠、会员专享等服务信息直接显示在微会员页面，将商家已有的线上用户吸引至线下进行消费，直接促进商家的营业额提升。

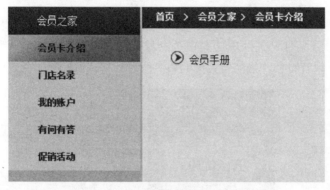

微会员页面

（6）微客服　基于较大的用户数量，餐饮行业微信公众平台为消费者提供有效的客户咨询和引导服务，方便用户及时快速地了解商家信息。

2.公众账号线下推广准备

餐饮企业早期可以通过社交平台的推广来获得大量的订阅量，在微博、人人网等平台的皮肤模版右侧都加上了微信公众号的宣传，在其发布的内容中也多次通过文字图片植入关注微信公众号的信息。另外，还可以建立餐馆的"粉丝"qq群，同时qq账号与微信的打通，大大增加了用户转化的便捷度。通过qq邮件、好友邀请等方式，都能批量实现qq用户的导入。应该在自己的官方网站等所有可以进行网上宣传的地方都放上微信公众号，在线上进行全渠道推广。餐饮企业可以通过在自身的营销会议中植入宣传，获得更多的关注。

3.线下推广活动

（1）店内推广

① 店铺的显眼位置放上二维码　包括墙壁、餐桌上、收银台、吧台、易拉宝等，但需要引导用户扫描，只有让用户得到好处，用户才会拿出他的手机进行扫描。

② 和智能硬件结合　如WIFI服务，大多数客户在就餐时都希望能利用WIFI上网，可以设置条件，关注本店微信公众号后能才上网。有的人喜欢拍照分享，如果你的餐具很有特色，也能引起他们拍照然后分享到他们的朋友圈。

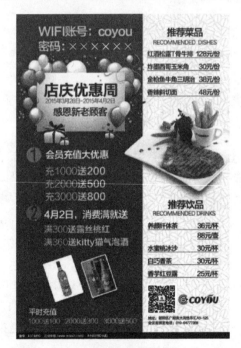

WIFI账号列在醒目位置

（2）店外推广　地推的方式是最传统的，不过现在发传单基本没人看了，所以要用相关的微信活动，吸引用户关注公众号，并且参与里面的活动，而不是简单地介绍几个菜谱和优惠活动，你的目的是为了吸引用户，并且通过微信深入地了解店铺。

菜单推广　　　　　　　　　　　　　传单推广

4.线上推广

（1）社交网络推广　社交网络营销的核心是关系营销。社交的重点在于建立新关系，巩固老关系。任何创业者都需要建立新的、强大的关系网络，以支持其业务的发展。

（2）朋友圈推广　朋友圈推广需要特别注意发送的内容以及发送内容的频率，如果发送的内容与别人无关，则无法引起注意；如果发送的频率太快，会引起别人的反感。

在朋友圈中推广使用付费时，一定要注意精准。利用LBS位置，定位在自己餐厅附近的用户，并要进一步分析你的目标人群的年龄、性别等属性，进行有针对性的推广。

微信圈内的推广

（3）互动活动策划　可结合第三方平台，比如发红包、各种抽奖游戏，不但可以激活老用户，还可以让他们分享到朋友圈带来部分新用户。

（4）团购、平台合作　在其他平台做团购的目的，是为了用低价从其中心化平台吸引目标客户，并且留住他们，而不是为了卖东西，要做的是品牌，更多是为未来的回头客做准备，特别适合新店。

与外卖平台合作，可提供更多便利服务。

5.其他推广

（1）建立会员体系

① 会员卡　所有这些优惠，都要求用户必须开通会员卡才可以获得，而且提醒用户，开通会员卡后再消费，不但可以优惠，还可以获得积分。

② 积分制　除了可以兑换菜品、优惠券外，还可以玩一些在线游戏，增强与用户的互动。

（2）打造店内特色活动　店内特色活动包括摇一摇、微信上墙等互动游戏，让店内的客人都参与进来，可以限定一周的某个时间玩这个游戏，成为店内特色。另外，充分利用微信的社交属性，让店内顾客也充分互动起来，均是通过微信平台可进一步拓展的特色。

摇红包

6.公众平台消息管理

（1）公众平台内容素材的收集　餐饮企业专业人员负责每天收集整理用户推送的消息素材，订阅餐饮的用户对吃的肯定感兴趣，所以餐饮企业专业人员可以每天收集一些城市的特色美食，或者分享一些做美食的心得和窍门，同时附加具有趣味性的内容，以便吸引用户目光。

（2）公众平台内容群发　餐饮企业专业人员将每天推送的内容整理完毕以后，应该交由专门管理群发的人员，这些群发人员应该负责将这些内容每天同一时间及时地推送给客户。

（3）公众平台用户互动管理　当有大量的客户订阅餐饮企业的公众账号以后，每天肯定会有大量用户会向公众账号提出自己的问题，这时候应该让一些专门人员与客户进行一对一的沟通，来帮助这些客户解决疑问。

（4）公众平台应急事件处理　餐饮企业应该建立一种应急机制，当公众账号发生异常，不能使用，或是瘫痪的时候，应该立即启动这些应急机制，并且第一时间通知用户。

第四节　餐饮企业微博营销

一、微博的特点

微博营销是指通过微博平台为商家、个人等创造价值而执行的一种营销方式，也是指商家或个人通过微博平台发现并满足用户的各类需求的商业行为方式。微博营销以微博作为营销平台，每一个听众（粉丝）都是潜在营销对象，企业利用更新自己的微博向网友传播企业信息、产品信息，树立良好的企业形象和产品形象。

微博的特点如下表所示。

微博的特点

序号	特　　点	说　　明
1	立体化	借助先进的多媒体技术手段，利用视频、文字、图片等形式对产品进行描述，将信息更加形象、直接地传递给潜在消费者
2	高速度	通过互联网及与之关联的手机平台发出微博后，它可以快速抵达微博世界的每一个角落，被最多的人所看到
3	便捷性	通过微博发布信息无须经过复杂的流程和手续，可以节约大量的时间和成本
4	广泛性	微博可以通过"粉丝"关注的形式进行互动式的传播，影响面非常广泛。同时，名人效应能够使其传播量呈几何级增加

想知道微博所具有的神奇力量吗？请看下图，其中的数字代表的是受各种媒体影响的人数。

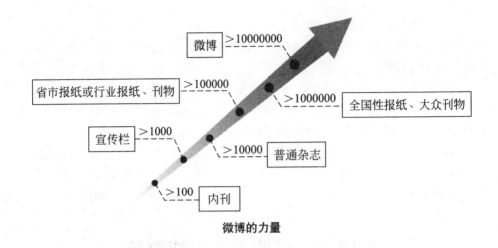

微博的力量

二、微博营销前调查

餐饮企业在展开微博营销前，可以在市场上做一个关于微博营销的调查，在此提供一个范本，仅供读者参考。

【实战范本】关于××餐饮企业微博营销的调查 ▶▶▶ ················

您好，我们是××餐饮企业的市场营销人员，在此我们想通过您了解微博在餐饮企业抉择中起到的作用、餐饮企业对微博的依赖程度以及您对餐饮企业网站微博的关注情况，以此来了解餐饮企业微博营销的应用，可能占用您宝贵的时间填写此问卷，望大家体谅，谢谢！

1.您的学历。

□ 高中及以下　□ 大专　□ 本科　□ 研究生及以上

2.您是否开通微博？（若"否"，请停止答题）

□是　　　　　□否

3.您每天平均花在微博上的时间是？

□ 30分钟及以下　□ 30分钟至1小时　□ 1～2小时　□ 2～3小时

□ 3～4小时　　　□ 4小时以上

4.您对微博上关于餐饮企业的关注程度是？

□ 从不关注　□ 偶尔关注　□ 非常关注

5.您关注的餐饮企业微博的类型是？（多选题）

□ 餐饮企业攻略微博　□ 旅游攻略微博　□ 餐饮企业官方微博

6.您关注的餐饮企业微博包括以下哪些？（多选题）

□ 客房住宿　□ 配套设施　□ 餐饮企业文化　□其他

7.您关注与餐饮企业相关微博的理由是？（多选题）

□通过转发、回复餐饮企业的微博，可以获得奖品、优惠等

□通过餐饮企业的微博，可以分享其他人的经验和攻略，给自己做参考

□通过查看餐饮企业微博的评论，可以知道该店优惠的情况

□通过图片可以欣赏到各地的餐饮企业文化，增长见识

□可以通过微博上的图片，了解当地的旅游状况

8.您最关注餐饮企业的哪类营销信息？（多选题）

□文字　□图片　□视频　□其他

9.您对待有关餐饮企业类微博的态度是？

□有转发过　□自己发过　□搜索过　□只是看看

10.如果看到自己感兴趣的餐饮企业微博是否会和朋友分享？

□是　　　　　　□否

11.当您发现某微博上的餐饮企业与现实中有一定差距时，您会继续关注该微博吗？

□继续关注　　　　□根据实际情况而定　　　□立马取消关注

三、微博营销的内容

餐饮企业微博营销的内容，主要包括以下五个方面。

1.发布预告信息

餐饮企业可以通过微博进行各种预告，如是否有空位、门前的交通状况、本日主打菜品、促销活动预告等。

肯德基新浪微博首页

2.接受客人预订

餐饮企业可以通过微博来接受"粉丝"的餐位预订、包房预订、送餐服务预

订等。

3.产品宣传推广

餐饮企业可以通过微博进行各种宣传活动，如品牌宣传、特色服务宣传、菜品宣传（附有图片）、厨师拿手菜介绍、发布最受欢迎菜品统计数据等。

小肥羊火锅微博宣传

4.发布相关资讯

餐饮企业还可利用微博发布一些餐厅（公司）的"官方"信息，如人员招聘、原料采购、新店开张、服务时段、节假日休息公告等。

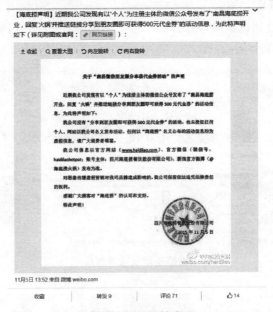

海底捞火锅的微博声明

5.在线客人问答

餐饮企业还可与客人进行在线交流，针对客人提出的问题进行相关的答疑。当餐饮企业拥有众多"粉丝"以后，只要对方没有取消对餐饮企业的关注，那么餐饮企业在任何时候都可以找到客人。客人通过微博也能随时找到餐饮企业，对客人是个好消息。那么，适当给客人推送一些促销信息，就成为可能。

如果餐饮企业有能力，甚至可以通过微博去了解客人的相关信息，如年龄、生日、性别、职业等，还可了解心理偏好信息，如兴趣、爱好等。如此就可给客人提供个性化的信息，包括客户关怀（生日、节日祝福等）、促销预告、友情提醒（路况、点评提醒等）。

拓展阅读

微博营销的推广技巧

不要以为餐饮企业的微博拥有了千万的"粉丝"，就可以吸引"粉丝"过来消费，如何将微博的浏览变成销量，也是大有学问的，以下是一份微博营销的推广技巧，可供参考。

1.话题

根据目标听众设定话题，就是要在微博设立初期制定内容策略，这与一本杂志的主编设定杂志内容策略是类似的。微博的最终目的其实是分享内容。对于餐饮企业来说，运用好社会化媒体的关键在于内容策略，内容策略＝我听见你的声音＋我在听你说＋我明白你说的＋达成营销目标的内容措施。

2.标签

标签设好了可以帮餐饮企业找来想找的人，如果标签设不好，即使有10万"粉丝"也没有意义。当然不同时间需要用不同的标签，只有让搜索结果一直能处在第一页，才有机会被想要的用户关注。

3.善用大众热门话题

每小时热门话题排行以及每日热门话题排行都是很有用的，因为这些话题适合微博的每个人，并且善加利用，策划进营销内容，可以增加被用户搜索到的概率。一般在热门关键词加双"#"，如：#餐饮企业订房#。

4.主动搜索相关话题

把所在的行业在"百度知道"中用户常问的问题总结，整理出来，把重要关键词提取来，如：著名餐饮企业、餐饮企业位置、餐饮企业服务……随时关注微博用户讨论的内容，主动搜索，主动去与用户互动。

5.制定有规律的更新频率

每日发6~20条,一个小时能发1~2条,频率和节奏把握不好,会让"粉丝"流失。

6.让内容有"连载"

比如每天推荐一个景点、美食或热门资讯,每周发布一次活动结果,连载会让"粉丝"的活跃度增高。

7.规划好发帖时间

发布微博有几个高峰,上班、午休、下午4点和晚上8点,要抓住这些高峰人群时间发帖,才可能产生高阅读率和高转发率。

8.善用关注

在微博推广的前期,通过关注能够迅速聚集"粉丝"。对新浪微博来说,每天最多只能关注500个人,关注的上限人数为2000人。

9.活动

一定要定期举办活动,活动能带来快速的粉丝成长,并且增加忠诚度以及建立与竞争对手的区隔。

10.互动

创造有意义的体验和互动,只有做到这两点,客户和潜在客户才会与你交流,才会分享你的内容。

四、微博如何增加"粉丝"

餐饮企业发展"粉丝"相对其他行业要容易一些,因为餐饮服务是高接触度的现场服务。在网络上硬拉"粉丝"也许很难,但当和客人面对面时,当客人置身于餐饮企业里时,直接的交谈将使拉"粉丝"变得更容易,微博支持手机登录,也降低了现场"互粉"的难度。

因此餐饮企业拉"粉丝"的主要途径就是店面推广。餐饮企业可以在店里的醒目位置,树立企业微博ID的宣传广告牌,也可以通过专门的人员,向客人直接推荐餐饮企业的微博ID,还可以向客人发放印有微博ID的订餐卡片等。如果想在网上拉一些"粉丝",那么最好是寻找同城ID。

餐饮企业在开展微博营销时,最需要关注的就是负面评价。无论餐饮企业服务多么到位,都会遇到负面评价。当然,餐饮企业可以把负面评价当作改善服务的一个新的手段。

因为通过负面评价,餐饮企业可以知道许多信息,如哪个服务员可能服务出问题了、厨师今天表现如何、上菜速度需要提高、传菜员缺人手了、发票没了等信息。如果餐饮企业乐于去不断完善服务，就无需怕负面评价。当然，如果餐饮企业的服务很差，最好还是不要去申请微博ID。

五、微博营销要点

微博营销主要有几个要点，如下图所示。

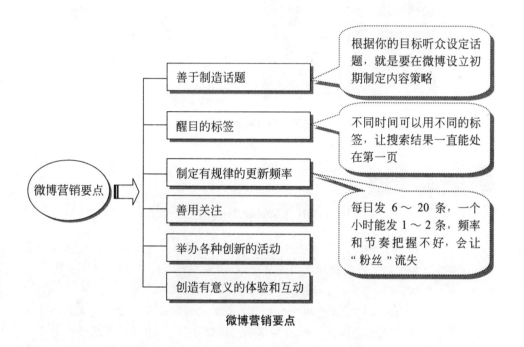

微博营销要点

第五节　餐饮企业网络团购营销

一、网络团购认知

团购就是团体购物，指的是认识的或者不认识的消费者联合起来，加大与商家的谈判能力，以求得最优价格的一种购物方式。根据薄利多销、量大价优的原理，商家可以给出低于零售价格的团购折扣和单独购买得不到的优质服务。现在团购的主要方式是网络团购。

常见的团购网站有聚划算、百度糯米、美团网、大众点评团、聚划算等。据了解，目前网络团购的主力军是年龄25～35岁的年轻群体，并已十分普遍。

美团网上餐饮的团购页面

拓展阅读

国内主要团购网站

目前，国内主要团购网站包括聚划算、百度糯米、美团网、大众点评团等。以下对其中几个团购网站进行简单介绍。

一、聚划算

聚划算是由淘宝网官方开发平台组织实施的一种线上团购活动形式。淘宝聚划算网是阿里巴巴集团旗下的团购网站。2011年10月20日，阿里巴巴集团将聚划算拆分出来，使其以公司的形式独立运营。

聚划算上的美食代金券

二、百度糯米

百度糯米是百度公司旗下连接本地生活服务的平台，是百度三大O2O产品之一。其前身是人人网旗下的糯米网。原糯米网在2010年6月23日上线，2014年3月6日正式更名为百度糯米。百度糯米汇集美食、电影、酒店、休闲娱乐、旅游、到家服务等众多与生活服务相关的产品，并先后接入百度外卖、去哪儿网资源，"一站式"解决与吃喝玩乐相关的所有问题，逐渐完善了百度糯米O2O的生态布局。

百度糯米上的餐饮代金券

三、美团网

美团网是创建于2010年3月4日的团购网站。它的服务宗旨是：每天团购一次，为消费者寻找最值得信赖的商家，让消费者享受超低折扣的优质服务；每天一单团购，为商家找到最合适的消费者，给商家提供最大收益的互联网推广服务。

四、大众点评

大众点评于2003年4月成立于上海。大众点评是中国领先的本地生活信息及交易平台，也是全世界最早建立的独立第三方消费点评网站。大众点评不仅为用户提供商户信息、消费点评及消费优惠等信息服务，同时也提供团购、餐厅预

订、外卖及电子会员卡等O2O交易服务。大众点评是国内最早开发本地生活移动应用的企业，目前已成长为一家移动互联网公司，大众点评移动客户端已成为本地生活必备工具。

2015年10月8日，大众点评与美团网宣布合并。

大众点评网页截图

二、餐饮企业团购的特征

餐饮企业的团购活动一般有如下图所示的六个特征。

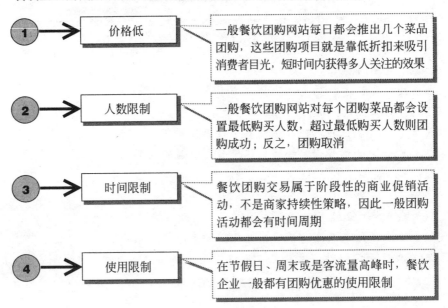

1　价格低　　一般餐饮团购网站每日都会推出几个菜品团购，这些团购项目就是靠低折扣来吸引消费者目光，短时间内获得多人关注的效果

2　人数限制　　一般餐饮团购网站对每个团购菜品都会设置最低购买人数，超过最低购买人数则团购成功；反之，团购取消

3　时间限制　　餐饮团购交易属于阶段性的商业促销活动，不是商家持续性策略，因此一般团购活动都会有时间周期

4　使用限制　　在节假日、周末或是客流量高峰时，餐饮企业一般都有团购优惠的使用限制

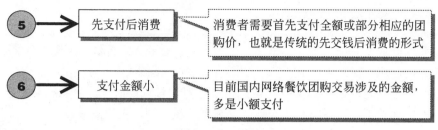

| 5 | 先支付后消费 | 消费者需要首先支付全额或部分相应的团购价，也就是传统的先交钱后消费的形式 |
| 6 | 支付金额小 | 目前国内网络餐饮团购交易涉及的金额，多是小额支付 |

餐饮企业团购的特征

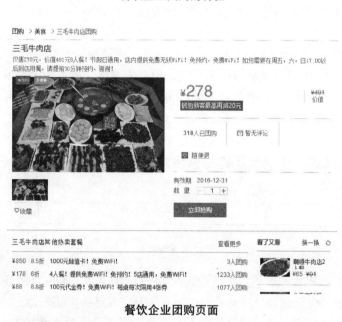

餐饮企业团购页面

| 本单详情 | 消费提示 | 商家介绍 | 会员评价(54) |

消费提示

有效期	2015年10月20日至2016年12月31日
可用时间	周末法定节假日通用 11:00 - 次日03:00
预约提示	无需预约，直接消费（高峰期间消费需排号等位）
使用规则	· 团购用户暂不享受店内其他优惠 · 每张糯米券8人使用，超出收费标准，按当时店内实际价格收取费用 · 每次消费至多可使用1张糯米券 · 仅限大厅使用，无包间
温馨提示	· 提供免费WiFi · 本单堂食或外带均可 · 商家提供餐后打包服务，需另付 1元/个打包盒

各项限制在消费提示中告知食客

三、餐饮企业团购营销时机

餐饮企业面对的投诉种类繁多，是不是餐饮企业不适合做团购呢？答案当然是否定的，那么餐饮企业如何合理利用团购这种营销模式呢？

（1）餐饮企业的实际成本非常低或者相对比较低的时候，生意相对清淡时，可以开展团购活动。各类餐饮企业所处地理位置不同，人流高峰也可能不同，比如，处于商务区的餐饮企业在节假日、休息日的时候客人相对要少一些，而处于旅游景点的餐饮企业在旅游淡季的时候客人就会相对少一些，这时候比较适合做一些团购活动。

（2）新开张的餐饮企业也适合做团购活动。俗话说"酒香不怕巷子深"，但现在是信息时代，时间就是金钱，刚开业，没有知名度，也不为消费者熟知，客人是不会那么快就上门的。因此要主动出击，这时也可以通过团购打开知名度，前期一定不能以赚钱为目的，重点是做好宣传推广。

【实战范本】商品团购商家合作协议 ▶▶▶ --------------------------------

甲方：＿＿＿＿＿＿＿＿＿＿＿＿＿＿＿＿＿＿＿＿＿。

乙方：＿＿＿＿＿＿＿＿＿＿＿＿＿＿＿＿＿＿＿＿＿。

鉴于：

1.乙方在团购网站＿＿＿＿＿＿上长期发布团购信息，组织会员团购活动。

2.甲方有意通过乙方团购网站进行宣传推广其商品（服务）。

现经甲、乙双方友好协商一致，就合作开展团购促销活动事宜（以下简称团购）达成如下协议。

一、价格及其他

1.本次团购商品（服务）名称：＿＿＿＿＿＿＿＿＿＿＿。

团购商品（服务）原价：＿＿＿＿＿＿元。

团购折扣价（甲方收款价格）：＿＿＿＿＿＿元。

2.网站公布价格（提供给网站会员的价格）：＿＿＿＿＿＿元。

乙方有权自行确定团购商品（服务）在甲方网上提供给客户的价格，并保证该价格在团购商品（服务）原价与团购折扣价之间。

3.本次团购发布日期：＿＿＿年＿＿＿月＿＿＿日。

本次团购有效期：自＿＿＿年＿＿＿月＿＿＿日至＿＿＿年＿＿＿月＿＿＿日。

4.72小时无条件退款服务

为保障参与团购客户的权益，若出现本协议附件一规定的情形，乙方承诺提供"72小时内，未消费可无条件退款"服务。

5.先行赔付服务

对于执行"先行赔付"的客户，甲方同意乙方有权从应向其支付的未结算金额中直接扣除赔付款。

6.商家召回制度

若发生附件一所规定的"商家召回"情形，且乙方采取商家召回程序并向客户先行赔付的，乙方有权直接从未结算金额中扣除赔付款。未结算金额仍不足以弥补赔付款的，乙方有权向甲方追偿；因此给乙方造成损失的，甲方应承担相应的赔偿责任。

上述第4、第5及第6款提供的服务的具体规则详见本协议附件一。

二、团购合作的执行与流程

1.非实物发货类商品（服务）

乙方按照约定的时间发布团购信息，达到团购数量下限后向已购买的客户提供唯一的团购券。客户可直接下载打印团购券或通过发送手机短信形式得到团购券的券号及密码，此团购券或手机短信的券号及密码作为客户到甲方营业场所消费的凭证。为了保护双方的利益，甲方必须验证每个券号的真实性及有效性。

2.实物发货类商品

乙方需按照约定的时间发布团购信息，乙方应于团购结束后一日内将客户信息名单（收货人姓名、收货地址、电话、数量等）提供给甲方，甲方不得因任何原因延误发货。发货结束后，甲方需向乙方提供发货证明作为结算凭证。

3.兑换订单或发货

团购结束后，甲方按照乙方通知的时间开始兑换订单或发货，且不得无故拖延或提前。

4.结算

乙方需向甲方支付按照以下公式计算的结算金额。

结算金额＝甲方提供的团购折扣价格×实际消费数量（以甲方发货证明或甲方提供的客户实际消费信息名单为准）

说明：实际消费数量＝团购总人数－执行"72小时无条件退款"人数。

5.结算方式

团购活动结束后五日内，乙方向甲方支付结算金额的50%；本次团购承诺的消费时间结束后五个工作日内，乙方向甲方支付剩余未结算的金额（扣除执行"先行赔付"的款项）。

三、权利与义务

1.甲方为在中国境内依法设立且存继的企业法人，甲方于本合同签字生效当日向乙方提供营业执照复印件（加盖公章）。

备注：根据商家具体类型要求提供相应的证件，若甲方是经营餐饮类的，还需提供卫生许可证，从业人员健康证；甲方是经营零食或其他速食包装类产品的，还需提供食品安全许可证，如是厂家，还需提供生产许可证；若甲方是经营化妆品类产品的，还需提供生产许可证、卫生许可证及产品质检报告等相关经营许可证件。

2.甲方协助乙方策划本次团购的宣传内容，甲方按照页面格式提供相关文字内容及图片，乙方有权根据网页情况处理图片，无需甲方确认。

3.由于技术原因，购买数量有可能少量超过所规定的团购数量上限（如有），出现此种情况时，甲方同意按照实际购买数量提供商品（服务）。

4.甲方承诺其按团购价格提供的商品均为该品牌的正品，完全符合商品展示及说明书中该商品品牌的正品的标准。甲方承诺提供的商品（服务）均享受与平时零售商品（服务）同样的质量保证和售后服务。

5.甲方承诺不会强迫参与团购的客户进行本次团购项目外的消费。

6.甲方若在本合同确定的团购有效期内下调该商品（服务）价格，则以下调后的价格为基准再给甲方以约定的折扣；如上调该商品（服务）零售价格，则仍按照本合同签订时约定的价格执行。

7.为保证活动的执行效果，甲方同意自团购信息发布之日起_____日内不会与同类其他团购网站或相似业务进行合作。在本次团购有效期内，若甲方与其他团购网站就与本次团购相同或相似的商品（服务）进行团购合作的，其给予其他团购网站的价格不得低于本次团购折扣价。

8.甲方承诺依照协议内容提供团购商品（服务），若在协议有效期内发生停业、转让等导致不能继续提供商品（服务）的情况，应及时通知乙方协助处理，由此产生的费用及给乙方造成的损失均由甲方承担。

9.甲方保证本次团购价格低于同期提供给其他普通客户的价格（含促销价）。如乙方发现甲方提供给其他普通客户的价格（以下称为价格一）低于本次团购价格，差价（差价＝本次团购价减去价格一）部分甲方应双倍返还给各参加团购的客户。

四、违约责任

1.任何一方违反本协议约定的义务的，对方有权通知违约方在一日内改正；如逾期没有改正的，对方有权以书面通知形式立即解除本合同。由此给对方造成损失的，违约方应承担相应的赔偿责任。

2.在乙方发布团购信息后，甲方因故意或过失不能提供相关商品或服务的、甲方提供的商品有质量问题的，甲方应按照参与团购客户的要求给予退货或换货，且赔偿由此给参与团购的客户或乙方造成的损失；若乙方先行向客户赔付的，乙方有权就此赔付或因此给乙方造成的损失向甲方追偿。

五、不可抗力

1.在本合同有效期内，因自然灾害、战争及国家法律法规和政策变化等人力不可抗拒的因素，造成本协议内容部分或全部不能履行，双方互不承担违约责任。

2.遇有上述情况的一方，应在四十八小时内，将相关事件、可能引发的后果等情况以书面形式通知另一方，并且在事件发生后的十天内，向另一方提交有关权威部门的证明。

3.在发生不可抗拒的事件时，双方均应在条件允许的情况下采取一切必要的补救措施，以减少由此可能带来的经济损失，同时双方应就本协议终止或延期履行等有关问题进行协商，并努力达成一致意见。

六、其他约定

1.对于在本协议签订及执行过程中获知的对方的有关文件、信息（包括但不限于商业秘密、资料、图纸、数据、财务信息以及与业务有关的其他信息等），双方均负有保密义务，未经对方同意不得向任何第三方透露上述文件、信息，但法律法规另有规定的除外。本保密条款具有独立性，不受本协议的终止或解除的影响。

2.本协议未尽事宜，甲乙双方可另行签订补充协议。补充协议及附件均为本协议不可分割的一部分，与本协议具有同等法律效力。

3.本协议适用于中国法律；本协议在履行过程中发生争议的，双方应协商解决，协商不成的，双方均可向有管辖权的人民法院提起诉讼。

4.本协议经双方盖章签字后生效；本协议一式两份，甲乙双方各执一份，具有同等法律效力。

甲方：　　　　　　　　　　　乙方：

（盖章）　　　　　　　　　　（盖章）

授权代表（签字）：　　　　　授权代表（签字）：

签订日期：　　　　　　　　　签订日期：

附件一（略）

第六节　餐饮企业的O2O营销

未来的餐饮企业的商业模式，将会是全新的O2O模式，核心是线上和线下的整合，通过这种整合，获得更好的经营效益和更高效的运营效率的方法。

一、餐饮企业的 O2O认知

1.餐饮企业的O2O

餐饮企业的O2O就是把O2O的营销模式运用到餐饮企业中。

那么什么是O2O？ O2O即Online To Offline（在线离线/线上到线下），其概念源于美国，是指将线下的商务机会与互联网结合，让互联网成为线下交易的平台。2013年O2O开始进入高速发展阶段，开始了本地化及移动设备的整合和完善，于是O2O商业模式应运而生，成为O2O模式的本地化分支，餐饮企业的O2O也随之发展起来。

2.餐饮企业O2O的五大要素

餐饮企业O2O电子商务模式需具备五大要素，即网上平台、国家级权威行业可信网站认证、在线网络广告的营销推广、全面社交媒体与客户的在线互动、线上线下一体化的会员营销系统。

3.餐饮企业O2O的关键

餐饮企业O2O模式的关键是：在网上寻找客户，然后将其带到餐饮企业的实体店。它是支付模式和为餐饮企业创造客流量的一种结合，实现了线上购买，线下服务。这种模式更偏向于线下，更利于消费者，因为消费者是在线下享受服务的，所以它让消费者在消费中更能感到踏实。

餐饮企业O2O的关键

4.餐饮企业O2O的优势

餐饮企业O2O的优势在于把线上和线下的优势完美结合。通过网上平台的展示，把互联网与地面店完美对接，实现互联网落地。让消费者在享受线上优惠价格的同时，又可享受线下的服务。那么，总结O2O的优势，主要有如下图所示几点。

优势一　餐饮企业 O2O 模式充分利用了互联网大数据优势，同时充分挖掘线下资源，进而促成线上用户与线下商品或服务的交易，比如团购便是 O2O 的一种模式

优势二　餐饮企业 O2O 模式可以对餐厅的营销效果进行直观的统计和追踪评估，规避了传统营销模式的推广效果不可预测性，O2O 将线上订单和线下消费结合，准确统计所有的消费行为，为消费者提供更多优质的服务

优势三　对消费者来说，餐饮企业 O2O 价格便宜，购买方便，且折扣信息等能及时获知，更有吸引力

优势四　O2O 模式拓宽了餐饮企业电子商务的发展方向，由规模化走向多元化

优势五　O2O 模式打通了线上线下的信息和体验环节，让线下消费者避免了因信息不对称而遭受的"价格蒙蔽"，同时实现线上消费者"售前体验"

餐饮企业 O2O 的优势

拓展阅读

细数 O2O 模式的三大要点及难点

细数媒介营销行业如今的热词，O2O 绝对可以算上一个。

众所周知，O2O 指的是 Online To Offline，指线上营销线上购买带动线下经营和线下消费。O2O 通过打折、提供信息、服务预订等方式，把线下商店的消息推送给互联网用户，从而将他们转换为自己的线下客户，这就特别适合必须到店消费的商品和服务，比如餐厅、餐饮、健身、看电影和演出、美容美发等。

人人都在热议 O2O，但你真地理解 O2O 模式了吗？这里细数 O2O 模式的三大要点及三大难点，让你对于 O2O 有更为立体深入的了解。

O2O 模式的三大要点

要点一：模式核心在于在线支付

在线支付不仅是支付本身的完成，是某次消费得以最终形成的唯一标志，更是消费数据唯一可靠的考核标准。尤其是对提供线上服务的互联网专业公司而言，只有用户在线上完成支付，自身才可能从中获得效益，从而把准确的消

费需求信息传递给线下的商业伙伴。

要点二：提高客户体验

进行O2O营销时，企业要从用户需求出发，提供更加方便的检索服务，具有特色的本地化产品和服务，或是有计划地组织一系列主题活动，激发用户参与的积极性、主动性和互动性，保持O2O平台的活力，以培养用户的忠诚度，同时对线下销售起到促进作用。

要点三：真正打通线上和线下的有效整合

O2O运营企业要确保能为客户提供优惠的服务和准确的信息，联合商家开展各类促销活动，并且提高线下商家产品质量。商家要为消费者提供及时送货服务，要求商家具备很强的诚信意识，不能在O2O平台上欺骗消费者。同时企业要维持线上线下经营策略的一致性，以及线上线下服务产品交付给消费者的一致性，才能真正有效打通和整合线上及线下。

O2O模式的三大难点

难点一：线下如何提供高质量服务

线下主要起到推广、支付、导航作用，而线下决定了客户体验，线上公司如何选择线下合作公司，提供高质量的产品服务，加强消费者体验，是一大难点，这直接决定了消费者对于O2O服务产品及运营企业的印象及口碑，而一旦留下非正面的口碑评价，对于O2O企业的长期发展绝不是好事。

难点二：如何发展线下庞大的资源支持

目前O2O已开发支付模式包括四种：二维码、POS机、手机在线支付、短信优惠券，而每一种支付渠道都需要硬件的支持。同时将线下大量的传统商铺统一到线上O2O平台展示需要处理庞大的客户数据库。O2O除了在线上铺开以外，还需要线下的资源发展，并且是相当的资金实力的和资源配置作为坚实的后盾。可以说，O2O依然是巨头的战场。

难点三：如何确定完整、成熟的盈利模式

曾经火爆，如今却逐步走下坡路的团购，对于O2O企业可以说是一种前车之鉴。团购网站处于交易过程中的中间阶段，赚取其中极少的推广费用，很难突破盈利关口。而O2O模式在一定程度上与团购有着很多相似之处，如何能找到一种有效稳定并且利于长远发展的商业模式，是O2O企业的当务之急。

二、餐饮企业的O2O供应链

1.三种模式

餐饮企业O2O供应链主要有三种模式，如下图所示。

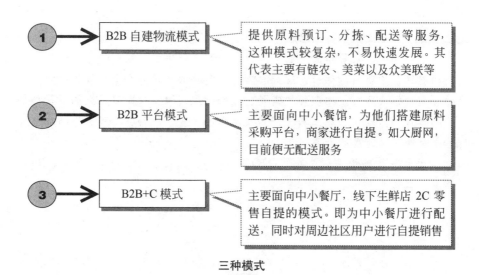

三种模式

2.四个难点

餐饮行业是传统行业，本身有着很多弊端与行业传统，尽管移动平台能给餐厅带来很大的便利，但面向中小型餐馆进行市场开发时，仍有很大难度，如下图所示。

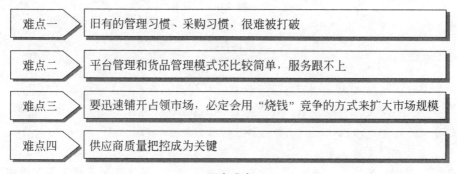

四个难点

对于餐饮业来说，这种面向 B 端的采购平台的出现，一定程度上解决了商家的痛点，提高了餐饮行业的运营效率。

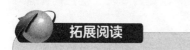 拓展阅读

餐饮O2O：供应链搭建+大数据挖掘

前段时间海底捞COO施琦在一次发言中指出，目前餐饮行业最大的痛点

是应用服务与企业需求不匹配。

施琦还指出，目前市面上的餐饮软件都只是解决了餐饮中的一个环节，没有打通餐饮业中所有的环节，比如大型餐饮需要的不是一个个零散的功能，而是整合型的解决方案。中型餐饮需要先进的管理经验，帮助自己提高经营水平并提高客人满意度。而独立的餐馆需要实用的、费用低的、能确实提高经营管理水平和客户满意度的产品。

对于大多数餐饮来说，餐饮O2O是一个趋势，是必然。但是餐饮O2O到底需要什么呢？

一、构建以供应链为基础的立体式体验服务

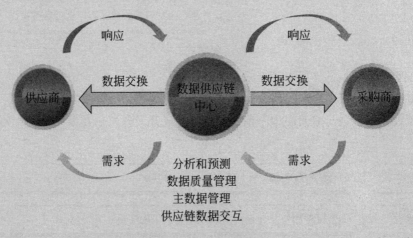

餐饮，从客人到店以后有很多触点，从门迎、开台、点菜、锅底配菜等，整个供应链都要经得起推敲，还要有环境、装修的风格、品牌的调性、情怀。但是这一切都是以构建一个完整的供应链基础为核心的。

餐饮回归本质就是社交与体验，而这种体验可以分成有形的体验和无形的体验。有形的体验就是硬件，如菜品、环境等。无形的体验便是整个餐厅带给客户的感受，如服务。也就是说，客户在有餐饮欲望的时候就应该为客户搭建起一个体验式的通道，从排队、点餐到收银等一系列活动。如何搭建呢？目前餐饮O2O企业一则在专业物流设备、设施方面存在短板；二则上下游链条普遍处于割裂状态。供应链管理专业人才匮乏，诸多难题制约着行业供应链体系的建设和发展。

"好哇"智慧餐饮一直是专注B端的餐饮O2O整合型方案提供商，为了构建更和谐的餐饮生态体系链而努力着。"好哇"通过系统的集成，缩短消费环节，优化资源配置，从微信排队取号，到短信、微信通知让客户排队不用等；多渠道点餐方式和付款方式，更是让客人省心，带给客人更好的消费体验。与此同时，"好哇"更是帮助餐饮企业搭建以餐饮企业自己为中心的友商联盟，旨在沟通起餐饮的上下流，打破信息流不通畅，构建一个更通畅的信息链。

二、大数据挖掘：决策更明智

通过和多家餐饮商家的交流，我们发现，用户的持续消费才是所有O2O形式的核心，精准营销和用户管理是商家最需要的。那我们可以看到团购在这一点上就非常具有代表性，团购吸引的都是价格敏感性客户，一旦不再进行价格补贴，这些客户就会流失。如何维护这些客户，让他们真正成为餐企的"忠诚客户"呢？

大数据

目前餐饮企业存在三个问题：没有方向，没有能力，不懂得会员经营。其实归根到底就是不懂得数据挖掘，导致会员数据利用率低。数据挖掘，是要利用你手上的所有的会员数据来进行店铺宣传，支持它的是庞大的数据和纷繁的运算。在硬件上要打通线上业务和后台系统，在服务上又需要线上与线下的完美融合，这样才能吸引客户持续消费。

目前"好哇"智慧餐饮自身有"多网多终端数据实时同步"的发明，帮助餐饮企业沉淀客户，并且深入分析消费者的消费喜好，预判消费者的消费动向；同时能够深入分析餐企的营业额数据，让餐企管理者能够在更短的时间里做出明智的决策。

餐饮O2O的必要性已经不需要探讨，而餐饮企业如何才能在这条道路上越走越明朗确实需要更多的餐饮企业来进行试验和摸索。O2O模式带来的不仅仅是一种消费思维和服务模式的改变，更对传统电商提出了新的挑战，如果不能及时改变固有思维，利用自己的会员数据，进行深度数据挖掘，搭建一个更为便利的体验式餐饮，那么传统餐企在未来注定要面临更多的困难。

三、餐饮企业的O2O产业链

2014年，被称为O2O的元年。随着O2O模式如火如荼的发展，O2O产业链已呈现在公众面前，即"入口+服务+支付"为O2O的主要框架。

1. 入口

入口指的是线上的互联网入口，它从传统互联网延伸而来，有几种不同形式，如下图所示。

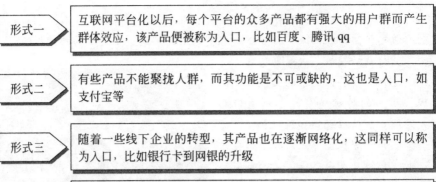

入口的形式

从上图可以看出，这些入口不仅反映到互联网上，也是实现物联网的基础，每个入口都适用于O2O模式，而O2O模式正是基于物联网的基础。

2.服务

餐饮企业的O2O是线上付款、线下服务的典型代表，其服务的重要性不言而喻，只有做好线下服务，线上的O2O营销才能长远发展。

3.支付

随着O2O模式的发展，平台化机制也越来越丰富，支付环节的重要性凸显。O2O模式的支付方式如下图所示。

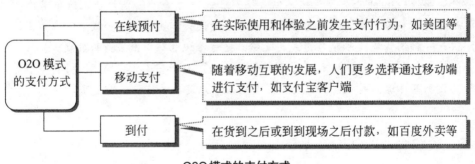

O2O模式的支付方式

四、餐饮企业的O2O营销方式

对于餐饮企业来说，开展O2O模式的电子商务，主要有三种方式，如下图所示。

方式一	自建官网＋连锁餐厅，消费者直接向餐饮企业的网站下单购买，然后线下体验服务，而这个过程中，餐饮企业需提供在线客服服务
方式二	借助第三方平台，实现加盟企业和分站系统完美结合，并且借助第三方平台的巨大流量，能迅速推广并带来客户
方式三	建设微信公众平台，通过平台开展各种促销和预付款的形式，线上销售，线下服务

餐饮企业的O2O营销方式

拓展阅读

六个营销角度解说，餐饮O2O发展

2013年，"八项规定"公布后，一系列限制"三公消费"的政策出台，对中高端餐饮造成不小的冲击，一些高档餐厅经营惨淡，业绩持续走低。在这样的市场环境下，高端餐饮另辟蹊径，慢慢转型，各色中低端餐馆走俏。经过两年的摸索和调整，2015年上半年，餐饮业逐渐回暖。2015年下半年，资本市场大热过后骤然寒冬，一些创业型互联网餐饮企业消失，传统餐饮企业关闭实体店，餐饮市场被"泼了一盆冷水"，市场回归理性，"玩家"变得清醒。

1. 2015年食材B2B、B2C市场处于转型期，具体表现如下。

（1）现有重模式自营平台向轻模式平台转型。

（2）食材领域巨头出没，看中轻模式平台。2015年2月，海底捞成立食材B2B子公司"菜嘟美"；2015年5月，"蔬东坡"转型为食材O2O解决方案SaaS服务商；2015年10月，"饿了么""孵化"出食材B2B平台"有菜"（参见亿欧网对食材B2B、B2C平台汇总）。食材B2B、B2C市场的衍生，源自小餐厅在食材采购时长期处于议价能力弱、押款账期长、资金周转不灵活的状况下，互联网的到来让食材采购环节及时高效沟通，形成从采购到反馈的闭环，因此在2014年、2015年两年食材B2B、B2C发展速度加快。2014年创业平台涌现，2015年市场开始对其进行检验，加快食材B2B、B2C"玩家"淘汰赛进程。

2. 2015年，国内团购市场持续萎靡。

"领跑"的团购平台在资本寒冬下合并取暖，另寻出路；团购平台新生无继。"百团大战"过后，美团和大众点评"剩"者为王，在2014年"火拼"不断。美团在2014年一年融资两次，总额近10亿美元；大众点评获得腾讯投资后频频对外布局，投资垂直细分平台。而在2015年10月，美团与大众点评握手言和，大众点评高管将逐渐淡出；百度糯米获资200亿元主打"会员+"和伙伴联盟概念，开放平台抢夺市场仍需观察；窝窝团勉强上市后，发展模式由团购转型为B2B。团购模式在当下受到业内同行普遍质疑。如果说，2014年，团购市场是优胜，2015年则是劣汰。

3. 2015年上半年，外卖领域"玩家""烧钱"过力，下半年市场开始回归冷静。

平台型"玩家"持续发力物流配送，垂直细分"玩家"开始扩充品类。以"饿了么"为例，在一年融资两次，F轮6.3亿美元融资宣称是IPO前奏；2015年6月，阿里巴巴联合蚂蚁金服斥资60亿元复活口碑，再次入场外卖O2O，同时积极投资餐饮配送平台反补业务布局；单品类平台如"夹克的虾""叫个鸭子"等在清晰的盈利模式基础上，扩充自身品类，获取更多市场占有份额。据亿欧网对2015年餐饮融资事件不完全统计，外卖领域处于几个细分领域领先位置，单笔融资金额最高超过10亿元。总体来看，2015下半年的倒闭潮，如各种早餐平台的关闭，让创业者们认识到，很多细分领域都能切入市场，但并不是所有领域扩张都容易，清晰的盈利模式仍是企业得以长久生存的定律。

4. 2015年，是私厨平台崛起的一年，年中大热，下半年开始探索清晰发展方向。据企鹅智库2015年私厨研究报告：

（1）接受在线调查的网友中六成用户愿意尝试私厨；

（2）53.2%的用户想通过私厨进行社交；

（3）家常便饭比高端饮食更受欢迎，但私厨面临安全问题。

2015年年中，私厨平台大热，从获得融资情况来看：5月24日，Munchery获8500万美元C轮投资；7月7日，"爱大厨"获数千万美元A轮融资；7月9日，"丫米厨房"获千万元天使投资；8月6日，"好厨师"完成1亿元B轮融资等。但下半年资本寒冬也影响了私厨市场，10月13日，"烧饭饭"创始人张志坚宣布正式关闭厨师上门业务，转战外卖。此前，"好厨师""爱大厨""烧饭饭"是私厨市场中非常典型的三家平台，而在资本寒冬下，私厨上门也开始重新洗牌。

5. 2015年菜谱市场处于缓慢发展期，据此前亿欧网对菜谱类平台盘点，菜谱类平台有3个发展现象。

（1）从信息传播平台变成信息分享交流平台，菜谱类平台的社区社交属性在2015年不断被赋予，并获得发展机遇，如移动美食社区"魔厨"在9月获得803万元Pre-A融资，食谱菜品交流平台"下厨房"于7月份完成3000万美元B轮融资，家常菜分享平台"香哈网"在1月获得1000万元A轮投资。

（2）从纯菜谱交流平台到菜谱+X平台，截至2015年已出现"菜谱+社交"

平台"豆果美食""好豆网","菜谱+咨询"平台Yumprint，"菜谱+半成品"配送平台"蔬菜配达"等。

（3）菜谱类平台"香哈网"在2015年9月挂牌新三板。

6. 2015年餐饮业不仅在消费端"厮杀升温"，在服务端也是"火拼不断"，可从融资情况展现系统服务平台的发展情况。

（1）SaaS服务 移动点菜平台"悠先点菜"在2015年6月获得腾讯领投的数千万美元B轮投资；"美味不用等"在10月获得大众点评、百度、经纬等共计5亿元C轮投资等；"客如云"在2015年4月获得百度、天星资本6600万元B轮投资，并在10月完成软硬件一体化，启动挂牌新三板计划；智能终端"旺Pos"在2015年5月完成IDG资本等1亿元B轮融资。

（2）CRM客户关系管理 2015年6月，"雅座"完成数亿元C轮融资，由蚂蚁金服领投。

从六个角度来看，2015年上半年是"暖春"，下半年是"寒冬"，但餐饮市场环境在寒冬下显得肃清。盈利模式清晰的企业不被寒冬威胁到生存；敢于创新的企业不易被复制和淘汰；归于餐品品质的企业不会被消费者轻弃。新兴餐饮企业的快速发展也让传统餐企开始积极触网，传统餐企开始对互联网化进行尝试，试图通过互联网转型跟上时代潮流。

【实战范本】小南国：漂亮的营销组合拳 ▶▶▶

目前，小南国的核心品牌包括"上海小南国""慧公馆""南小馆"以及"小小南国"四个品牌。小南国以此多品牌策略，透过多样化的品牌组合，迎合更多层次的市场需求。

另外，在O2O营销上小南国也是积极投入。一是整体升级POS及CRM系统各接口，提高与外部线上平台的对接能力，有效地了解到了客流数据；二是结合统计数据采用优惠券或代金券预售与预约管理模式，不仅避免了用户用餐过程中临时购买带来的收益损失，而且有效地提升了空闲时段的接待能力；三是与银行共建WIFI网点，通过线上进行产品的营销和推荐，避免线下培训麻烦以及服务员积极性不够的状况，解决了以前餐饮营销方面非常棘手的问题。

通过与O2O平台深度合作，除了可以推广品牌和进行营销外，还能有效解决客服的问题。粗略计算，小南国一年的客流量在600万人以上，只要其中有一小部分人打400座席电话，整个应答成本就会非常高。后期400座席还要分配投诉单去核实、反馈，这个过程也很复杂。不过现在能通过第三方平台分享到很多准确的数据，一旦有了投诉，投诉了谁，谁就负责去接单，最后交出报告，沟通成本通过这个平台来解决，变得非常低廉。

小结：小南国的成功之处在于其有效的营销组合。一方面，它对自身产品有清晰的定位，采用多品牌策略满足不同客人的需求，且适应形式打通各餐饮系统接口，在大数据的基础上加强内功修炼；另一方面，小南国加强了与第三方平台的合作，制定了有效的营销策略，很好地利用了就餐时段以及点菜的空闲时间，帮助提升销售额。而这一切其实都是建立在小南国对用户就餐数据的统计分析基础之上，才能做出有效的客户管理与营销决策。

五、餐饮企业O2O布局

与传统的消费者在餐厅直接消费的模式不同，O2O模式的消费过程由线上和线下两部分构成。线上平台为消费者提供消费指南、优惠信息、便利服务（预订、在线支付、地图等）和分享平台，而在线下餐饮企业专注于提供服务。在O2O模式中，餐饮企业的布局可分为五个阶段，如下图所示。

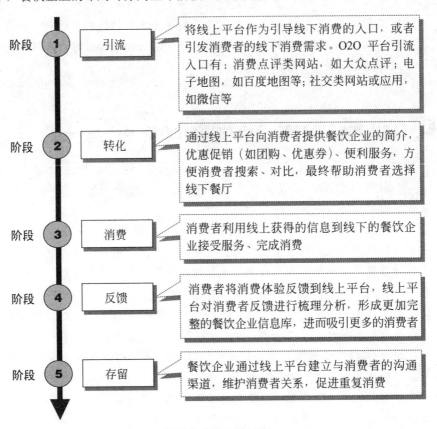

阶段 1	引流	将线上平台作为引导线下消费的入口，或者引发消费者的线下消费需求。O2O 平台引流入口有：消费点评类网站，如大众点评；电子地图，如百度地图等；社交类网站或应用，如微信等
阶段 2	转化	通过线上平台向消费者提供餐饮企业的简介、优惠促销（如团购、优惠券）、便利服务，方便消费者搜索、对比，最终帮助消费者选择线下餐厅
阶段 3	消费	消费者利用线上获得的信息到线下的餐饮企业接受服务、完成消费
阶段 4	反馈	消费者将消费体验反馈到线上平台，线上平台对消费者反馈进行梳理分析，形成更加完整的餐饮企业信息库，进而吸引更多的消费者
阶段 5	存留	餐饮企业通过线上平台建立与消费者的沟通渠道，维护消费者关系，促进重复消费

餐饮企业的O2O布局

【实战范本】"将太无二"：把用户体验做到极致 ▶▶▶ ----------------

选址一直是传统商家开店的一门大学问，选址好坏直接影响商户的人气和盈利。但是，"将太无二"却用互联网平台破除了选址的"魔咒"。

2008年，"将太无二"在北京开出第三家连锁店，但是这家位于瑞士公寓的门店非常隐蔽，这家分店选在了一个公寓的地下通道处，位置偏、人气低。楼上楼下很多连锁甚至国际品牌的餐饮商家都是开了关，关了开，很是惨淡。但是"将太无二"却将该店打造成了一个每天流水几万元的高人气餐厅，究其原因就在于其真心实意地将用户体验做到了极致。

（1）从新店营销上来说，"将太无二"很好地利用了美食社区中的达人口碑。创始人邢力亲自利用美食社区资源组织了很多活动，经常与网友一起聚会，一段时间后该店生意越来越红火，口碑营销初见成效。

（2）积极开展与线上平台合作，加码电子优惠券等产品提升新店人气，吸引了不少新用户持优惠券到店消费。连同这一新店，各个门店都出现了排队等位的现象，优惠活动营销提升绩效。

（3）重视用户差评，穷根究底找原因。"将太无二"某个客人盈门的分店因为一个消费者差评就停了业并进行关门整顿，然后整个管理层开会讨论，总结不足，并在停业当天只接待这一桌写差评的客人。从此，"将太无二"的员工对于消费者的评价更是"奉为圭臬"，每天看客人的点评已经成为店长们工作的一部分、一种生活习惯，大大提升了"将太无二"的口碑。

从一开始的电子优惠券产品到推广、团购、优惠券等组合营销产品，"将太无二"成为京城响当当的创意料理餐厅，除在全国开出10家连锁店之外，还将门店开到了海外，其中光团购平均一个月成交金额就高达500万元。但是，营销总归这是外功，内功还是产品与服务。只要努力把用户体验做到极致，那么由用户口碑带来的价值将会令人吃惊。

【实战范本】战略调整　百胜集团在中国的餐饮业的 O2O之"变" ▶▶▶ ----------------

百胜集团于1998年在纽约证券交易所上市，旗下拥有肯德基、必胜客、塔可钟、东方既白等知名品牌，并在2012年完成对连锁火锅品牌小肥羊的收购。目前，其在全球100多个国家拥有超过3.3万家连锁店和84万名员工。百胜集团旗下快餐品牌发展之快，与它近年来紧跟市场潮流不无关系。

2014下半年至2015年，O2O在各领域都掀起了热潮，餐饮业作为最早入局O2O的领域，市场形势更是百花齐放。具有互联网"基因"的餐厅扩张迅速，"洋快餐"连锁品牌的市场份额逐渐受到互联网餐厅和兴起的本土连锁快餐品牌的挤压。那么基于这样的处境，百胜在中国又做了哪些战略调整？

一、推广APP，增开店面

2014年12月20～29日，肯德基联合腾讯应用宝展开"圣诞送豪礼"活动，十天内的APP下载量接近40万，日均下载量达到4万，是同类餐厅APP下载量100倍。2015年4月22日，肯德基宣布在河南新增10家店面，其中国区总裁Joey Wat称，将于2015年内在河南中牟打造全新的物流中心，实现冷链全程配送，为河南、山东百胜旗下500余家餐厅提供物流配送服务。

二、入驻外卖平台，跨界与O2O平台合作

2015年4月30日，肯德基入驻美团外卖；6月25日，大众点评与必胜客达成外卖合作，并且外卖服务迅速覆盖到北京、上海共100多家必胜客餐厅。这次合作释放了必胜客门店原有产能和库存，并将必胜客餐品带入移动场景；9月30日，肯德基与"饿了么"达成合作。

2015年5月26日，美业O2O平台河狸家联手北京32家必胜客餐厅开展主题互动，在这次活动中，河狸家APP、微博、微信在线上推广渠道全部对必胜客开放。必胜客方面称，其在线上推广层面仍为探索阶段，希望通过这次活动将必胜客下午茶推送到高端女性消费群体中，探索新的获客模式。

三、接入移动支付，大数据共赢

2015年6月30日，肯德基首次接入移动支付，并在上海、杭州完成试点，宣布将在全国店内支持支付宝付款，并在服务窗、大数据方面与支付宝深入合作，这也标示着肯德基完成从选餐、预订、支付、到配送的服务闭环；三天后，必胜客也与支付宝达成合作。

四、打造智慧餐厅

2015年9月3日，必胜客在中国1471家餐厅正式引入iBeacon技术，打造智慧餐厅，截至同年9月23日，用户在必胜客餐厅可以通过手机蓝牙"摇"优惠券、电影票等礼品，必胜客此举旨在增加用户黏性，提升品牌。9月28日，肯德基宣布与百度地图携手，将全国约4800家门店在百度地图上线"肯德基虚拟餐厅"。

除了肯德基和必胜客近两年开始在O2O方面有所布局之外，百胜集团在O2O方面还有其他布局，如在2015年8月，与百度钱包线下展开合作等。但是，百胜在餐饮O2O市场环境下处境并不乐观，旗下传统火锅品牌小肥羊受到新派火锅的冲击，中式快餐品牌东方既白由于与国人口味的匹配程度不足以与本土品牌竞争，墨西哥式连锁快餐品牌塔可钟在2008年已全部停止中国区

业务，2015年10月20日，百胜集团又宣布将拆分成两个独立上市公司：中国事业部以"百胜中国"名义继续开拓疆土，中国区以外并入另一个独立上市公司"百胜餐饮集团"。

　　虽然百胜在拆分上市之前，已经在移动支付和外卖配送方面有所布局，但在移动支付方面，本土餐饮公司早就激烈拼杀；在外卖配送方面，本土外卖O2O进行补贴大战时，百胜并没有真正入局。时至今日，餐饮O2O战局未歇，传统餐饮开始积极"触网"，国内餐饮风向日新月异，百胜中国将怎样应对，让我们拭目以待。

六、餐饮企业O2O的发展

1. 餐饮企业O2O模式

餐饮企业发展O2O营销主要有四种模式，如下图所示。

| 模式一 | 先线上后线下模式 |

先线上后线下模式就是餐饮企业先搭建或者选择已有的线上平台，以该平台为依托和入口，将线下客人导入线上进行营销和交易，用户到线下享受相应的服务

| 模式二 | 先线下后线上模式 |

先线下后线上模式就是餐饮企业先搭建线下平台，以该平台为依托进行线下营销，让用户享受相应的服务体验，再将线下客人导入线上平台进行交易，由此促使线上和线下互动并形成闭环

| 模式三 | 先线上后线下再线上模式 |

先线上后线下再线上模式就是先搭建起线上平台进行营销，再将线上客人导入线下让用户享受服务体验，然后让用户到线上进行交易或消费体验

| 模式四 | 先线下后线上再线下模式 |

先线下后线上再线下模式就是先搭建起线下平台进行营销，再将线下客人导入或借力全国布局的第三方网上平台进行线上交易，然后再让用户到线下享受消费体验

餐饮企业发展O2O的四种模式

【实战范本】金百万旗下准成品O2O平台"U味儿"正式上线 ▶▶▶ ⋯

2015年11月22日，金百万旗下准成品O2O平台"U味儿"正式上线。"U味儿"由2015年10月才拿到首轮融资的"筷好味"升级而来。金百万同时宣布500家企业入驻该平台，并由金百万等餐饮企业牵头成立中国餐饮O2O产业联盟。

"U味儿"的前身"筷好味"是金百万于2011年前开始酝酿的社区餐饮O2O平台，通过金百万的中央厨房把菜品做成半成品甚至准成品，依托30多家门店销售给消费者的O2O餐饮模式，并于2015年10月完成首轮融资，以13亿元的估值成功超越母公司。

有数据显示，2015年7～10月，在"U味儿"平台上，金百万准成品菜的复购率达到每人每月3.5次，平均客单每人68元。金百万相关工作人员曾透露，目前准成品菜的销售以及网络订餐每月可为公司贡献15%的营业额。

在金百万方面看来，准成品菜不仅能够释放中央厨房冗余产能，以增加餐厅盈利点，还能摆脱外卖平台对于餐饮企业的压制。

然而准成品领域竞争非常激烈。"味库""青年菜君""洋葱达人""爱餐桌"等通过净菜、半成品等产品抢占食材供应的C端市场，并先后完成融资。

未来"U味儿"除了面临着激烈的竞争以外，还将面临客户引流、物流、服务、产品标准化等诸多挑战，而传统餐饮企业并不占优势。

2.餐饮企业O2O平台

因餐饮企业的市场容量巨大，随着互联网的发展，O2O平台数不胜数，就其商业模式和运作类型的不同，可以分为十种类型，如下图所示。

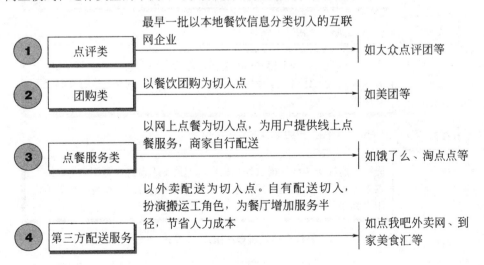

① 点评类 ── 最早一批以本地餐饮信息分类切入的互联网企业 ── 如大众点评团等

② 团购类 ── 以餐饮团购为切入点 ── 如美团等

③ 点餐服务类 ── 以网上点餐为切入点，为用户提供线上点餐服务，商家自行配送 ── 如饿了么、淘点点等

④ 第三方配送服务 ── 以外卖配送为切入点。自有配送切入，扮演搬运工角色，为餐厅增加服务半径，节省人力成本 ── 如点我吧外卖网、到家美食汇等

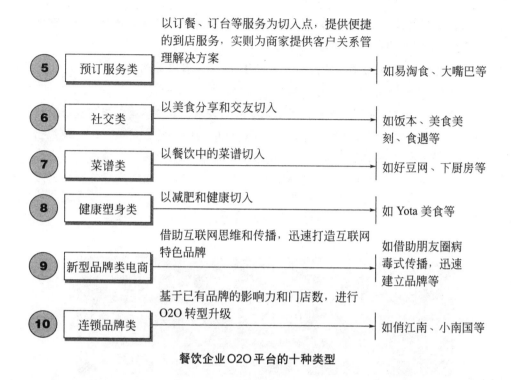

餐饮企业O2O平台的十种类型

【实战范本】中国餐饮O2O十大创新性案例 ▶▶▶ ------------------------

　　从互联网到移动互联网，一般情况下，往往是互联网公司以"导流平台、软件开发或电商服务"等角色，首先吹响餐饮O2O进化的开战号角，进而，一批先知先觉的实体企业开始着手信息化和电商化的转型与升级。

　　纵观中国电商发展进程，淘宝、天猫、京东等传统电商大行其道，让广大年轻用户养成了足不出户网购的习惯。伴随综合性、专业性电商竞争白热化，互联网精英的注意力逐渐从商品领域延伸到本地生活服务类，无论传统的大众点评、丁丁网等网络平台，还是美团、百度糯米等团购网，又或易淘食、生活半径等垂直平台，通过长期的用户培养和商家意识的培育，O2O模式在餐饮行业应用正在得以广泛的普及。据中国电子商务研究中心监测数据显示，2014上半年中国网民在线订餐渗透率达20.1%；2014上半年餐饮类团购成交额达166.6亿元。

　　从互联网到移动互联网，一般情况下，往往是互联网公司以"导流平台、软件开发或电商服务"等角色，首先吹响餐饮O2O进化的开战号角，进而，一批先知先觉的实体企业开始着手信息化和电商化的转型与升级。

　　2014年，各类餐饮O2O已开始全面试水，电商平台落地化、实体企业电商化，多方创新，逐步落地，摸索前行，线上和线上双向呈现融合趋势。在此介绍十个餐饮O2O案例的创新节奏。

【案例一】室内导流：淘点点（布局iBeacon＋餐饮导购）。

创新关键词：微定位、室内导航。

案件简介：背靠阿里巴巴，虽说起步相对较晚，起色迟缓，但淘点点通过联手银泰和高德，基于iBeacon技术的Shopping Mall餐饮导购项目，也体现出来阿里巴巴不甘落后的决心，中国餐饮O2O网曾对此做过深入报道。淘点点的"微定位＋室内导航"双重技术结合应用，进一步向商业体渗透，银泰商户成为"手机餐厅"，便于提升用户体验和导流客源的同时，有力地维系老用户关系，提高黏性，并快速获得了大量的新增用户，是多赢的合作模式。

"淘点点"外卖网上订餐页面

点评：在移动互联网领域，平台导流不应仅仅停留在户外或商场餐厅环境、地址、菜品、优惠等信息提供和远距离导航层面。试问，当用户进入商场中，面对诸多的餐厅，如何让用户更快、更精准地找到目标餐厅呢？平常逛商场时，想吃饭，不进店也可以了解商场内不同餐厅最新的菜品或优惠活动？"淘点点"所推室出的内微定位更精确地解决诸如商场、机场等大型消费场所内客户就餐的选择问题。

【案例二】平台深耕：饿了么（餐饮O2O平台市值5亿美元）。

创新关键词：餐厅管理系统、业务后台系统、实体延伸。

案例简介："饿了么"是中国最大的餐饮O2O平台之一，是中国专业的网络订餐平台，致力于推进整个餐饮行业的数字化发展进程。

"饿了么"网页界面

"饿了么"整合了线下餐饮品牌和线上网络资源，用户可以方便地通过手机、计算机搜索周边餐厅，在线订餐、享受美食。与此同时，"饿了么"向用户传达一种健康、年轻化的饮食习惯和生活方式。除了为用户创造价值外，"饿了么"率先提出C2C网上订餐的概念，为线下餐厅提供一体化运营的解决方案。

作为餐饮O2O专业化平台，"饿了么"可分成网站系统、移动端应用、在线支付系统、业务后台系统、餐厅管理系统、统一的系统数据库平台、统一的系统服务集成接口。"饿了么"并不是简单的线下和线上相互转移模式，而是完整的服务链条。"饿了么"在被大众点评投资8000万美元的同时，市值估价过5亿美元。据中国电子商务研究中心监测数据显示：2014年5～10月，"饿了么"实现日订单10万到100万，覆盖城市从12个至接近200个，移动端交易占比从30%上升至70%。

点评："饿了么"平台并非单纯地在于餐饮平台的导流模式，在前端聚合信息的基础上，重在通过"业务后台系统"和"餐厅管理系统"线下扩展到实体餐饮企业日常运营管理中，在诸多餐饮商家意识、人财物等方面不健全或不具备O2O的条件下，"饿了么"深耕实体，在传统企业电商化改造方面颇具实际意义。

【案例三】智能终端：我有外卖（牵手小米生活）。

创新关键词：外卖机、小米生活、智能生态体系。

案例简介："我有外卖"是一款方便快捷的手机订餐叫外卖的软件，用户使用"我有外卖"的手机客户端，通过GPS定位功能，搜索周边的外卖商户，即可方便快捷地下单。

2014年2月"我有外卖"正式登录上海，目前平台商家既有美食快餐，也有便利超市，周边生活服务。产品口号："手机订餐 食在方便。""我有外卖"提供最全中西式、日韩式等美食，便利超市及周边生活服务，专注于满足各类消费者的即时外卖外送需求服务。

在小米科技、深创投以及91助手前CEO胡泽民注资之后，"我有外卖"与小米随即自然地开展深度合作，部分地区已经进驻小米生活，小米用户可以直接在小米生活上对"我有外卖"平台下单。

"我有外卖"界面

点评：只就智能终端设备帮助传统餐饮商家做好前端信息化当作创新并不足以"服众"，但若是与小米生活"智能体系"对接，从单纯地服务于餐饮企业发展到接入小米生活，这意味着将连接小米个人或家庭用户，以小米过千万的粉丝和小米生态布局为背景，我有外卖将将拥有非常大的想象空间和发展潜力。

【案例四】去中介化：觅厨（即食料理包＋菜品配送）。

创新关键词：去中介化、厨师前端化、多元互动。

案例简介："觅厨"于2014年8月在北京成立，是一家以提供大厨烹饪菜品与即食调料包为特色的O2O企业，用户只需在家完成最后一道加热程序。厨师是餐饮幕后的英雄，貌似与各位食客经常性绝缘，两者之间无法形成直接的关联。"觅厨"则突破传统，不拘一格，将厨师从幕后推到台前，为厨师提供了展示的平台，将他们烹饪的菜品真空分装，最后以包裹的形式冷链送达用户，并让厨师与食客的互动更多元化。

"觅厨"的微博

点评："觅厨"敢于打破传统产业链规则，搭建平台，暂且放下评价体系不谈，让深藏不露的厨师们以真实的身份世人，与食客们互动，切实分析其尊重人性的思维模式，不失为一种餐饮界的创新，厨师们不再只是为餐厅"卖艺"，更能将一身的"好厨艺"市场化，开垦了厨师的劳动力，这本身就是一种非常好的创新。

【案例五】物流整合：到家美食会（重模外卖O2O）。

创新关键词：自建物流、品质递送、对接京东。

案件简介："到家美食会"成立于2010年，是国内领先的网络订餐、送餐"一站式"服务平台，专注于与知名餐厅合作提供外卖订餐服务。

"到家美食会"自建重度垂直的物流服务系统，消费者可通过"到家美食会"网站、手机客户端或呼叫中心，从周边知名特色餐厅订餐，并由"到家美食会"的专业送餐团队配送，期间，"到家美食会"注重服务效率和品质，在满足食客们对于菜品温度、口味、时间等方面的"苛刻"要求的同时，借此打造"到家美食会"的核心服务优势。2014年9月初，"到家美食会"在获取京东及晨兴创投领投C轮融资的同时，除了再次得到资本认同和支持外，还与京东快点有机整合，结合其餐饮O2O领域更为严格配送标准业务体系，以解决"最后一千米"问题，将来具有更大的延展空间。

"到家美食会"网页

点评："到家美食会"自建物流体系以保障餐饮O2O线上到线下的平稳落地，无形中与京东模式具备异曲同工之妙。从京东大电商的战略层面理解，投资"到家美食会",这种非常巧妙的物流整合,也将能够体现出"到家美食会"与其他类似物流型平台的差异化发展。从客观上来讲,"到家美食会"借助京东的庞大客流和资源的支撑,在更快捷、健全线的上平台的条件下,还可以借助京东平台庞大的客流,挖掘物流价值,从而再次强化餐饮O2O方面的创新。

【案例六】营销创新:叫个鸭子(话题式营销)。

创新关键词:话题营销、好吃好玩、口碑传播、用户思维。

案例简介:"叫个鸭子"是2014年火爆北京城的互联网餐饮外卖品牌,成立于2014年1月,它是由一群从事互联网及媒体行业,热爱传统美食的"85后"发起创建的,主要以自制秘方烹制的鸭子为主打产品,及与鸭子有关的美食,目前仅覆盖北京。该品牌最具特色的产品秘制鸭子,并非传统烤鸭的做法及吃法,而是另辟蹊径,用新配方、新做法做出的鸭子,鸭子主材来自河北白洋淀,是无催化的生态鸭。这种鸭子用精心研究的秘制配方腌制而成,造就独一无二的味道。香而不腻且纯天然,不含任何添加剂,让传统美食焕生新容。

"叫个鸭子"的微博

"叫个鸭子"团队成员,对吃很讲究,他们的理念就是用最好、最安全的食材,规避掉传统烤鸭油腻且吃法复杂的短板,保证了菜品本身食材的一级品质,不要油腻脆皮、不要多盐蘸酱、突破传统。用互联网思维做新鸭子!

经了解,"叫个鸭子"并不是一个"花架子",靠卖弄风姿取悦市场,而是始终重视用户体验,从菜品口味优化、高效递送到客情维护,一门功课都没有落下。

点评:餐饮O2O创新并不一定要应用什么高精尖的技术,又或"高大上"的商业模式,O2O在餐饮行业应用阶段,只需在做好产品和服务的基础上,做好营销创新,就可以争得一席之地。"叫个鸭子"借助"用户思维",抓住话题热点,不断创新,激活兴奋点,通过用户或自媒体人等媒介口碑,快速扩散的同时,并没忘记菜品和服务才是餐饮的根本,浮夸却不浮躁,才铸就了今天的成果。

【案例七】渠道创新：青年菜君（渠道创新 + 生鲜）。

创新关键词：渠道创新、地铁站、社区便利店、物业、主题餐。

案件简介："青年菜君"隶属于才俊青年（北京）科技有限公司，由陈文、任牧、黄炽威于2013年年底创立，地点位于北京地铁13号线回龙观站出口，是一家经营半成品净菜为主的O2O公司，其经营模式有以下两个。

1.线上下单

在"青年菜君"购买菜品的方式之一是顾客登录网站或在微信的公共账号上下订单，第二天到门店提货。在网站上，"青年菜君"将70多种菜品分为凉菜、素菜、荤素菜、肉菜、汤羹类，并配上菜品的分量、产地、图片、价格和特征。不过这些菜品并不是随时随地都能上架，公司会根据时令调整菜品，每周顾客可选择的菜品约30道，包括大盘鸡、水煮肉片等传统菜品，也有杏鲍菇木耳炒五花肉等创新菜品。

2.门店购买

另一种方式是直接到门店购买，这也是3位创始人格外看重的方式。对于门店位置的选择，他们经过了仔细的研究。如果把半成品菜放在超市售卖，顾客购买需要耗费同样的时间，如果在写字楼集中的区域售卖半成品菜，则顾客需要拿着菜挤地铁回家，不仅购物体验感差，而且增加菜品变质可能性。最终，他们选择在住宅区集中的地铁口设立门店，这可以让顾客把菜拿回家的时间最短，也可以精确地向目标人群做广告。

"青年菜君"的微博

点评：创新不一定要大开大合，前无古人后无来者，绝无仅有，渠道之所以有价值，是因为覆盖客户群，把握O2O机遇，思维方式的调整也会造就创新思路，对于餐饮O2O也不例外。"青年菜君"明确且精细地把握"上班族"工作和生活节奏，通过菜品新鲜度和渠道便利性方面的创新，可以很快地赢得一批客户的芳心，并进一步深化，从地铁延展到社区，更加快捷地贴近终端用户的需求，有针对性供餐，以快速促成交易。

【案例八】大数据化：金百万（O2O转型思考逻辑）。

创新关键词：会员系统、客户数据、线上营销。

案件简介：金百万以会员为基础，以大数据为支撑，通过"门店辐射+会员服务+线上营销"的方式去扩大市场，以更亲民的价格去接近用户，以烤鸭立足品牌传播点，并在传统烤鸭以外的方式去拓展新的盈利途径。在日均客流高达3万～10万的宝贵资源情况下，金百万做O2O的突破点在于做好会员系统和数据挖掘。据称，坐拥百万会员，会员的重复消费率达到80%以上。

"金百万"网站首页

点评：任何餐饮企业从来不会出现为客群爆满而发愁的境况，"金百万"坐拥百万的客流优势，首先考虑的不是从外界"捞取"多少新客户，而是先把客户数据留存下来，及时掌握动态数据，通过汇总、归类、统计和分析，满足客户需要和挖掘需求潜力，从而持续性优化运营。"金百万"以开放的心态"拥抱"互联网，前瞻性的商业视野，深刻认知大数据的无穷价值，借助线上营销实时对接，能够迅速地完成信息分发和消费回流，对于许多优质的餐饮企业都具有非常大的借鉴意义。

【案例九】APP点餐：那些年（点餐无服务员）。

创新关键词：消减成本、服务信息化。

案例简介："那些年"引导客人下载"二维火"点菜或叫外卖，鼓励领取会员卡进行充值，日后，一旦到店，客人可自行翻阅手机菜单，一键下单，吃完一键买单。在客人通过APP点完菜后，餐厅前台会有"叮"的一声响，便有前台服务员前去查看，经过前台的审核后就可以正式提交。

那些年点菜单

点评："那些年"借助APP培养用户使用手机点餐或叫外卖习惯，一方面，有利于优化服务和结算的人工成本；另一方面，有利于扩展菜品呈现度，通过APP更为灵活丰富、即时多变的展示，更容易吸引客人多多尝试新菜品。一言概之，"那些年"除了节约餐厅消费前端成本的同时，还给予客人更多自由空间。

【案例十】数据运营：五味（用互联网管理厨房）。

创新关键词：数据思维、移动支付、用户反馈、菜品优化。

案例简介："五味"餐厅，每天只供应八个菜品，每个菜品对应一位厨师，从客人的下单、（微信）支付、评价，到餐厅的采购、现金流入和流出等所有经营活动均在系统上进行，所有相关数据都自动保存在云端且不能更改，如此一来，协助投资者能够及时监控店面的整体运营状况。积极触网，本业不忘，据中国电子商务研究中心了解，"五味"为了强化食客的黏性，成立了名为"吃货研发中心"的研究机构，专注于菜品的研发和优化，旨在做足基本功。

"五味"官网

点评："五味"在专项"研究机构"不断优化菜品的同时，通过系统化铺设，掌握关键性运营数据，对于投资人与管理者相分离的情况下，五味的系统性创新做法，并非旨在监察和监督，而是将原本隔断的信息透明化，规范化餐厅经营管理者和店面员工的行为的同时，以便切实找到不足，给以持续优化。

当然，餐饮行业O2O创新案例远不止于这几家。从餐饮行业O2O的发展和进化历程上看，各种创新才刚刚开始。在未来两三年中，中国餐饮O2O将逐步走入电商化的深水区，一方面，电商平台将百花齐放，更为疯狂地"跑马圈地"；另一方面，在经历过互联网洗礼之后，更多餐饮企业将更加主动触网，联合互联网公司构建O2O体系以做转型升级。

----

3. 餐饮企业O2O发展趋势

餐饮企业O2O发展趋势如下图所示。

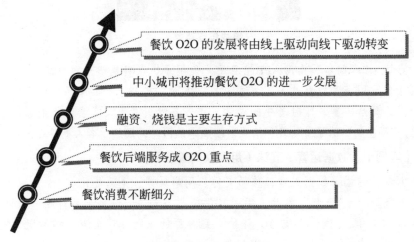

餐饮O2O的发展将由线上驱动向线下驱动转变

中小城市将推动餐饮O2O的进一步发展

融资、烧钱是主要生存方式

餐饮后端服务成O2O重点

餐饮消费不断细分

餐饮企业O2O发展趋势

第四章
餐饮企业广告营销

引言

　　广告营销是指餐饮企业通过广告对餐厅的产品及服务展开宣传推广，促成消费者的直接购买，扩大产品的销售，提高餐饮企业的知名度、美誉度和影响力的活动。随着经济全球化和市场经济的迅速发展，在餐厅业，尤其是餐饮企业营销战略中，广告营销活动发挥着越来越重要的作用，是餐饮企业营销组合中的一个重要组成部分。

第一节　传统媒体广告营销

　　如今的媒体资源已经非常广泛，随着新兴媒体的产生，的确给传统媒体带来一定的冲击，但不管如何，传统媒体依然是企业对外宣传的首选。因为大多数餐饮行业处于初期发展或是发展中的状态，它们没有大量的资金储备，而越是传统的媒体宣传就越需要较少的资金投入。比如纸质媒介：报纸、杂志。一般来说，在报纸、杂志上作广告远远比在电台、电视台甚至网络上花销要少得多。同样就传播效果来说，显著性也会相对较小。

一、电视广告营销

1. 电视广告的特点

　　（1）传播速度快，覆盖面广，表现形式丰富多彩，可声像、文字、色彩、动感并用，是一种感染力很强的广告形式。

　　（2）成本昂贵，制作起来费工费时，同时还受时间、播放频道等因素的限制和影响，信息只能被动地单向沟通。一般19:00～20:30被认为是广告的黄金时间，但是费用也相对更高。

2. 注重电视广告创意

　　如今，各种电视广告让人目不暇接，因此只有富有创意的广告才能吸引客人。那么，餐饮企业该如何提高自己的电视广告创意水平呢？这就需要餐饮企业从电视广告的社会大环境入手，站在消费者的角度去审视电视广告创意，如下图所示。

| 事项一 | 考虑社会大环境 |

餐饮企业电视广告必须融合社会的特点，考虑公众的普遍心理，尊重多种的文化习俗。不同的国家传统文化与民族尊严都应该得到尊重，任何广告文化都受其民族传统文化、习俗与民族心理的影响

| 事项二 | 贴合品牌和产品特征 |

一个好的电视广告创意必须有一份完善的广告策划案作为支持。电视广告作为产品宣传的一种方式，其目标是提高产品的销售量和公司的整体促销效果。产品必须有独特的销售主张和明确的定位，这样才能在消费者心中占有一个独特的位置，才能加深消费者对产品的印象，引发消费者的购买欲望

事项三 ▷ 优化加强感官印象

电视广告创意作品必须追求视觉形象的大众化，在色彩、构图、音乐等方面符合受众的审美需求。如针对年轻人的产品要突出活力和个性，在色彩方面要求亮丽。创意的情感诉求也是很重要的一方面

事项四 ▷ 善于利用代言

利用名人代言是常见的广告方式，但是应该慎重选择代言的明星，尽量选择与品牌产品关联度高的代言人。很多知名的品牌，均塑造了属于品牌或产品的中心人物，拉近了和消费者之间的距离，如"麦当劳叔叔""肯德基上校"等

电视广告创意注意事项

餐饮企业在电视台播放广告，一定要与其签订合同，以保证双方合法权益，以下提供一份电视广告协议，仅供读者参考。

【实战范本】电视广告合作协议 ▶▶▶ -------------------------

合同编号：_____

广告客户名称：_____餐饮有限公司（以下简称甲方）

地址：_____

联系人：_____

电话：_____

传真：_____

广告代理发布单位：_____广播电影电视集团（以下简称乙方）

地址：_____

联系人：_____

电话：_____

传真：_____

甲乙双方根据《中华人民共和国广告法》及有关规定，经友好协商签订本合同，并共同遵守。

1.甲方委托乙方于____年____月____日至____年____月____日期间发布电视广告，广告片名称为_____。

2.广告发布媒介为_____。

3.单位广告规格为_____。

广告编排方式和发布时间表格式：_____。

4.单位广告刊例价为_____元，折扣价为_____元，发布总次数为_____次，重播_____次，发布总金额为____元（大写：人民币_____元整）。

5.广告采用甲方样带，未经甲方同意，乙方不得擅自改动甲方广告样带。在广告发布期间，甲方若更改样带内容，需要提前7天通知乙方。样带内容更改后，须将附加协议附在合同后面；乙方在广告播出后10个工作日内免费为甲方提供AC尼尔森（或央视索福瑞）监播证明。

6.付款方式

合同签订后，甲方预付一个月广告费，然后按月支付，每月15日前凭上月乙方监播证明（该监播报告须符合合同内容）支付当月广告费用，最后一个月的广告费作为尾款，由甲方在广告按合同要求播出完毕后15个工作日内支付。

7.错播、漏播的处理

乙方播出完毕后15个工作日，由甲方提供的第三方监播证明为依据，如出现错播（指在1个播出日内播错时段）、漏播（指在1个播出日内播出次数不足）情况，由乙方按照"错一补一，漏一补二"的方式，在错播、漏播的次日起3个播出日内予以补播，错播后未如期补播的，按漏播处理；如在合同日期内出现多次漏播情况，漏播天数超过3个播出日（包含3天），则除了按照合同由甲方指定日期补播外，乙方还要退还甲方合同总金额的____%作为违约金。若乙方不予补播，则乙方除了支付合同总金额____%的违约金外，另须退还漏播部分金额。若为电视台临时调整导致不能如约播出的，则乙方须提前以书面形式通知甲方，否则，甲方将有权按照漏播处理。因电视台临时调整导致播出次数减少的，相应价款应予以扣除。

8.违约责任

（1）如因乙方原因不能按期发布，则发布期顺延，每延误一天，发布期顺延一天，如乙方顺延发布广告超过半个月，甲方有权单方解除合同，并按合同总额的____%追究乙方的违约责任。

（2）若广告设施出现故障造成广告发布障碍，乙方应在24小时内修复，同时按维修损失时间顺延广告发布时间。在广告制作和维护保养过程中，对于非甲方原因给乙方或第三方造成的财产损失和人身伤害的，由乙方处理并承担全部责任。

（3）乙方在制作、播放等过程中造成的一切人身、财产损失由乙方承担。

（4）乙方不得擅自改动广告内容、时段、时长、栏目，否则，甲方将不承担改动部分的广告费用。如甲方中途须暂停广告发布，在收到甲方书面通知后两天内，乙方须确认回传。

（5）广告样带及最终播出的广告片版权归甲方所有。未经甲方允许，乙方不得将其用于其他方面或许可他人使用、转让他人使用，否则应支付本合同总额＿＿＿％的违约金，并赔偿由此给甲方造成的损失。

9. 知识产权与保密

（1）乙方尊重甲方的知识产权，不向任意第三方复制和扩散甲方广告内容。

（2）双方应保守在缔结和履行合同过程中获知的对方内部保密信息，除因履行合同义务或法律、法规规定应披露的之外，不得以任何方式向第三人披露及不正当使用。否则，应当赔偿因泄露保密信息给对方造成的损失。上述保密义务不因本合同履行完毕、终止或解除而免除。

10. 不可抗力

（1）由于发生不能预见、不能避免并不能克服的不可抗力情形，致使直接影响本合同的履行时，遇有不可抗力的一方应当立即书面通知对方，并在发生不可抗力之日起30天内，提供不可抗力的详情及合同不能履行、部分不能履行或需否解除本合同或部分、全部免除履行本合同的责任，或延期履行本合同。需要延期履行的有效书面证明，该证明文件应当由不可抗力发生地的公证机关出具。

（2）根据不可抗力对本合同的影响程度，双方应当协商解决。

11. 合同争议的解决

（1）与本合同有关的一切争端，双方应首先友好协商解决。如果协商不能解决，任何一方均可将争议提交甲方所在地人民法院。

（2）诉讼期间，除有争议的部分外，本合同其他部分应继续履行。

12. 合同的转让、更改及生效

（1）合同双方都不得单方面修改合同内容。拟修改合同内容的一方应当就修改事项列明拟修改条款并以书面形式通知对方，双方协商同意后，应就修改条款签订补充协议。

（2）补充协议必须经双方法定代表人或授权代表人签字后方可生效。补充协议为本合同的组成部分，一经签署即具有法律效力。

（3）未经双方同意，任何一方不得将本合同规定的权利和义务转让给第三方或委托第三方代理。

（4）合同有效期内，乙方如发生资产重组、并购等债权债务转移情形，应及时通知甲方。

（5）本合同经双方签字盖章后生效，合同一式四份，甲乙双方各执两份。

甲方（盖章）：_____ 乙方（盖章）：_____

负责人或授权代理人：_____ 法定代表人或授权代理人：_____

（签字） （签字）

签字地点：_____ 签字地点：_____

签字日期：_____ 签字日期：_____

二、电台广告营销

1.电台广告的特点

电台广告是一种线形传播，听众无法回头思考、查询。因此应善于运用口语或者生动具体的广告词语来进行表述，不要过于烦琐，尽量少用重句，能够使听众一听就明白、一听就懂，这样才能产生绝佳的广告效果。一般电台广告的受众为本地或者周边地区的消费群体。电台广告主要具有两个特点，如下图所示。

成本较低、效率较高、受众面广。一般可以通过热线点播、嘉宾对话、点歌台等形式来刺激听众参与，从而增强广告效果	特点一	传播手段受技术的限制，不具备资料性、可视性，表现手法单一
	特点二	

电台广告的特点

以下提供××电台投放广告价格表，仅供参考。

🔍【实战范本】××电台投放广告价格表 ▶▶▶

一、时段广告

单位：元/次

时段		播出时间	30秒	20秒	15秒	10秒	5秒
超级	超1	8:10、8:15、8:25	5800	4200	3200	2200	1500
	超2	8:35、8:45	5200	3800	2900	2000	1300
	超3	8:00、9:00、18:00、18:15、18:30、18:45	4300	3100	2400	1700	1100
特级		7:45、9:15、12:00、12:15、12:30、19:00	2800	2000	1550	1050	700

续表

时段	播出时间	30秒	20秒	15秒	10秒	5秒
A级	7:15、7:30、9:30、9:45、11:00、11:30、17:00、17:15、17:30、17:45、19:30、20:00	1900	1300	1000	800	550
B级	7:00、10:00、10:30、12:45、13:00、13:30、14:00、14:30、15:00、15:30、16:00、16:30、20:30、21:00	1500	1100	850	600	450
C级	6:00、6:30、21:30、22:00、22:30、23:00、23:30、0:00、1:30、3:30、5:30	1200	850	650	450	350

二、时段广告套播

频率	4～6次/天	7次/天及以上
折扣	7.5折	6.5折

注：1.按天售卖，7天起购并须连续播出。

2.限单一合同、单一品牌投放，广告段位及时点自由组合，广告时长不可超过30秒且同一订单广告时长、次数需保持一致。

3.超级时段次数选择不超过总次数的50%。

三、特约广告

时段	栏目内版头	配送15秒广告/（次/天）	价格/万元
超级		3（2A+B）	7
特级		3（A+2B）	6.5
A级	5秒特约版头1次/天	3（A+B+C）	5.5
B级		3（A+2C）	5
C级		3（B+2C）	4.5

注：以上合作如选择周末栏目特约，则"节目内版头"周一至周五改为同时段"栏目预告"内容，其余不变。

四、微信特约

播出类别	权益	播出形式	播出点	播出次数	价格/万元
微信特点1段	特约版头+广告	5秒版头+10秒广告（形式如：××企业邀您关注××官方微信+企业时段广告）	7:45、8:35、18:30、19:00	4次/天	17
	官方微信	××官方微信平台，每周推送1条合格客户的消息	—	4条/月	
微信特点2段	特约版头+广告	5秒版头+10秒广告（形式如：××企业邀您关注××官方微信+企业时段广告）	8:00、9:30、13:30、17:45、18:45、20:30	6次/天	16
	官方微信	××官方微信平台，每周推送1条合格客户的消息	—	4条/月	

五、商业专题

单位：元/次

时段	10分钟	5分钟	3分钟	2分钟
超级1段	—	—	9800	8000
超级2段	—	9500	8000	6300
特级	—	8400	7000	5700
A级	10000	6200	5200	4300
B级	9000	5100	4300	3700
C级	7800	4500	3700	3200

六、其他活动

略。

注：本表内容由××广播电影电视集团负责解释。

2.电台广告的优势

电台广告的广告量虽然在总体广告中所占比例不大，但由于电台媒体所具有的独特优点，如可以边工作边收听、随时随地收听等，使其成为主流媒体广告的重要补充。

为什么现在电台广告的效果越来越好了呢？原因如下图所示。

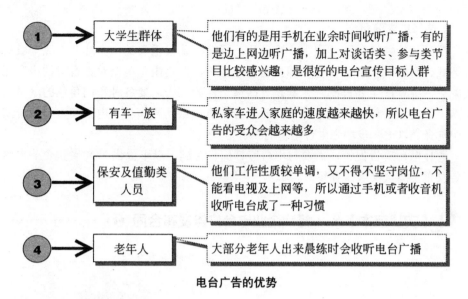

电台广告的优势

3. 电台广告的制作方法

现在，许多电台都设有与餐饮行业相关的栏目。电台广告一般都由专业的餐饮广告公司制作，餐饮企业可以选择资质较好的公司进行合作。

（1）确定广告词　电台广告主要通过声音来传递信息，所以广告词要清楚、明白、易于理解和记忆，使消费者通过收听广告对产品的品牌、价格有一个详细的了解。

（2）电台广告制作注意事项　电台广告制作注意事项，具体内容如下图所示。

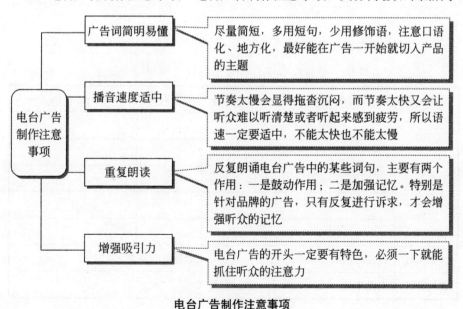

电台广告制作注意事项

4.选择广告演员

在电台广告的制作过程中，演员的选择同样是很重要的一个环节。像一般的陈述式、对话式广告往往都选择播音员来播读，但是由于听众对播音员的声音比较熟悉，很难产生新鲜感，尤其是有些情节性的广告需要各种不同角色的演员来扮演，如父亲、母亲、孩子等。因此配音演员可从话剧演员、电影演员、配音演员中选择，以进一步增强电台广告的吸引力。

选择电台广告促销，需要与电台签订广告合同，以下提供××餐饮企业电台广告发布合同，仅供读者参考。

【实战范本】××餐饮企业电台广告发布合同 ▶▶▶ ┄┄┄┄┄┄┄┄┄┄

合同编号：＿＿＿＿＿＿＿＿＿＿

签订时间：＿＿＿＿＿＿＿＿＿＿
签订地点：＿＿＿＿＿＿＿＿＿＿

甲方：××餐饮服务有限公司
乙方：××广播电台

甲、乙双方根据《中华人民共和国广告法》《中华人民共和国合同法》及有关法律规定，经过友好协商，就甲方委托乙方发布__广告事宜达成如下协议，以兹共同遵守。

一、广告发布内容及期限

1.广告发布媒体、插播广告节目、播出时段及费用等见下表。

发布媒体	频道/频率	插播节目	发布时段	广告时长	起止时间
发布次数	日发布次数：			总计发布次数：	
费用合计	人民币（大写）		元整（		元）

2.关于广告发布的其他约定。

（1）_____。

（2）_____。

（3）_____。

二、广告内容的提供

本合同广告内容的提供按照下述第（ ）方式执行。

（1）甲方提供样带。

（2）_____。

三、广告发布费及支付方式

1.广告发布费总价款为人民币____元整（大写_____元整），该费用包括广告发布费、制作费、人工费、审批费、播放费、税费等乙方完成本合同项下广告发布所需的全部费用，除此之外，甲方无须再向乙方支付其他任何费用。

2.支付时间：按照下述第（ ）执行。

（1）一次性支付，支付时间为：_____。

（2）本合同广告费分__次支付，支付时间分别为：_____。

3.甲方向乙方支付广告费的同时，乙方应向甲方开具相应金额的合法发票，否则，甲方有权拒绝支付广告费并不承担任何责任。

四、双方权利、义务

（一）甲方权利、义务

1.甲方应按合同约定支付广告发布费。

2.甲方应保证所提供的广告内容及相关事项来源合法。

3.甲方有权对乙方的广告发布行为进行监督检查，并随时提出异议。

4.本合同的签订，并不视为由乙方独家为甲方进行广告发布，甲方有权在合同期限内根据需要另行委托其他人进行广告发布。

（二）乙方权利、义务

1.乙方负责办理本合同约定的广告发布（包括合同期内甲方要求更换的广告）所需全部审批手续，并承担因此而产生的全部费用。

2.乙方应当严格按照甲方提供的或乙方制作经甲方验收认可的广告内容发布广告，未经甲方书面同意，乙方不得擅自改动广告内容。

3.乙方作为专业媒体有义务对广告的内容和表现形式进行审查，如有不当之处，乙方应当向甲方报告。如乙方未尽审查义务，致使该广告内容和表现形式发布后引起纠纷的，乙方应承担赔偿责任。

4.乙方应根据甲方要求无偿为甲方更换广告内容。

5.乙方无权调整广告播出时间，未经甲方书面同意进行的播出时间调整按照错发处理。

五、不可抗力

在广告发布期限内，如遇自然灾害、动乱等不可抗力，致使该广告中断发布或不能发布，双方均互不承担责任。如广告发布中断，中断原因消除后广告可继续发布且甲方同意继续发布时，合同继续履行，广告发布期限相应顺延。如广告发布终止或甲方选择不继续发布的，双方按实际的广告发布数量进行结算。

六、违约责任

1.乙方逾期发布广告的，每逾期一日，乙方须承担合同价款1‰的违约赔偿金，且甲方有权拒付广告费；逾期十天的，甲方有权解除本合同。

2.乙方须保证按本合同的约定按时、保质、保量地完成广告发布工作，如该广告的播放出现漏发、错发、声音模效不清、错误、播放不全等质量问题，乙方应按甲方要求及时更正和补发，每发生一次，乙方须承担合同金额1%的违约赔偿金并免费重新发布；如出现三次以上的，甲方有权解除本合同。

3.乙方违反本合同任何一项其他义务的，甲方有权限期改正，期满后仍未改正的，甲方有权解除本合同。

4.因乙方原因导致本合同解除的，乙方须退还尚未发布的广告费并承担合同价款20%的违约赔偿金，对因此给甲方造成的损失，乙方应承担赔偿责任。

5.本合同履行期间，除乙方原因合同解除的外，甲方有权随时通知乙方解除本合同，合同解除时，甲、乙双方按广告实际发布期限结算广告费用，多退少补。除此之外，甲方不再承担任何补偿、赔偿等违约责任。

七、争议解决

双方在履行本合同过程中，如出现争议，双方应协商解决。协商不成时，任何一方均有权向合同签订地人民法院提起诉讼。

八、其他约定

1.本合同未尽事宜，双方协商后可签订补充协议，补充协议除对本合同的变更外与本合同具有同等法律效力。

2.本合同一式六份，甲乙双方各执三份，自双方签订之日起生效。

甲方：   乙方：

代表签字：   代表签字：

日期：   日期：

【实战范本】××连锁餐厅电台广告促销 ▶▶▶

好消息！××连锁餐厅将在__月__日隆重开业。开业期间××优惠大酬宾，欢迎惠顾！地址：××路××商厦旁，电话：_____。

三、报纸广告营销

1.报纸广告的定义

报纸广告是以文字和图画为主要载体来向客人传递餐厅和产品信息，它不像其他广告媒体，如电视广告等受到时间的限制，可以反复阅读、便于保存。

餐饮企业可以在报纸上购买版面来大张旗鼓地宣传自己，并在广告上注明联系电话、餐厅地址。

2.报纸广告的形式

常见的报纸广告有如下表所示的几种形式。

常见的报纸广告的形式

序号	形式	特　　点	备　　注
1	报花广告	广告版面很小，形式特殊，突出品牌或餐厅名称、电话、地址及餐厅赞助之类的内容	采用一种陈述性表述
2	报眼广告	报眼是指横排版报纸报头一侧的版面，它的版面面积不大，但位置十分显著、重要，容易引人注目	比其他版面广告更容易引起客人的关注
3	半通栏广告	广告版面较小，而且众多广告排列在一起，互相干扰，广告效果容易互相削弱	注意广告超凡脱俗、新颖独特
4	单通栏广告	最常见的一种版面，符合人们的正常视觉，版面自身有一定的说服力	
5	双通栏广告	在版面面积上，它是单通栏广告的两倍	凡适于报纸广告的结构类型、表现形式和语言风格都可以在这里运用
6	半版广告	半版、整版和跨版广告，均称为大版面广告	
7	整版广告	单版广告中最大的版面，给人以视野开阔、气势恢宏的感觉	
8	跨版广告	刊登在两个或两个以上的报纸版面上，一般有整版跨版、半版跨版、1/4版跨版等几种形式	

3.报纸广告的特点

报纸广告的特点如下图所示。

特点一	报纸可以反复阅读，便于保存、剪贴和编辑
特点二	能给客户较充分的时间来接收信息，更容易给读者留下深刻的印象，且信息表达较为精确，成本也较低
特点三	报纸广告传播速度慢于电视、电台，传播范围也小于电视、电台，且受到受众的文化程度限制

报纸广告的特点

4.适用范围

报纸广告为了适合做特别活动，也可以登载一些优惠券，让读者剪下来凭券享受优惠服务。不过要注意登载的频率、版面、广告词和广告的大小、色彩等。

现在许多城市的晚报、商报等都市生活类报纸都设有餐厅专版，餐饮企业可以选择合适的版面刊登广告，以下提供一份××餐饮企业报纸广告发布合同，仅供读者参考。

【实战范本】××餐饮企业报纸广告发布合同 ▶▶▶ ---------------------

客户单位名称（以下称甲方）：

发布单位名称（以下称乙方）：

根据《中华人民共和国合同法》《中华人民共和国广告法》等有关法律法规的规定，甲乙双方本着平等自愿和互惠互利的原则，经双方友好协商达成一致，就甲方在乙方的《_____报》上发布公司广告的事宜与乙方订立以下协议。

第一部分　协议条款

一、项目内容。

甲方委托乙方于__年度发布_____广告。

二、广告发布媒介为乙方的《_____报》，第___版彩色版，规格（高×宽，厘米）_____。报头名称为_____，乙方发布许可证号为_____，经营单位名称_____，地址_____。

三、广告发布时间。

1.发布时间：____年____月____日起至____年____月____日止。共____期，每月____期，赠送____期。

2.每次投放的具体时间根据甲方的媒体投放计划，版面的位置及规格在投放前__天双方签确认单（作为该合同附件）；截稿期限为发布前__天。

四、合同价款。

1.甲方在《_____报》上发布广告，发布费用为每期_____元，每年_____元，以上单价已包含广告费、投递费、制版费、印刷费、税金等一切直接和间接费用。

2.以上费用按月/季度/年支付，乙方给甲方出具收款凭证。

五、发行数量及发行范围质量。

1.乙方承诺甲方广告的每期发行数量为____份。

2.乙方承诺甲方广告的每期的发行时间为____年____月____日起至____年____月____日止。

3.乙方承诺甲方广告的每期发行覆盖范围为_____。

4.乙方承诺甲方广告的每期发行数量、质量按照乙方承诺执行。

第二部分　标准条款

一、甲方刊登的广告版面由乙方设计，发行之前甲方签字确认方可发行，乙方以甲方确认稿为发布样本，未经甲方同意，乙方不得发行或改动设计样稿，广告版权归甲方所有，广告样稿为合同附件，与本合同一并保存。

二、乙方有权审查广告内容和表现形式，对不符合法律、法规的广告内容和表现形式，乙方有权要求甲方做出修改；甲方未做修改的，乙方有权拒绝发布，但广告内容合法且方案一经确定后乙方须准时并按质按量完成全部广告发布工作。

三、双方的权利和义务。

（一）甲方权利和义务

1.甲方应按照《广告法》的规定向乙方提供相关文件资料。

2.甲方不得擅自更改或撤销广告订单，如因特殊原因要撤销广告发布订单的，应在广告发布日的__天前以书面形式通知乙方。

3.甲方应按照合同约定的金额、时间、方式支付合同价款。

4.因乙方原因造成广告无法按期发布，或取消原甲乙双方确认的版面、广告发布时间、发行数量、发行范围、发行质量等乙方承诺的义务出现问题时，造成合同无法继续履行的，因发布延迟给甲方带来损失的，因乙方原因出现甲方确认后的广告刊登版面、时间及文字等内容有误的，甲方有权要求乙方赔偿或顺延履行，如延迟发布将无法达到合同目的的，甲方有权解除合同并依据损失向乙方索取赔偿要求。

（二）乙方权利和义务

1.乙方合法拥有本合同约定媒体的广告发布资格，并于本合同签订前向甲方提供证明资格的相关资料（提供乙方相关营业执照、许可证、税务、法人相关证明材料作为本合同附印件）。

2.乙方应按照双方的约定发布广告,不得擅自改变约定的版面、规格尺寸、内容、发行数量、覆盖范围、质量、时间等。

3.乙方应建立广告审查制度,审查广告样稿,对审查结果负责。

4.应甲方要求,乙方如实提供媒介覆盖、发行以及其他履行本协议相关的情况。

5.乙方应建立广告档案,自本合同履行完毕之日起随本合同文件保存两年。

四、验收内容及合格条件。

1.印刷成品色调不得与设计稿标准出现偏差,如果出现偏差以设计稿为准。

2.不得出现版面位置、尺寸错误,以合同约定的版面位置、尺寸为准。

3.每期的发行必须达到乙方承诺的发行数量,以合同约定的发行数量为准。

4.每期的发行必须达到乙方承诺的发行覆盖范围,以合同约定的发行覆盖范围为准。

5.每期的发行必须达到乙方承诺的发行时间,以合同约定的发行时间为准。

6.每期发行必须达到乙方承诺的发行质量,具体按照合同约定的发行覆盖范围进行检查,如连续出现____家未收到乙方报纸则视为不合格,以照片及录音为检查证据,由乙方派人协同检查,检查后由乙方人员签字确认。

五、违约责任

1.乙方须严格按照本合同规定的要求制作和发布甲方广告,在此过程中发生错误时,除甲方刻意提供虚假材料外,其全部责任由乙方承担,乙方须按合同预定总价款的30%向甲方支付赔偿金,且须在发生错误的当天无偿按甲方要求更换广告版面及内容,严重失真导致销售不利的,除返还全额广告费外,产生负面影响的,还应承担相应的经济责任。

2.乙方须在本合同规定的时间内完成甲方要求的全部广告制作和发布工作,如不能按时完成,则每延期一天须按合同约定总价款的5%向甲方支付违约金,逾期超过5天,甲方有权单方解除合同,乙方应向甲方支付合同预订总价款的30%作为违约金。如当期对甲方销售造成直接经济损失或严重影响的,乙方除免收当期广告费外,还须支付当期广告费双倍的违约金。

3.根据合同约定的验收内容,如甲方在验收过程中检查出其中任何一条与本合同不符的情况,甲方有权单方解除合同,并要求乙方按合同约定总价款的30%做出赔偿,并将已经交付的广告费全额退还给甲方。

4.甲方在乙方完成广告发布且全部经甲方验收合格后,按合同规定及时付款给乙方,如未能及时付款,则每延期一天按合同约定总价款的5‰支付违约金。

5.本合同签字盖章后正式生效,在合同有效期内,乙方不得无故变更和解除本合同,否则,应按合同约定总价款的30%向甲方支付违约金。

6.若遇版面调配等因素,乙方应优先保证甲方广告档期和本合同约定的广告发布时间，如未经甲方同意，乙方任意改变合同发布时间和档期的，则每出现一次应按合同约定总价款的30%向甲方支付违约金。

7.乙方未尽谨慎审核义务，造成广告作品侵犯第三方合法权益的，乙方承担全部责任。

六、其他事项

1.本合同经双方签字盖章后即生效，本协议的备忘录或附件与本协议具体同等的法律效力。

2.本协议未尽事宜，双方另行商定，所定意见作为本合同补充协议，本协议一式两份，甲乙双方各执一份，两份且有同等法律效力。

3.双方在履行合同时如有争议，应友好协商，如协商不成，可向××市人民法院提起诉讼。

附件：乙方相关资质证明。

甲方：　　　　　　　　　　　　乙方：
法人或法人代表签字：　　　　　法人或法人代表签字：
签约地点：　　　　　　　　　　签约地点：
日期：　　　　　　　　　　　　日期：

四、杂志广告营销

1.杂志广告的分类

杂志可分为专业性杂志、行业性杂志、消费者杂志等。由于各类杂志的读者群体比较明确，因此餐饮企业可以有针对性地选择合适的杂志发布营销广告。

餐饮企业相关杂志主要有《东方美食》《中国烹饪》《贝太厨房》等。

2.杂志广告的特点

杂志广告的特点如下图所示。

特点一	针对性强、专业性强，范围相对固定，即不同的人阅读不同的杂志，便于餐饮企业根据目标对象选择其常读的杂志投放广告
特点二	储存信息量大，图文并茂，专栏较多、较全，且纸张、印刷质量高，对消费者心理影响显著
特点三	出版周期长，适用于时效性不强的广告

杂志广告的特点

3.适用情况

餐饮企业可以有目标地选择一些杂志登广告。在此,提供一份杂志广告刊登协议,仅供读者参考。

【实战范本】杂志广告刊登协议 ▶▶▶ -------------------------------

合同编号:_____

委托方(甲方):××餐饮服务有限公司
受托方(乙方):××杂志

甲方委托乙方下列广告业务,双方根据《中华人民共和国合同法》《中华人民共和国广告法》等相关法律规定,经友好协商,签订本合同并共同遵守。

第一条 甲方授权乙方为_____餐厅的《_____》广告投放代理公司。

第二条 合作期限:____年____月____日至____年____月____日。

第三条 广告投放媒体及具体要求:《_____》刊登广告及专题软文。

广告投放媒体及具体要求

刊物名称	刊登时间	广告规格 (高×宽)/毫米	颜色	版面	期数 /期	金额 /万元
	年 月	215×280	彩色	封面整版		
		430×280	彩色	内页两个整版		

注:以上费用已含税费、代理费、广告审批费、发布费等全部费用。

第四条 付款方式。

1.为了确保广告能如期刊出,甲方需在____年____月____日前一次性支付款项即____元。

2.付款方式:_____。

3.甲方付款前,乙方必须出具等额有效的广告业发票,否则甲方有权拒付款。

第五条 甲方的权利和义务。

1.甲方发布广告必须严格执行《中华人民共和国广告法》和相关的法律法规以及宣传、出版部门的有关规定。

2.为乙方宣传推广此项目提供必需的资料及信息,包括真实、有效的营业执照、预售许可证等有关证明文件、材料。

3.在乙方尽职尽责完成工作任务的前提下,为保证乙方工作正常运转,甲方必须按双方约定支付相关费用。

4.甲方必须及时审定各类最终发布的广告稿。报纸广告，甲方需在见报前三个工作日内向乙方提交经甲方签名或盖章的广告样稿；其他广告，根据不同媒体最终截稿时间而定。

第六条　乙方权利义务。

1.乙方确保广告在双方确认的媒体、版面、限期中刊出。

2.乙方专人服务于甲方，如甲方对乙方人员不满意，乙方应按甲方要求进行更换。

3.广告发布后乙方应向甲方提交样刊。

4.乙方保证具有相应的资质代理甲方的广告发布业务。

5.乙方负责向有关部门办理广告发布的申报审批手续，并承担相关费用。

6.如因乙方原因不能按照计划发布，由此导致甲方的经济损失，由乙方承担。

7.乙方在全程服务于甲方期间必须保守甲方商业秘密。

8.未经甲方书面同意，乙方不得将该合同项下的权利和义务转给第三人。

第七条　违约责任

1.各方应按合同的约定全面履行合同义务，构成违约的，应当承担违约责任，并赔偿守约方由此遭受的全部损失。

2.乙方不具备从事本合同广告发布业务相应资质的，甲方有权解除合同，并要求乙方退回甲方全部已付款项，按合同总额的10%支付违约金，并赔偿由此给甲方造成的一切损失。

3.乙方未按合同约定的媒体发布广告的，甲方有权解除合同，要求乙方退回甲方已付全部款项，并按合同总额的10%向甲方支付违约金。

4.已发布的广告内容未经甲方签字确认，或与甲方提供的样稿／胶片或样带不符的，或者广告发布的时间、次数与合同约定不符的，甲方有权要求解除合同或要求乙方按合同约定继续履行合同。甲方要求解除合同的，乙方应退回甲方已付全部款项，并向甲方支付广告费总额的10%作为违约金。甲方要求乙方继续履行合同的，乙方应自行承担相关费用并赔偿甲方因此所受的损失，直至广告符合合同约定为止；若因此侵犯他人权利的，乙方应承担一切责任，并赔偿由此给甲方造成的一切损失。

第八条　其他

1.合同签订期内，如出现不可抗力因素，则双方无需承担违约责任，双方协商解决。

2.本合同一式四份，经甲乙双方盖章后生效，甲乙双方各执两份，均具有同等法律效力。甲乙双方在履行本合同过程中发生争议时，须友好协商解决，协商不成，任何一方均可向甲方所在地的人民法院提出诉讼。

3.本合同自甲乙双方签字盖章之日起生效。

甲方：   乙方：
法定代表人：   法定代表人：
签约代表：   签约代表：
经手人：   经手人：
签约日期：   签约日期：

第二节　户外广告营销

一、户外广告的定义

一般把设置在户外的广告叫作户外广告。常见的户外广告有路边广告牌、高立柱广告牌（俗称高炮）、灯箱和霓虹灯广告牌、LED看板等，现在甚至有升空气球、飞艇等先进的户外广告形式。

电视剧《水浒传》中，景阳冈下那个不知名的小酒馆外"三碗不过冈"的小旗便是一则户外广告。与不起眼的小酒馆相比，"三碗不过冈"的旗子十分醒目、充满诱惑。

二、户外广告种类

1.自设性户外广告

以标牌、灯箱、霓虹灯单体字等为媒体形式，在本企业登记注册地址，利用自有或租赁的建筑物、构筑物等阵地设置的广告（含标志等）。

2.经营性户外广告

在城市道路、公路、铁路两侧以及城市轨道交通线路的地面部分、河湖管理范围、广场、建筑物、构筑物和交通工具上，以灯箱、霓虹灯、电子显示装置、展示牌等为载体设置的商业广告。

 拓展阅读

申请发布户外广告需满足的条件

发布户外广告是需要申请的，必须确保符合法律法规的要求。

（1）申请自设性户外广告，应具有合法的主体资格，并取得有关部门的设置批准文件。

（2）申请经营性户外广告，应为合法的广告公司，并取得有关部门的设置批准文件。

（3）申请自设性户外广告，应在设置所在地工商分局或工商所办理登记。

（4）申请经营性户外广告，应在广告载体设置所在地工商分局办理登记。

（5）申请户外广告登记，凡文件、证件齐全者，工商行政管理分局应在受理后5个工作日内办理准予行政许可或不予行政许可的手续。

三、申请发布户外广告的程序

申请发布户外广告的程序如下图所示。

第一步　领表

（1）申请自设性户外广告：携带本单位营业执照或事业单位法人证书等有效证件，到本单位所在地工商分局或工商所领取户外广告登记申请表

（2）申请经营性户外广告：需携带广告公司的营业执照副本（原件），到本公司所在地工商分局领取户外广告登记申请表

第二步　提交文件、证件

（1）申请自设性户外广告：户外广告登记申请表、户外广告设置批准文件、营业执照（事业单位法人证书）等有效证件

（2）申请经营性户外广告：户外广告登记申请表、户外广告设置批准文件、营业执照有效复印件、广告发布合同、户外广告占地协议以及法律法规规定的其他证明文件

第三步　受理

接待人员在确认相关文件、证件齐备后，开具受理行政许可申请决定书

第四步　领取户外广告登记

申请人根据受理行政许可申请书开具的日期，携带受理行政许可申请决定书，领取户外广告登记证

申请发布户外广告的程序

四、户外广告的特征

（1）对地区和消费者的选择性强。一方面可以根据地区特点选择广告形式，如在商业街、广场、公园、交通工具上选择不同的广告表现形式；另一方面可向

经常在此区域内活动的固定消费者进行反复宣传，增加其印象。

（2）利用了消费者散步游览时在公共场合产生的空白心理。在这种时候，一些设计精美的广告、霓虹灯等常能给人留下非常深刻的印象，能引起较高的关注度，更易使其接受广告。

（3）具有一定的强迫诉求性质。即使匆匆赶路的消费者也可能因对广告的随意一瞥而留下一定的印象，并通过多次反复而加深印象。

（4）表现形式丰富多彩。特别是高空气球广告、灯箱广告的发展，使得户外广告逐渐取得了与市容浑然一体的广告效果，使消费者非常自然地接受广告。

（5）能避免其他竞争广告的干扰，而且广告费用较低。

（6）广告站牌大多数位置固定不动，覆盖面不会很大，宣传区域小。针对此特点，餐饮企业可将广告牌设立在人口密度大、流动性强的地方，比如机场、火车站、轮船码头等，大型连锁餐饮企业也可以做全国性广告。

（7）效果难以测评。户外广告的对象是在户外活动的人，具有流动的性质，接受率很难估计。

五、签订户外广告制作合同

一般户外广告都是由广告公司制作设计的，因此餐饮企业要与广告公司签订合同，以保护双方的合法权益。

拓展阅读

户外广告制作合同

甲方（发布方）：＿＿＿＿＿＿＿＿＿＿＿广告有限公司
乙方（广告主）：＿＿＿＿＿＿＿＿＿＿＿餐饮有限公司

甲乙双方根据《广告法》及《广告管理条例》的相关规定，就广告发布有关事项签订本合同并共同遵守。
一、广告形式
路牌。
二、广告位置
＿＿＿＿＿＿市＿＿＿区＿＿＿路＿＿＿号。
三、广告规格
（略）

四、广告期限

自_____年_____月至_____年_____月，共计_____年。实际发布时间以《验收报告》中确认的发布时间为准。

五、广告价格

1.广告费：含发布费、占地费、维修费、保险费、基础架制作费，单价：_____万元/块，共_____块，合计_____万元。

2.广告费的支付：签订合同后____日内，乙方向甲方支付广告费共计_____万元。

六、双方责任

1.甲方负责户外广告报批手续办理、广告稿样审批和验收及发布期的保修维护等工作。

2.甲方负责将广告稿样报有关部门审批，若审批不合格，将稿样退回乙方修改。稿样一经确认即作为制作及验收的有效依据，为本合同附件，与本合同一并保存。乙方因提出与稿样不同的要求所产生的费用由乙方负担，由此而耽误的广告发布时间，甲方不予顺延。

3.甲方收到乙方第一期款，在广告稿样经确认后30天内完成制作。制作完成后3日内，甲方、乙方、制作方共同验收。验收合格，乙方在《验收报告》上签章；若乙方接到甲方通知不及时验收，超过3日后，甲方视同乙方验收合格。

4.乙方应按期付款，如乙方不按期付款，甲方有权终止本合同，广告位置不予保留。

5.广告发布期间，如因甲方责任造成广告发布终止，由甲方承担责任；如因乙方责任造成广告发布终止，由乙方承担责任；如因不可抗力造成广告发布终止，甲乙双方友好协商解决。

七、合同续签

合同期满前一个月，双方可重新商讨延长本合同事宜。同等条件下，乙方享有优先权。如合同期满乙方未办理续签手续，乙方不再享有优先权，广告位置不予保留。

八、争议解决

任何一方违反合同，双方协商不成，可向经济合同仲裁机关申请仲裁或向人民法院起诉。

九、附则

1.本合同一式两份，甲乙双方各执一份。

2.合同附件一式两份，甲乙双方各执一份。

3.合同中如有未尽事宜或本合同如需修改，双方可签订补充合同。

4.本合同自签字盖章之日起生效。

甲方：_____　　乙方：_____

代表：_____　　代表：_____

时间：_____　　时间：_____

六、公交车身广告营销

中国人口众多，这决定了公共交通的绝对重要性和未来发达程度。同时，也给公交车身广告的发展提供了巨大的空间。

1.公交车身广告的优势

公交车身广告是可见机会最大的户外广告媒体，其具体优势如下表所示。

公交车身广告的优势

序号	优　势	说　明
1	认知率和接受频率较高	公交车具有流动性，所以公交车身广告覆盖面比较广，认知率和接受频率也较高
2	具有提示（提醒）作用	公交车身广告往往是在人们外出及即将发生消费行为时传送广告信息，对于将发生的消费有着非常有效的提示和提醒作用
3	投入少，效果好	公交车身广告费用很低，在发布时间和价格上具有很大的灵活性及优势
4	广告作用时间长	公交车身广告可以在相当长的时间内专门发布某一个信息。人们由于出行需要，不断往来于同一广告前，频频接收到广告信息，长年累月，会留下极深刻的印象
5	灵活性强	根据所宣传的内容选择相应的公交环境，有助于有的放矢地进行宣传，以同等甚至更少的广告费用发挥更大的实际效应。其他大众传媒或限于时段，或限于版面，或限于空间等，难以有较强针对性地进行市场选择
6	面向大众	公交广告的信息是投向整个市场的，受众不会受到社会阶层和经济状况等条件的限制
7	具有一定的环境美化作用	一幅公交广告实际上就是一幅大型的图画，无论构图、造型、色彩都具有美感，这是报刊等媒体不能比拟的。为了醒目，绝大部分广告都鲜艳夺目，艺术感很强

2.公交车身广告的发布形式

公交车身广告的发布形式主要包括以下三种。

（1）双侧形式　一般位置在两侧车窗以下范围。

（2）半车形式　一般位置在车身两侧、车尾及车窗玻璃局部。

（3）全车形式　一般位置包括车身两侧、车尾及车窗玻璃局部、车顶及脊柱。

车身广告

3.签订广告合同

在广告发布形式、公交线路等相关事宜都确定之后，餐饮企业就可以与公交公司或公交广告代理公司签订广告发布合同。下面提供一份合同范本，供读者参考。

【实战范本】公交车身广告发布合同 ▶▶▶ --------------------------------

甲方：＿＿＿＿＿＿＿＿＿＿＿＿＿＿＿＿

乙方：＿＿＿＿＿＿＿＿＿＿＿＿＿＿＿＿

甲乙双方本着诚实信用、平等互利的原则，根据《中华人民共和国广告法》《中华人民共和国合同法》及有关法律法规的规定，经过双方友好协商签订此合同。

一、广告发布内容

（略）

二、广告发布地点

（略）

三、具体内容

合同期限、线路、发布形式、数量及费用如下表所示。

广告发布具体内容

城市	发布形式	路线	媒体租金/[元/(辆·月)]	发布期/月	媒体总金额/(元/辆)	制作费/(元/辆)	数量/辆	小计/元

（1）合同期限：＿＿＿年＿＿＿月＿＿＿日至＿＿＿年＿＿＿月＿＿＿日。

（2）上述价格已包含媒体发布费和车身广告制作费＿＿＿＿＿＿＿＿＿＿＿元。

四、广告审查

甲方应当向乙方提供有关广告客户资质证明和广告内容真实、合法、有效的证明文件，并加盖公章。

五、广告画面制作及安装

（略）

六、广告清洁与维护

（略）

七、合同的提前终止

因不可抗力致使不能继续履行本合同或不能实现合同目的的，当事人一方应当及时通知对方，以减轻可能给对方造成的损失，并应当在合理期限内提供相关证明。

八、线路因素

广告媒体如遇公路维修、公交线路调整及自然灾害等因素而影响广告发布，互不追究违约责任。乙方必须提出相应解决办法。

九、不可抗力

本合同中的不可抗力是指不能预见、不能避免并不能克服的客观情况（政府行为、自然灾害、战争、疫情）。因公共交通部门管理、政府或公共交通部门的临时调动、车辆定期维修保养等引起广告发布位置（或线路）或发布时间出现的短期变更也依此类情况处理。

十、保证与承诺

甲方承诺所发布的广告符合中华人民共和国相关法律法规的规定，并承诺广告客户拥有交予乙方发布广告内容的一切权利，保证未侵犯国家、集体及他人的合法权益。如有违反，由甲方承担全部责任。

十一、争议解决

凡因本合同的履行而引起的一切争议，双方应友好协商解决。如不能协商解决，则向甲方所在地人民法院提起诉讼。

十二、合同生效

本合同自甲乙双方签字盖章之日起生效。本合同一式两份，具有同等法律效力，甲乙双方各执一份。

甲方：＿＿＿＿＿＿＿＿＿＿＿＿　　　乙方：＿＿＿＿＿＿＿＿＿＿＿＿

签章：＿＿＿＿＿＿＿＿＿＿＿＿　　　签章：＿＿＿＿＿＿＿＿＿＿＿＿

日期：＿＿＿＿＿＿＿＿＿＿＿＿　　　日期：＿＿＿＿＿＿＿＿＿＿＿＿

七、地铁广告营销

随着中国城市规模的快速扩大，地铁网络得以迅速发展。地铁媒体在受众数量、受众质量以及媒体传播环境等衡量媒体价值的重要指标上得到有力提升，成为企业传达信息的有效媒介渠道。

1.地铁广告的特点

地铁广告的特点如下图所示。

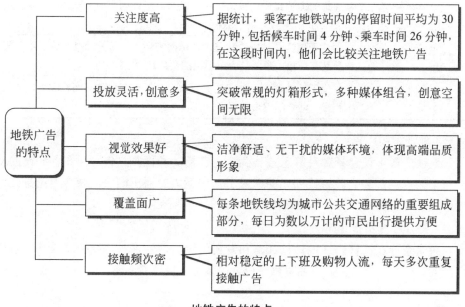

地铁广告的特点

2.地铁静态广告的发布位置

地铁静态广告的主要发布位置如下表所示。

地铁静态广告的主要发布位置

序号	发布位置	说　明
1	车厢内海报	在车厢内形成独特的广告环境，乘客在行程内全程接受广告信息
2	月台灯箱	位于地铁候车站台内，以高素质视觉效果展示信息，最适合发布新产品或树立品牌形象

序号	发布位置	说　明
3	通道海报	位于地铁站通道内，是乘客必经之路，与目标受众直接接触，最适合于产品短期促销
4	通道灯箱	位于地铁各站通道内，除具备海报优势外，其超薄的灯箱外形、高品位的媒体形象有助于提升品牌美誉度，有效提高过往乘客的消费欲望
5	通道灯箱长廊	分布在乘客最为集中的几条通道内，与目标顾客有长时间的交流机会，使乘客过目不忘
6	月台灯箱长廊	最具创意性的轰动型媒体，创造独家展示的强势氛围
7	扶梯侧墙海报	位于电梯侧墙，直接面对出入口上下楼梯的乘客，价格便宜，是理想的促销媒体，整条扶梯可以展示一系列产品，或者以一式多样的广告画面营造强烈的视觉效果
8	大型墙贴	位于地铁最精华的站点，展示面积巨大，适合知名品牌维护与提升品牌形象，是新品上市促销的最佳选择
9	特殊位	位于地铁站出入口或者售票点上方，位置独特，面积庞大，非常醒目，适合品牌形象展示

3.地铁视频广告

地铁广告不仅包括各种静态宣传画，也包括动态视频广告。现在，地铁的站台与车厢内全都装有收视终端，编织成了一个庞大的播出网络，乘客无论身处何处都可以轻易收视，拥有其他媒体无法比拟的广告平台。

4.签订广告发布合同

餐饮企业在选择合适的地铁线路和发布位置后，就需与地铁公司或其广告代理商签订广告发布合同。下面提供一份合同范本，供读者参考。

【实战范本】地铁广告发布合同 ▶▶▶ ------------------------------

甲方：_____　　　乙方：_____

地址：_____　　　地址：_____

法定代表：_____　法定代表：_____

联系人：_____　　联系人：_____

电话：_____　　　电话：_____

开户行：_____　　开户行：_____

账号：_____　　　账号：_____

一、媒体租用条款

序号	地点	媒体名称	媒体数量	发布时间	单价/元	合计/元
1						
2						

特别说明如下。

1.上述媒体只供发布内容所限画面，不得发布与之无关的画面。否则，甲方可以拒绝上画。

2.制作安装费为第一次画面的制作安装费，发布期内如乙方需更换画面，须另行支付制作安装费。

3.乙方须在上画前_____个工作日内将制作光盘提供给甲方。

登挂时间：_____。

付款时间：_____。

二、一般性条款

1.付款时间及方式

乙方应按下列期限及方式将合同款如期支付给甲方：_____

_____。

2.逾期付款

乙方逾期付款的，每逾期____日，应按逾期应付广告发布款的万分之五向甲方支付滞纳金。逾期付款超过____日的，甲方有权解除合同，并追究乙方的违约责任。

3.乙方应提供的证明文件

（1）营业执照及其生产、经营资格的证明文件。

（2）广告内容涉及商品质量认证、企业认证的，需出具相应的认证机构的证明文件。

（3）广告内容涉及他人的肖像权或者知识产权的，需出具有权使用、获准使用的证明文件。

（4）发布广告需经有关行政主管部门审查的，还应提供有关批准文件。

（5）确保广告内容真实性、合法性的其他证明文件。

4.广告画面的审批、制作、交付

（1）乙方应在广告发布前____日交付广告样稿给甲方审查。对其中不符合

《中华人民共和国广告法》及其他法律法规以及有损地铁广告发布的统一布局和美观的内容，甲方有权要求乙方修改。乙方修改后，甲方即送国家工商行政部门审批，并在获知审批结果之日起____日内通知乙方；乙方拒绝修改的，甲方有权拒绝发布。

（2）乙方需将制作画面的工作交由甲方的制作商进行，以保证画面质量、上画时间及地铁广告的整体布局，画面费用另行收取。

5.广告发布的确认

（1）甲方确保广告按合同约定（或双方商定）的日期发布，并于广告发布后____个工作日内将广告刊出通知书及广告发布照片送达合同所载乙方营业地址。如乙方收到上述文件____日内未就广告发布的内容、数量及效果等事宜向甲方提出书面异议，则视为乙方已确认甲方按合同约定履行广告发布的义务。

（2）广告发布开始后，乙方就广告发布的内容、数量及效果异常等事由向甲方提出异议的，应于异常事由出现之日起____个工作日内书面通知甲方，双方协商解决。如甲方在广告发布期内未收到乙方有关广告发布异议的书面通知，则视为乙方已确认甲方按合同约定全部完成了广告发布。

6.广告的维护、撤换

（1）甲方负责广告发布之后的日常清洁和维护工作。

（2）如乙方需取回广告发布期限届满或者发布期间内撤换的广告画面，应于广告画面撤换前____日通知甲方，并于画面撤换之日起____日内取回，逾期甲方不予保留。

（3）乙方如需在广告发布期内更换画面位置，按如下标准向甲方支付换画的人工费用：梯牌广告牌每张人民币_____元，站厅及通道小灯箱每张人民币_____元，站厅及通道大灯箱每张人民币_____元，站台大灯箱每张人民币_____元。

7.广告发布内容、位置、时间的变更

（1）乙方在广告发布期内拟变更广告内容的，应提前____日通知甲方，并同时提交新的广告样稿及相关证明文件。

（2）因地铁建设、维护、运营及地铁广告整体布局调整等特殊情况需变更乙方发布广告的位置的，甲方有权将广告移往其他同等价格的位置，并且以书面形式通知乙方；对于赠送位置，甲方有权根据实际情况变更。

（3）因地铁建设、维护、运营及地铁广告整体布局调整等特殊情况不能按合同约定时间发布广告的，不以甲方违约论处，甲方保证自恢复广告发布之日起顺延被延误的发布时间。

8.合同的解除

（1）广告发布合同尚未开始履行，一方当事人要求解除合同的，应于合同约定的广告发布日的____日前书面通知对方当事人，合同自通知到达对方当事人时解除。未提前____日书面通知的，合同不得解除。

（2）广告发布合同已经开始履行，一方当事人要求解除合同的，应书面通知对方当事人，经双方当事人协商达成一致意见，并形成书面确认文件合同方可解除。

9.广告发布位置

所有广告占有位置的确定均应以乙方与甲方订立的《广告发布合同》的规定为准。甲方将按照先到先得的原则进行媒体定位管理。

10.违约责任

若合同一方有逾期履行合同或者其他违反合同约定的行为，应按不低于合同标的总额____%的标准向另一方支付违约金，另一方有权要求违约方继续履行合同。

11.争议解决

本合同受中华人民共和国法律管辖并按照中华人民共和国法律解释，由本合同产生的或者与之相关的一切争议均应由甲方所在地管辖。

12.其他

本合同一式两份，甲乙双方各执一份，具同等法律效力。如有未尽事宜，双方可协商解决并订立补充条款。

八、电梯广告营销

1.电梯广告的特点

电梯广告是户外广告的一种类型，因其针对性强、费用低，所以非常适合餐饮产品的宣传推广。它是镶嵌在城市小区住宅楼、商务楼、商住楼等电梯内特制镜框里的印刷品广告载体。

电梯广告是一种富有创意的非传统媒介，能直接、有效地针对目标受众传达广告信息。据测算，凡居住或工作在高层住宅楼的用户，每人每天平均乘坐电梯五次，电梯广告至少有三次闯入他们的视线，这样的高接触频率使其具有更好的传播效果。

2.选择最合适的电梯

现代城市高楼林立，电梯楼也越来越多，在既有效又经济的前提下，从众多的楼房中选择出最有效的电梯作为推广场所也就显得尤为重要。

（1）选择的楼房应是入住率在80％以上的住宅楼或写字楼。

（2）根据当地电梯楼的数量、密度制订投放计划，一般情况下，应一次性覆盖2～3个区域、精选7～8部电梯实施投放。

（3）向该预选楼房电梯广告代理公司咨询广告投放的相关事宜。

（4）电梯广告因其针对性强，在操作时可考虑以美食外送服务为主。

九、路牌广告营销

1.路牌广告的定义

路牌广告是指在公路或交通要道两侧，利用喷绘或灯箱所发布的广告，它是户外广告的一种重要形式。

2.路牌广告的特点

路牌广告可以根据地区的特点选择合适的广告形式，可以对经常在附近活动的固定消费者进行反复宣传，使其印象深刻。

3.路牌广告的分类

路牌广告可分为平面广告和立体广告两大类。平面路牌广告包括招贴广告、海报、条幅等。立体广告则包括霓虹灯、广告柱及广告塔灯、灯箱广告等。

第五章
节假日的餐饮营销

引言

　　节假日的餐饮营销在全国各大餐厅和餐饮企业已普遍"开花"，如春节前后和圣诞节的社会活动。假日市场的形成和发展，给餐饮业带来勃勃商机，如何抓住机遇，扩大假日经营的内涵和外延，如何遵循假日市场规律，是广大餐饮经营者所研究的课题。

第一节　假日促销基本认知

一、假日促销价值

由于中国人的假日越来越多，使得促销活动的力度越来越大，加之外国的假日也融入了国人的日常生活中，比如情人节、母亲节、父亲节、圣诞节等，再加上妇女节、劳动节、中秋节、国庆节、春节等，甚至还有最新发展起来的"双11"节，可谓"节连不断"，利用这些特殊时机进行促销活动自然是花样满天飞。尤其是快速发展的餐饮企业更要抓住时机，不断发掘假日促销的价值。

二、假日促销作用

假日促销不论是中国的传统节日，还是从国外引进的一些节日，如情人节圣诞节等，无不显示出了假日消费效应。

因此，节假期间如何才能吸引消费者有限的注意力，做大做活节假日市场，已成为各大餐饮企业营销任务的重中之重。如果能够真正把握节假日消费市场的热点和需求变化趋势，做出符合目标市场的策划方案，必能获得可观的回报。

三、假日促销意义

假日促销与一般的促销意义不同，假日受传统文化的影响较大，所以更需注意假日的各种风俗、礼仪、习惯等民族特点。

假日促销是餐饮企业销售的重头戏，也是促销活动发挥的关键时刻，在一般性的促销任务上，着实需要对促销管理、促销执行、促销反馈等管理上有新的突破。

在餐饮企业推出的众多促销手段当中，要细心挑选，是为了营造气氛。跟踪与反馈假日促销的缘由与目标是假日促销的最初要点，也是促销的基本保证，有些餐饮企业促销是有目的的，有些为了促销而促销，可能只是一种附加的广告效果，甚至更差，或者起到反面的展示作用。因此，在假日促销的关口，理性促销与细心促销成为抓住客人的关键。

四、365天假日循环图

每年365天的假日是一样的，通过365天假日循环图，可以看到每个季节主要的假日，对一年的假日有初步的了解与印象。

餐饮企业可以制作一个年度节点营销活动方案，对全年营销予以把握控制。

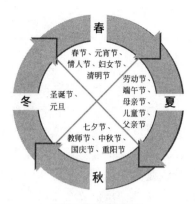

365天假日循环图

五、节假日营销的要点

1.快餐食品受欢迎

节日餐饮是以普通百姓为主体的市场，特点是人员多，流动量大。大多数消费者还是希望能够在价廉物美的餐厅用餐。便餐、小吃、排档、套餐、快餐、自助餐等形式是假日餐饮的主流，由于时间短、价位低，只要干净、卫生、味美、实惠、就会受到广大消费者认可。目前，越来越多的平民百姓已成为星级餐厅的常客，大众喜爱的方便餐饮也已经成为星级餐厅的主打品种。尽管假日餐饮也有高档消费者，但已不占主导地位，与成群结队的百姓人流相比。确实是很小的一部分。普通消费者的经济承受力决定了中低档方便食品经营自然是假日经济中的主导方向。

2.追求绿色餐饮成为时尚

20世纪80年代以前，精米白面、大鱼大肉是普通百姓节假日中梦寐以求的。但是随着经济发展，随着人们不断追求新颖别致的方式，假日餐饮活动已越来越多地增加了新内容，人们更呼唤着安全与健康的食品，一种新型的健康消费观在假日餐饮中应运而生。如今的假日消费者更注重和向往"营养、卫生、方便、实惠、健康"的食品。所以，餐厅、餐馆一定要根据人们新的饮食需求，开拓新的饮食空间。

3.未雨绸缪做好节前准备

根据节假日的风格特色，餐饮企业应尽量营造欢乐的节日气氛。从假日特点看，春节、劳动节、国庆节这三个长假也有不同特点。春节是传统的喜庆节日。劳动节、国庆节则是休闲假日，在经营时就要抓住这个特点。春节经营就要突出喜庆气氛，以抽奖、赠品等方式增加就餐的娱乐性劳动节、国庆节要突出休闲气氛，从菜品、宴席的调整创新以及着力推广饮食文化服务来增加休闲性，以此来吸引消费。

4.加强营销策划

根据节假日特点，借节日推广的营销手段也是行之有效的。节日期间，可开展特色营销，如推出传统名菜、名点；推出特色鲜明的创新菜点、宴席；推出一些名而不贵、特色突出的大众菜点，开发适应假日消费的套餐、便捷食品；推出具有本企业特色的婚庆、喜寿宴席等。另外，亲情营销、娱乐营销、文化营销也可在假日经营中发挥作用。北京华天饮食集团公司在春节期间，推出特色菜、创新菜和不同特色的家宴。特别是第四届"华天杯"创新大赛、北京首届清真大赛获奖的创新菜品被重点推介，像鸿宾楼的"全羊席"、砂锅居的"系列砂锅"、淮扬春的"三头宴"、曲园酒楼的"菊花宴"、华天小吃的"小吃宴"等都各具特色。

5.努力营造节日氛围

针对当前假日经营特征以及不断变化的餐饮市场，不同的企业会制定各自对策迎接假日经营高潮。每个企业都有自身的优势和特色。在节前策划中，企业都应根据自己的实际情况，充分发挥自身优势，只有制定和实施有特色的假日营销策略，才能在假日经营的激烈竞争中不断扩大市场份额。

餐饮企业应注重为顾客营造节日气氛，如中国的传统节日，张灯结彩，突出不同节日的风格特色。国外的节日，也要体现不同民族节日风格特点。"黄金周"应多从旅游者的角度考虑。总之，节假日应从店堂的陈设布置到服务员的迎宾祝福语、赠送节日礼品，再到为顾客提供多种便利服务，如旅游交通图、公交线路图、医药用品、针线刀剪等。同时设有公开监督电话。真正将顾客提升到"上帝"的位置。

六、节假日促销的关键点

节假日促销，需要把握的关键点，如下图所示。

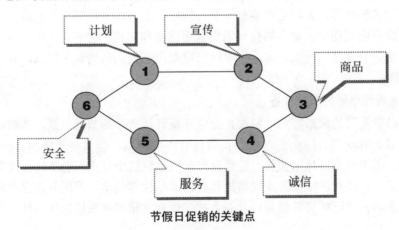

节假日促销的关键点

1.计划

制订完善的促销计划，做起事来才不会盲目。对于餐饮企业的管理者来说，一份科学合理的促销计划，不但能够很好地指导促销活动的顺利开展，而且还能收到良好的经济效益。

首先，促销可以树立形象，使店铺更好地参与市场竞争。通过大型促销活动和餐饮企业形象宣传达到提高餐饮企业的知名度，扩大餐饮企业在消费者心目中的影响，获得消费者对餐饮企业认同感的目的。

其次，刺激消费，增加销售额。通过采取一项或几项促销手段，推波助澜，以提高销售额。

2.宣传

宣传是促销工作的前奏，正所谓"兵马未动，粮草先行"。对于餐饮企业经营者来说，在促销活动开展之前，富有成效的宣传可以引起消费者的重视，可以刺激消费者参加促销活动的欲望，进而实现促销成功。

3.商品

餐饮企业在开展促销活动时，一定要科学谋划，统筹安排，选择合适的促销商品，否则，就会出现"出力不讨好"的事情。

4.诚信

诚信是实现促销活动成功的关键和保障。促销活动中，餐饮企业必须履行承诺，"说到做到，不放空炮"，承诺消费者的事情一定要给予兑现，不能"嘴上一套，做上一套"，否则，不仅会直接影响到促销活动的效果，重要的是会影响日后的经营和发展。良好的信誉是成功经营的金钥匙，失去了信誉，也就失去了生存的土壤。

在促销活动中坚守诚信，不能随心所欲，随意承诺。俗话说：一言九鼎、一诺千金；金口玉言、言而有信。要知道，欺人只能一时，而诚信才是长久之策。这个方面，餐饮企业经营者一定要好好把握。

5.服务

做好促销服务非常重要。促销期间，人员多，事情多，稍有不慎就可能在服务方面出现问题，进而造成客人流失，使得促销活动出现不良状况。因此，在促销活动中，餐饮企业经营者必须巧谋划、巧安排，既要保证促销活动的顺利开展，又要服务好客人，保证每一位参与促销活动的客人高兴而来、满意而归。

6.安全

促销活动期间的安全工作，是每一家餐饮企业都必须重视的，千万不能有丝毫马虎。

第二节　节假日促销要点与方案

一、春节促销

春节，也是中国百姓最舍得花钱的日子，如何开发春节市场显然大有文章可做。近几年，在这方面动了脑筋并获成功的事例屡见不鲜：年夜饭由家庭向餐厅的转移已成为各大城市一道独特的年关风景；各餐厅春节期间生意的火爆也勾勒出一幅全新的年节风俗画。市场营销贵在造势，春节的"势"，是一大势，值得商家精心安排、周密部署。如果商家面对节日火爆的消费场面，仍然与平日销售策略一样，导致货源估计不足，或因设施保养不当等原因，使顾客持币而归，那只能是后悔莫及。

迎春餐厅宣传单张

那么餐饮业又该如何抓住春节消费蕴含的商机呢？当然是首先做好市场调研，准确把握春节期间人们的消费变化趋势，进而制定出针对性较强的促销策略。从最近两年春节期间居民的消费新变化可以看出，春节消费有三大明显特征。

1.春节服务经营方式

餐饮业要把握好以下节日服务型经营方式。

（1）主妇型　即餐厅为市民家庭配送成套的年夜饭半成品或净菜，代替家庭主妇以往蒸包子、做肉丸、炒花生的"忙年"活动，餐厅只收取少量的加工费。

（2）包办型　即餐厅为市民预订到餐厅就餐的年夜饭或节日家宴。餐厅要本着勤俭节约、物美价廉、面向市民、为大众服务的原则，推出"敬老宴""爱心宴""关心宴""合家团圆"等众多菜谱，意在把工薪阶层拉向自己，以扩大目标市场。

（3）系列型　为适应现代人的消费需求，餐厅应推出面向家庭的除夕宴席快送、"出租厨师"等。

同时，餐饮业的经营者，还应在文化品味上做文章。要以饮食文化搭台，让劳碌了一年的人们吃个轻松，吃个愉快，吃个情趣。餐厅、茶馆可以在店内推出书画摄影展览、读书弹唱、名曲欣赏、民俗、杂技、魔术表演、名厨教授顾客"绝活菜"活动等，让顾客集食、饮、赏、览、听于一体，吃得潇洒，玩得开心，同时又得到精神享受。

2.春节营销活动的要点

（1）提前准备，营造气氛　餐厅应提前一个月将店内环境布置完毕，突出浓重的春节气氛。

某餐厅以干支梅为主题布满餐厅，设立老北京四合院典型的垂花门楼，还在墙上挂上巨型剪纸，在屋顶上吊宫灯、各种吉庆的挂件等。大年三十前十五天，拉开了春节活动的序幕，"欢迎回家"是序曲，民乐的演奏、典型的环境布置，使得春节还没到，气氛就已经很浓了。

前期预热实质性的活动是赠送优惠券。不管做什么样的促销活动，一定要给顾客实质性的利益，否则就没有吸引力，也就没有太大的拉动销售作用。一般情况下，餐饮企业的优惠券使用时间都只有一个月，如规定使用时间为正月初一到正月十五，每消费500元返50元。因为从初一到十五，商务宴请几乎没有，这样的返券就可以促进家庭消费。比如外地的经理在商务宴请时消费了2000元，春节期间他就可以把这200元的优惠券送给他在北京的客户或员工，让他们感受一下餐厅的特色，这会带动这些人以后来餐厅消费。

（2）高潮年夜饭　年夜饭意味着春节活动正式启动。餐厅应提前一个多月制定出的年夜饭菜单，让客人有选择的余地。对于餐厅来说，定满年夜饭是很轻而易举的，往往因为预订太多，又临时加桌，还有一些顾客订了外卖到家里摆年夜饭。

吃年夜饭，客人一般来得比较早，下午五六点钟，很多客人就落座了。当天，为营造热烈的气氛，餐厅可以做这样的安排。

① 安排领班、大厨都在门口迎宾，突出隆重的感觉。

② 大厅里播放喜庆民乐，都是喜洋洋、步步高等吉祥如意的音乐，让客人一进来就感受到其乐融融、家和万事兴的家庭气氛。当晚还可聘请艺人来表演民乐、评书、相声等传统节目。

③ 把原来格子桌布全部换为红桌布，红彤彤的一片。

④ 为了突出春节气氛，可根据地方特色安排一些菜，如某餐厅特地安排了盆菜（盆菜是广东菜，代表合家团圆）。

⑤ 对来就餐的儿童，可以送一些礼物。如某餐厅给男孩子送一个地主帽，给

女孩子送一个格格帽，小孩子很高兴。孩子们一高兴，家里就比较热闹了。有老人的也可以送一份礼物，如某餐厅给老人送一盒手擀的、包装精美的长寿面，象征着对老人新年的祝福，成本很低，但效果非常好。

（3）联动情人节　把情人节纳入春节营销策划中来，是餐厅活动的一个特点（大部分酒店都是把临近的节日连在一起做策划，这样更有连贯胜）。情人节恰好是在春节期间，与春节一起做，两个活动相互配合，效果更好。

情人节是"洋节"，在策划上要与春节不同，着重突出"洋味"。

某酒店设计了两个项目。

① 点特色招牌菜，有抽奖机会，最大的奖品是钻戒。特色招牌菜一定是餐厅的畅销菜之一，利润相对较高。为了降低成本，餐厅可以联合××钻石企业，让他们免费提供价值2万元的钻戒一枚，餐厅在店内为他们做免费宣传。

② 点情侣套餐，送一张贵宾卡。得到贵宾卡的顾客，在整个一年中，定婚宴时十桌送一桌。店外有绿地、露台等设施，里面还有舞台，如果能承接婚宴，不仅不需要任何投资，还将会产生一笔不小的利润。这样，利用情人节拉动了婚宴销售，为来年的销售做了铺垫。

活动期间，每桌都送玫瑰花，还安排以小提琴、钢琴为主的演出，营造出温馨浪漫的气氛。

（4）余音元宵节　春节到正月十五，就算是过完了，这时大部分顾客已经开始上班，商务宴请也渐渐开始了。餐厅也可以策划一下元宵节活动，一是把人气复苏一下；二是答谢新老顾客。

某餐厅在元宵节策划了"表表心意"的活动。所有元宵节就餐的顾客，都有机会抽奖，奖品是合作企业提供的价值4000多元的一款瑞士名表。同时，赠送所有顾客每人一碗元宵。

下面提供××酒店春节营销活动方案，仅供读者参考。

【实战范本】××酒店春节营销活动方案 ▶▶▶ ----------------------------

春节作为中国的传统节日，一向受到重感情的华夏民族子孙的重视。古往今来，每年除夕夜之时，年夜饭则成为人们表达情感的必要载体，而今年的春节日趋临近，一年一度的"春节营销大战"随之即将拉开帷幕。

初拟策划及布置方案如下。

一、总体目标

通过春节的策划活动，扩大酒店的知名度，加强与商务客户的感情联系，引导周边地区居民的餐饮消费，打消顾客对消费档次的各种顾虑，从而取得一定的经济效益和社会效益。凝聚酒店的销售合力，调动全员积极性，营造和谐发展和积极进取的工作氛围。

二、整体策划

1.目标定位

春节期间的散客、家人、亲朋好友、商务客人、企业团体。

2.活动主题

天马辞旧岁，金羊迎新春。

3.活动广告语

"暖暖除夕，有你真好"。

4.活动广告文案

一家三代围坐在春节餐桌旁，暖暖的亲情荡漾在每个人的心头，在一种温馨的家庭氛围下，每颗疲惫的心灵都找到了停泊的港湾，彼此眷恋地对望着，深情地发出内心最柔软的声音："暖暖除夕，有你真好"。

5.广告定位

（1）宣传广告

在《××晚报》《××报》上做一些宣传报道和广告。

悬挂宣传横幅，条幅。

媒体：《××晨报》《××新商报》《××日报》、××电视台、××电视台一、二套频道、××体育频道、××人民广播电台、××音乐之声。

宣传方式：活动介绍，节目花絮，新闻报道，会场图片。

宣传时间：20××年1月1～24日。

宣传频率：《××日报》公告三次，各项活动介绍三次。《××新商报》公告五次，现场图片刊登共五次。《××晨报》公告五次，节目花絮刊登五次。××电视台将"暖暖除夕，有你真好"的广告，每三天播放一次。××电视台以"天马辞旧岁，金羊迎新春"为主题，宣传××酒店春节活动，每天两次（分别定在19:00中央新闻前和20:00××新闻后各一次），每次限五分钟。××体育频道以"天马辞旧岁，金羊迎新春"为主题，宣传活动安排，穿插少量节目花絮，每天播放一次（定在体育新闻前），每次三分钟。××人民广播电台、××音乐之声以"天马辞旧岁，金羊迎新春"为主题，宣传××酒店春节活动，每天三次，每次限五分钟。××大酒店的网站全天不间断地滚动播出相关新闻和总体情况，并配合宣传图片和活动花絮（请注意网站背景一定要有过年的氛围）。在酒店外围拉横幅宣传，在大堂外用滚动大屏幕滚动播放活动时间和内容及电梯广告宣传。

（2）宣传册（宣传画册分为以下几本分册）

分册一：整体介绍××酒店的基本情况、内部设施、机构设置等，为客户提供酒店信息。

分册二：着重介绍酒店餐饮和住宿条件，并配以插图等，体现××酒店的豪华与舒适，阐释××酒店的文化信息。

分册三：集中、全面地展示"天马辞旧岁，金羊迎新春"20××年春节活动。介绍节目内容与安排，并给每张宣传画册编号，在活动中抽奖时用。并在小册子内注明票价、适用的范围、节目活动的种类、时间的安排以及抽奖的规定；中英文对照，精美印刷，由销售人员和各部门促销人员大力向外界派发。

（3）春节贺卡

贺卡具有收藏价值，并且自制的贺卡是酒店文化符号的重要表现形式，能渗透酒店对老客户的人文关怀和对新客户的热情期待。贺卡请于12月25日前印刷完毕，通过营销部门实施派发和邮寄工作。派发和邮寄的对象以在店消费的大户、常客为主，将酒店对他们节日的问候和祝福与酒店的节日促销活动内容结合在一起。

（4）印制宣传单

利用宣传单对活动进行宣传，其长处在于直观、快捷、受众广泛，对扩大知名度、引起关注有着举足轻重的作用。

（5）礼品制作

提前做好预算，确定所要订购的礼品种类、数量。由营销部货比三家后，将最后的选择和价位以书面的形式递交给财务部，由财务部协商后呈领导审批，审批通过，方可由营销部继续实施。

（6）内部宣传

由人事部将酒店节日宣传策划活动以店报的形式向各部门领导进行汇报，再由各部门领导开会以口头形式向本部门下属员工进行传达（1月5日前完成）。

各部门下属员工进行节日期间的语言规范、礼仪礼貌方面的培训（1月10日前完成）。

由人事部挑选一对服务员扮演小金羊，并进行适当的培训（1月15日前完成）。

总机负责在春节期间播放背景音乐，以烘托整个酒店的节日气氛。

三、春节酒店的布置及装饰

1.酒店外围

（1）在正门口立放"金童玉女"一对，沿用至元宵节，酒店提供照相留影服务（客人冲洗相片费用自理）。

（2）在酒店外围植物上绕挂满天星，在酒店正门两侧分别立一大盆金橘，顶棚挂大红灯笼。外围草坪上斜拉彩旗。

（3）大门口悬挂"××酒店恭祝全市人民新春快乐"横幅。

（4）大门口两侧玄武岩贴对联"金羊奔盛世""紫燕舞新春"，横批为"恭贺新禧"。

（5）酒店大堂两侧玻璃门贴羊年生肖剪纸图案。

（6）酒店正门口安排两位工作人员（人事部选好的那对员工），穿小羊服装，戴小羊头套，负责为前来酒店用餐、年纪大约在10岁以下的孩子发放气球（1个）和水果糖（2粒）。

（7）三楼、四楼阳台栏杆插彩旗。

2.酒店大堂

（1）大堂顶棚每两角为一组拉上细铁丝，在细铁丝上缠绕拉花（注意尽量让铁丝被拉花覆盖，不要露出铁丝），并在每组绕有拉花的铁丝上挂上官灯和中国结（注意穿插要有顺，数量要得当，间隙要匀称）。

（2）在总台收银的接待桌上用红灯笼架一个坐立的拱门，拱门两边分别安放在接待桌的左右角接近尽头处。

（3）总台两边立两棵大金橘盆栽，上面绕满天星，挂红包袋作装饰，总台两边大柱子上各挂一个大号中国结。

（4）总台接待桌上摆放元宝塔，其他植物均绕上满天星、拉花装饰。

（5）大堂吧在原有的绿植上缠绕上丝带，墙上贴一两幅抽象的生肖剪纸图案。

（6）后院通道门玻璃贴类似大门装饰图案。

（7）循环播放春节背景音乐，从大年二十八开始。

3.酒店餐厅

（1）包厢通道吊顶筒灯与筒灯之间用红、黄两色装饰带做弧形波浪，两个弧形间挂一中国结或官灯（注意穿插要有顺，数量要得当，间隙要匀称）。

（2）宴会台背景墙装饰春节图案。

（3）餐厅收银台上方吊顶挂小灯笼装饰，所有植物均暂时改成金橘盆栽。

（4）中餐厅背景按婚宴设计（底铺绒布，顶和旁边用窗帘装饰），中间挂一个春节装饰图案。顶棚用红、黄两色彩带做弧形波浪装饰，中间挂一个塑料官灯，所有大株植物上都挂红包袋、洒彩花和小元宝。

（5）迎宾处通道门贴财神图案。

（6）播放春节背景音乐，大年二十八开始播放。

4.酒店夜总会

（略）

5.酒店楼层

（略）

四、春节优惠活动

1.春节套票

实惠多多，惊喜多多，春节推出"吉祥如意"套票。

（1）餐饮：666元/桌（含服务费，仅限三楼餐厅）。

（2）客房：288元/（间·天）（含双早）。

（3）娱乐：12:30～16:30赠送包房3小时；16:30～2:00赠送包房2小时。

2.餐饮

（1）大年三十（18:00～21:00）推出"吉祥"年夜饭：588元/桌、688元/桌、888元/桌。大年三十（21:00～12:30）推出"富贵"年夜饭：888元/桌、1080元/桌、1288元/桌（0:00赠送吉祥如意饺子一份）。

提前预订年夜饭，有小礼品赠送。预定专线：×××××××。

定餐满1000元，赠送大抱枕一个（抱枕价值20～30元左右，抱枕是办公室一族和居家生活必不可少的用品之一，消费赠送抱枕，对顾客来说比较实在）。将不同生肖吉祥物藏在抱枕里，客人可凭此吉祥物到总台换取相应的奖品。生肖为羊的吉祥物对应奖品为时尚台历一个，其他生肖吉祥物均为小中国结一个。

（2）春节期间宴会厅推出春节套餐。

金玉满堂宴：688元/桌。

富贵吉祥宴：788元/桌。

五福临门宴：888元/桌。

五、春节活动安排

1.除夕激情

时间：除夕20:00～22:30。

地点：××府。

票价：成人388元/张，儿童188元/张。

特邀嘉宾：著名相声演员及歌手。

活动内容：略。

2."你的折扣你作主"大型抽奖活动

时间：除夕21:00～22:00（两个整点时刻，每次抽取四个奖项）。

地点：中餐厅。

活动内容：凡在酒店消费满1200元的客人均可将消费卡片投入展台上的灯笼内，由现场客人中产生的幸运福星来抽取。一等奖一个，二等奖两个，三等奖五个。

活动奖品：一等奖为双人标准间一天，二等奖为西餐厅100元抵值券一张，三等奖为KTV欢唱券一张，幸运福星奖品为桑拿套票一张。奖品在下次消费时方可使用（奖品以酒店的客房、餐券为主，为的是形成一种可持续发展的节庆活动）。

3.温馨家庭大比拼

时间：正月初一20:00～22:00。

地点：中餐厅。

活动内容：每个家庭准备两个或两个以上不同风格的节目，进行家庭才艺展示与比拼。内容可以是歌舞、书画、小品等不限，要求家庭的大部分成员都要参与，且两个节目的形式不能相同。由专业人士作为评委，并综合民主评议，评出"欢乐家庭"优胜组一名。

活动奖品：本酒店的餐饮券、KTV欢唱券等消费券，下次消费时方可使用。

二、妇女节促销

妇女节是全世界妇女共欢乐的日子，随着世界的不断发展与进步，女性地位越来越高，经常出差的女性工作者也很多，女性消费也在逐年增加，在妇女节这个特殊的节日，餐饮企业更应该为住店女性送上一份礼物。

下面提供一份××酒楼妇女节促销方案，仅供读者参考。

 【实战范本】××酒楼妇女节促销活动方案 ▶▶▶

一、活动背景

因为女性朋友多爱美，倡导绿色健康消费，所以××酒楼以美容菜品的推出为切入点展开促销活动。

二、活动时间

××××年3月8～12日。

三、活动内容

（1）3月8日，当天在××酒楼消费的女性顾客每桌均可免费赠送一壶美容养颜饮料（核桃花生汁、玉米汁）。

（2）3月8日，当天生日的女性顾客，凭有效身份证，在××酒楼消费均可获得酒店为她准备的生日礼物（精美小礼品）。

（3）3月8日，当天在××酒楼消费的女士团体，消费满500元以上，可享受8折优惠。

（4）3月8日，当天在××酒楼消费满1000元以上的顾客，可吃多少送多少！

（5）凡当日消费的女性客户可享受抽奖活动一次，中奖率100%（小礼品类）。

（6）凡当日消费的女性客人可在餐厅享受9折优惠，并免费赠送精品水果盘一份。

（7）3月8日出生的女性，可凭证件享受全单8折的惊爆特价。××酒楼为庆祝"国际妇女节"的到来，为女性消费者推出特大惊喜——自3月3日起至3月8日，凡来××酒楼消费的女性顾客，皆赠送特制——××××一份（"木瓜汤""芦荟养颜粥"等养颜方面的菜肴）。注：每桌客人内只要有女性即可参加此活动，所赠送的××××是以每桌为单位，而非以人数为单位赠送。

三、劳动节促销

劳动节是世界上80多个国家的全国性节日，定在每年的五月一日，它是全世界劳动人民共同拥有的节日。为抓住这个难得的机遇提升销售、树立良好的餐饮企业形象、增强餐饮企业与消费者之间的亲和力、稳定客人群，各餐饮企业特纷纷推出本期促销活动。

1.做好具体的市场环境分析

劳动节的餐饮节日商机是很明显的，有很多的婚宴、寿宴、家庭宴请等都会选择在这个时间段举办：一是处在"小长假"期间，亲朋好友难得聚会；二是正处于春暖花开时节，踏春、旅游需求旺盛，旅游的流动消费也会给餐饮市场带来不小的空间！而做好具体的市场环境分析也是极为重要的。

（1）自我分析　自我分析就是对本身出品部门的状况做出客观的评估。每个餐饮营销者都可以想出很多富有创一流的促销主意，但是谁也不能忽视：在特定的经营时期内，在特定的烹调水平上，在特定的餐厅环境中，在有限的资源利用上，管理者能够做什么？这就需要经营者想一想以下问题。

① 促销的目的是什么？

② 你的烹调水平能够做什么？

③ 你的餐厅环境可以做什么？

④ 你有多少钱可以用？

（2）客源分析　劳动节餐饮促销的客源是谁这很重要，因此管理者要彻底分析客源市场状况，才能进行有效的。分析客源要考虑如下问题。

① 谁是顾客？

② 顾客需要满足的是什么？

③ 顾客尚未满足的是什么？

2.劳动节餐厅做促销活动的方式

劳动节餐厅做促销活动一般可以采用以下方式。

（1）假日客户生日关怀短信：利用节假日或老客户生日提供价格优惠，吸引客人。

（2）短信打折券、现场短信交友。

（3）客户服务：订餐、订房后的确认短信，来店前短信提醒或地址信息。

（4）广告宣传：利用广告群发手段进行广告宣传，发布特价信息，提高人气。

（5）服务相关小知识短信介绍，例如餐馆可进行新菜式、特色菜、时令菜介绍以满足广大食客的尝鲜心态，避免客户流失。

（6）现场抽奖：客人发送短信有机会获得价格优惠，或者赠送特色菜。既提高客人兴致，也可借此获得大量客户手机号，成为未来宣传服务的目标。

将周年庆和劳动节结合起来促销

以下提供××酒楼劳动节促销活动方案，供读者参考。

【实战范本】××酒楼劳动节促销活动方案 ▶▶▶

一、活动目的

（1）提高××酒楼知名度，扩大××酒楼在××市的市场占有率。

（2）提升××酒楼产品形象，让消费者真正意识到"××酒楼的炸鸡是中国人自己的炸鸡"。

（3）确保年销售额比上一年增长10%，销售净利润比上一年增长5%。

二、活动主题

快乐五一，活动多多！

三、活动时间

××××年5月1～3日。

四、活动对象

（1）小朋友。餐厅内设立了游乐园，并提供儿童套餐，小朋友在用餐时能更感亲切。

（2）上班族。外出就餐已成为上班族的生活习惯，××酒楼快速而美味的食品正成为附近上班族的午餐首选。

（3）商务人士。繁忙商务活动之余，商务人士可在××酒楼优雅舒适的环境及亲切的服务中享用美味可口的西式快餐。

五、活动内容

（1）活动期间，来本酒楼消费的小朋友（12岁以下）可获赠一个精美小熊玩具。

（2）情侣来本酒楼消费满＿＿＿元送一朵玫瑰花。

（3）活动期间，一次性消费满＿＿＿元者均可获赠"消费卡"一张，持该卡消费，均可享受8.8折优惠。

（4）活动期间，消费满＿＿＿元均可获赠礼券一张，礼券每张抵＿＿＿＿元人民币。

（5）活动期间举行抽奖活动，来本酒楼消费就有抽奖机会。

六、活动宣传

1.宣传单

发单人员在××广场、××路等区域不定期发传单，并派有一名发单人员在餐厅前街道处进行宣传，吸引客人到××酒楼消费。

2.POP广告

在门店电子广告牌上以滚动形式宣传优惠活动。

3.网站广告

××酒楼可以与广大网站开展互动合作，如人人网、拉手网、各高校论坛等。

4.报刊广告

在××日报刊登广告。

七、时间安排表

劳动节促销活动的时间安排如下表所示。

劳动节促销活动的时间安排

时　　间	促销活动
4月24日	与合作商洽谈
4月25日	活动文案设计和定稿
4月26日	制作宣传单、视觉形象广告
4月27日	设计宣传单版面并完成印刷
4月28日	派发传单，播放电子广告牌
4月29日	派发传单，播放电子广告牌，做好人员准备和物料准备（赠品、特价卖品、道具）
4月30日	更新收银台信息系统，确保防火门、安全门、消火栓、消防器材等设备到位，在餐厅内外布置POP、海报、挂旗、气球等，做好产品、赠品、特价品的陈列等
5月1日	活动开始

四、端午节促销

端午节为每年农历五月初五，又称端阳节，是中国国家法定节假日之一。

端午节起源于中国，最初是中国人民祛病防疫的节日，吴越之地春秋之前有在农历五月初五以龙舟竞渡形式举行部落图腾祭祀的习俗；后因诗人屈原在这一天去世，便成了中国汉族人民纪念屈原的传统节日。

端午节定为法定节假日，同时也给了餐饮企业一个好的促销机会。餐饮企业可以在端午节期间做促销，让人们在短暂的假期内安静享受。

端午节餐厅的促销单张

餐厅的端午节营销，也要遵循节日营销的原则。

（1）要捕捉人们的节日消费心理，寓动于乐，寓乐于销，制造热点，最终实现节日营销。

（2）方案的主题必须成为人们口口相传的话题，具备口碑效应。

（3）要充分嫁接节日文化氛围，开展针对性的文化营销。

端午节营销不仅仅是一次营销，更是一次文化之旅。要充分挖掘端午节的文化价值，而不单纯挖掘其假日价值。不能将端午节当作一种简单的延续和继承，而是要通过各种与节日相关的、让顾客朋友积极参与的活动，与消费者之间形成互动，这才是餐厅营销的目的。

以下提供两个餐饮企业端午节促销活动方案，供读者参考。

【实战范本】××酒楼端午节促销活动方案 ▶▶▶ ------------------------

一、活动背景

（略）

二、活动时间

××月××日～××月××日。

三、目的及活动宗旨

（1）让客人了解酒楼，打消客人对消费档次的各种顾虑。

（2）丰富传统节日的庆祝氛围，刺激亲情消费。

（3）开发现有场地资源，提升清淡时段的营业潜力。

（4）凝聚销售合力，调动全员积极性，实现捆绑式营业。

四、活动对象

端午节期间的散客、家庭、亲朋好友。

五、活动定位

首先在广告攻势上独树一帜，活动标新立异，令人耳目一新，营造热烈温馨的节日气氛。

六、促销活动

以"融融端午情，团圆家万兴"的名义开展如下促销活动。

（1）啤酒买一送一。

（2）贵宾厅菜品八折。消费×××元以上送消费卷××元。

（3）以端午节文化为内容推出多款适合家庭聚会的、精美实惠的端午团圆宴，并推出几款特价端午菜品。

（4）把握"地道""原汁原味"的原则。家庭用餐、亲朋好友聚会是这一阶段的主要客源构成。酒楼产品就应以满足这类客人的需求为主，菜品方面要求口味清淡、老少皆宜、菜量偏多、价格适中，并适时地推出各档次宴会用餐，其中穿插特色菜、招牌菜、新派菜等，促进酒楼形象品牌的树立和推广。

【实战范本】××餐厅端午节促销活动方案 ▶▶▶

一、活动背景

（略）

二、活动主题

良粽盈香，醉端午！

三、活动时间

××月××日～××月××日。

四、活动实施

1.场地

（1）在门口或餐厅内醒目处放圆桌一张，摆上电饭煲，旁边放置活动促销展架。

（2）将粽子堆满在电饭煲的蒸格上保温。

（3）每日12:00摆出电饭煲，23:00收回电饭煲。若在此时间段之外客人有需求，直接从厨房出货。

（4）将特制打包纸袋放在桌子上，保持摆放美观。

2.宣传品

（1）将活动宣传小卡片放置在餐厅内各台桌上，每桌放置2～3张。

（2）宣传品半压在纸巾碟下，任由客人取看。

（3）服务员在引领客人入座后，应主动向客人介绍促销活动，并取出小卡片给客人观看。

（4）若有客人取走桌上小卡片，服务员应该及时补充。

3.粽子

（1）粽子主要是对外零售，尽量请客人购买带走。所有粽子都是真空包装，当为客人打包时，放置一张宣传小卡片在袋内。

（2）客人在本餐厅内即时食用时，粽子必须热透。

五、宣传介绍

（1）宣传展架放置于门口。

（2）电饭煲外部写明"促销"字样。

（3）活动宣传小卡片用于发给到本餐厅的客人、放置于粽子专用打包袋中。

（4）群发短信通知，短信内容如下。

"亲爱的朋友，时值端午，××餐厅特别为您奉上独具风味的精制良粽，优惠多多，伴您享受传统文化的时尚演绎！"

"××餐厅邀您端午品香，让独具风味的香粽伴您品享假日的悠然！"

"五月初五挂菖蒲，沐兰时节龙舟出。粽叶缠就香黍角，邀君共品端午故。××餐厅端午品香、真情回馈，为您奉上端午佳节的问候！"

五、母亲节促销

古代的母亲节起源于希腊，现代意义上的母亲节起源于美国，由安娜·贾维斯发起，她终身未婚，膝下无儿无女。1906年5月9日，安娜·贾维斯的母亲不幸去世，她悲痛万分。在次年母亲逝世的周年忌日，贾维斯组织了追思母亲的活动，并鼓励他人也以类似方式来表达对各自慈母的感激之情。

贾维斯写信给西弗吉尼亚州格拉夫顿的安德鲁斯循道圣公会教堂，请求为她的母亲做特别追思礼拜。她母亲生前为这一教堂的星期日学校服务了20多年。1908年，教堂宣布贾维斯母亲忌日——5月的第二个星期日为母亲节。

贾维斯还组织了一个母亲节委员会，开始大规模宣传，呼吁将母亲节定为法定节日。她的呼吁获得热烈响应。1913年5月10日，美国参众两院通过决议案，由威尔逊总统签署公告，决定每年5月的第二个星期日为母亲节。这一举措引起世界各国纷纷仿效，至1948年贾维斯谢世时，已有43个国家设立了母亲节。

母亲节促销单张

近年来，母亲节越来越受到世界各地人们的重视，届时，母亲节也成为各大商家借风使力的一个促销商机，餐饮企业也不例外，借着母亲节来临之际，纷纷大搞促销活动。以下提供××酒楼母亲节促销活动方案，供读者参考。

【实战范本】××酒楼母亲节促销活动方案 ▶▶▶

母亲节对于人们来说，更像是对于母亲的感恩节，在这一天，大家都会去完成一个任务，感恩母亲，而商家的一系列促销活动，更是将这种热情推向高潮，精明的商家们对消费者准备了一系列的母亲节感恩套餐，为消费者策划着母亲节的感恩行动，而成功的商家也获得了消费者的慷慨回报。而在这样的一次感恩大行动中，餐厅及酒店是大部分消费者的选择，为了能在这次促销大行动中脱颖而出，餐厅及酒店的商家们可谓是殚精竭虑。

一、母亲节活动背景

为了能在短期内尽快提高知名度，增进消费者对"××酒楼"的印象和记忆，以品牌带动销售，现制定本活动方案。主要是借助母亲节这一事件，以"××酒楼"名义传播母亲节概念，提醒目标消费者对母亲节的关注，引发其对母亲节的庆祝活动，使"××酒楼"深入目标消费者情感深处。

二、母亲节活动目标

1.母亲节促销活动方案提高品牌知名度。

2.提高目标消费者当中的指名购买率。

三、母亲节促销活动方案

1.争取首位效应，制造社会热门话题。

在大中城市庆祝母亲节已经普及，但在××地区了解这个节日的人还不多。"××酒楼"通过开展有关母亲节的活动，可以造成一定的轰动效应，使活动成为公众焦点话题。并且在首次了解母亲节的消费者心目中，可以留下"××酒楼让我知道母亲节"的印象和记忆，产生良好的社会效应和品牌传播价值。

2.迎合目标消费群心理，满足情感需求。

"××酒楼"目标人群是年龄在25～45岁之间，在政府机关、企业担任中高层职务的成功人士。由于公务繁忙，与家人在一起的时间一般较少，特别是与父母亲在一起的时间更少，所以一般都存在"回报养育之恩"的心结，可以引发其潜在情感需求。

3.选择媒体空白时区，制造最大传播效果。

本次活动避开了劳动节前的营销高峰期，当其他品牌媒体投放、促销活动都暂时疲软期间，在5月8日当天形成高潮，活动效果倍增。母亲节活动包含的情感因素，以及××地区消费者当中的新鲜感觉，完全可以抵消消费者劳动节期间积累的信息接收疲劳，达到最佳的传播效应。

四、母亲节活动流程内容

（一）活动预热期

大多数人没有过母亲节的习惯，"××酒楼"本身知名度也不高，直接对整体活动"冷启动"就存在风险。为了保证活动产生更大的效果，必须进行相关的预热引导活动，为母亲节活动的正式展开做好铺垫工作。告知公众"今年几月几日是母亲节"，以及"××酒楼"在母亲节当天要做的活动内容和承诺，引起消费者参与活动的欲望。

时间：____年____月____日

活动内容如下。

1. 特约500名品质监督员

为了精确锁定目标消费者，提高本次活动实效性，特选择500名政企中高层管理人员，在××××年5月1日邮寄贺卡、母亲节宣传折页，告知他们母亲节活动内容，邀请他们5月8日到各活动酒店参加母亲节庆祝活动。通过聘请他们作为品质监督员进行关系营销，促进他们的主观能动性，扩大"××酒楼"在中高端消费者中的口碑效应。

2. 有线电视台卫视台插转广告

有线电视台投放广告，告知消费者"××酒楼"举行的活动内容，以及开展活动的主要地点。广告片时间30秒，播出形式为各卫视台插转广告。

3. 50家酒店免费品酒活动

5月1～8日，选择××市区50家中高档酒店，在酒店大厅内设置"××酒楼"展台，摆设小瓶装的"××酒楼"酒，邀请来酒店内消费的目标消费者免费品尝。展台周围放置易拉宝，介绍5月8日母亲节当天，在该酒店内举行的活动内容，并向消费者派发宣传母亲节活动的宣传单页。

4. ××主要街道悬挂有关母亲节内容的条幅

5月5～8日，在××市人流量大的街道高密度悬挂条幅，以"××酒楼"的名义，采用富有煽情色彩的语言提醒大家关注母亲节，形成浓厚的节日气氛。

5. 发送母亲节亲情短信；短信发送活动内容。

5月5～8日，以"××酒楼"名义，向"××酒楼"会员的目标消费者发送母亲节精彩短信，提醒消费者5月8日是母亲节，以情感交流打动消费者。5月7日、8日，通过短信发送活动内容，告知目标消费者5月8日"××酒楼"的活动内容，以及开展活动的主要地点。

6.在××高档消费场所派发宣传单页。

5月6～8日，除开展免费品酒的50家酒店之外，选择其他高档商场、娱乐城等场所，派发精美宣传单页，告知5月8日母亲节当天，"××酒楼"开展的活动，以及开展活动的酒店名称。

（二）母亲节促销活动方案活动执行期

经过前期的启动工作，活动进入最终执行阶段，5月8日这一天在50家酒店内同时展开，需要配备大量人员，事先必须做好培训，保证工作执行的细节。

时间：5月8日。

活动内容如下。

1.《××报》派送母亲节精美夹页

在××市区的《××报》中夹送"××酒楼"DM单页，提醒目标消费者采取庆祝母亲节的行动，告知"××酒楼"当日的活动内容，以及提供的礼品承诺，促成其行动。

2.发布《××××报》广告

在《××××报》发布半版广告，以问候、致贺的方式向××市所有母亲表示慰问，传递"××酒楼"当天针对母亲节举办的活动内容，邀请目标消费者前来指定酒店内参加活动。同期，"××酒楼杯"《母亲与成长》专栏刊登征文一篇。

3.50家酒店开展"送檀木梳、康乃馨给母亲"

在"××酒楼"指定的50家酒店内开展送礼活动：凡是在当日晚18:00～20:30，和母亲一起来酒店消费的顾客，或者带着妻子和小孩的顾客，均可获得"××酒楼"赠送的"檀木匠"高档木梳一把、康乃馨鲜花一朵。另外还可根据顾客要求赠送小瓶装"××酒楼"酒。

4.母亲过生日，额外送大礼

在"××酒楼"指定的50家酒店内为母亲过生日，除檀木梳、康乃馨以外，额外送出精美礼品一份。

五、活动评估

1.统计电视媒体发布日收视率，根据播放次数估算到达人次。

2.统计报纸媒体发行量，根据发布次数、传阅人数估算到达人次。

3.估算过街条幅悬挂街道日人流量，统计到达人次。

4.估算酒店内日人流量，与活动未开始前客流量进行比较，统计到达人次。

5.统计5月1～7日，在各酒店内参与品酒顾客人数，送出宣传页数量。

6.统计母亲节当天，在各酒店内接待顾客人数、送出礼品数量。

7.统计4月21日～5月8日销售量曲线图，评估销售效果。

综合以上内容，根据媒体到达数据和销售数据统计，撰写活动效果评估报告。

六、礼品应用

檀木梳。

康乃馨。

生日礼物（待定）。

七、媒体应用

1. 报纸媒体。

5月8日：《××××报》1/4版，1次（××酒楼母亲节活动隆重推出）。

2. 电视媒体。

5月1～7日：××有线电视台卫视插转30秒（母亲节活动内容宣传）。

3. 短信媒体

5月6～8日：通过移动短信平台进行情感沟通，30000条/天，内容为母亲节问候短信。

4. 户外媒体。

5. 酒店外条幅：50条。

6. 酒店易拉宝：100个。

7. 酒店橱窗海报：500张。

8. 平面媒体。

9. 宣传折页：10000份，正度16开，200克，双面彩印。

10. 《××报》DM单页：13500份，正度16开，157克，双面彩印。

八、媒体表现

平面媒体内容以及表现方式见附页设计稿，此处略。

报纸稿：（略）

DM单页内容：（略）

宣传页内容：（略）

易拉宝内容：（略）

酒店条幅内容：娘，谢谢您的养育之恩！

电视稿：30秒。

画面一：一个婴儿抱着妈妈的脖子，发出第一个词语——妈妈（背景音乐：《世上只有妈妈好》）。

画面二：一个两三岁的儿童跌倒，趴在地上哭着喊——妈妈。

画面三：一个五六岁的儿童走向幼儿园，挥手告别说——妈妈。

画面四：一个八九岁的少年放学走出学校，跑过来说——妈妈。

画面五：一个十八九岁的青年在火车上挥手告别，喊道——妈妈。

画面六：一个二十多岁的大学生身穿学士服，与妈妈相拥说道——妈妈。

画面七：一个三十岁的男人身穿礼服，和穿婚纱的妻子一起说道——妈妈。

画面八：一个四十多岁的男人坐在老板桌前，对着电话说道——妈妈。

画面九：一张张母亲照片快速掠过，怀胎十月、深情哺育、公园玩耍、雨中打伞等（旁白：妈妈，我们学会的第一个音节——妈妈，伴随我们成长每一步）。

画面十："5月8日"日历特写，突出页面上"母亲节"三字。叠印大字幕：感恩母亲，母爱永恒（旁白：感恩母亲，母爱永恒）。

画面十一："××酒楼"主画面标版，叠印字幕：××酒楼与您共度母亲节。

画面十二：动画字幕——敬请关注5月8日活动，详情见5月8日《××××报》（旁白：敬请关注5月8日活动，详情见5月8日《××××报》）。

根据资料片的情况在"画面一"至"画面九"之间进行调整。

短信内容如下。

（1）襁褓中你哭她笑，蹒跚中你跌倒她尖叫；病痛中你呻吟她哭泣，人生路上你成功她骄傲。

（2）宁可不长大，如果茁壮是以母亲的蹒跚为代价；宁可不长大，如果风华换来的是母亲的白发；宁可不长大，如果漂泊留给母亲无限的牵挂；宁可不长大，如果"上帝"能再还我们一个年轻的妈妈。

（3）感恩母亲，母爱永恒。5月8日，"××酒楼"三重礼品敬献天下慈母。孝心礼：高档木梳。青春礼：鲜艳康乃馨。长寿礼：精美生日礼品。详情请注意5月8日《××××报》，或拨打咨询热线：_____。

九、费用预算

1.报纸媒体：《××××报》，彩色1/4版，7000元/次，发布1次7000元，合计：7000元。

2.电视媒体：30秒广告片。30秒广告片制作费：3000元。

有线电视台：多频道插播广告，1300元/天，播出7天，总计9100元。合计：12100元

3.户外媒体：酒店外条幅100条，酒店易拉宝100个，酒店橱窗海报500张，合计：_____。

4.平面媒体宣传单页10000份；《××报》DM单页13500份；酒店橱窗海报500份；贺卡500份；合计：_____。

5.短信媒体。

移动短信平台_____合计：_____。

6.礼品费用。

檀木梳_____，康乃馨_____，生日礼物（待定）_____，合计：_____。

费用总计：_____。

十、活动执行细则

（一）活动预热期：4月21～30日

4月21日：开始招聘酒店临时促销员。

开始制作平面印刷品。

开始制作易拉宝。

开始制作各类条幅。

开始制作电视广告片。

4月27日：刊发《××××报》有奖征文专栏文章。

验收平面印刷品。

验收易拉宝。

验收条幅。

4月28日：验收电视广告片。

组织各酒店促销员进行培训。

4月30日：向各家酒店分发易拉宝、宣传单，布置展台。

落实《××报》夹送DM单页事宜。

准备发布电视广告片。

（二）活动启动期：5月1～7日

5月1日：各酒店品酒活动展开。

监测当日电视广告片的播放效果。

5月1日：开始落实宣传单页派送人员。

5月5日：将短信内容交付短信发送公司。

组织宣传单页派送人员培训，分发宣传单。

5月6日：监测当日短信发布效果，进行调控。

落实《××××报》5月8日广告发布事宜。

开始在各大商场派送宣传单页。

5月7日：发送礼品给各家酒店。

把在《××报》中夹送的DM单页交付投放单位。

各酒店悬挂条幅，布置展台。

（三）活动高潮期：5月8日

各酒店促销员到位，接待陪母亲来消费的顾客，开展送礼活动。

十一、培训内容

（一）活动内容培训

结合活动整体方案内容进行培训，让所有酒店促销人员了解母亲节送礼活动有关内容，包括时间安排、礼品设置、目标消费者选择。

（二）母亲节知识培训

结合宣传折页、DM单页等进行培训，让所有酒店促销人员了解母亲节的来历。

（三）送礼活动标准说辞

当母亲节活动目标消费者到达活动酒店后，促销人员按照以下内容对消费者表达节日祝福，介绍活动内容，送出礼品。

各位先生、女士：你们好！

今天是母亲节，"××餐厅"为了表达对母亲们的感激和关爱，特地准备了鲜花和礼品并送上节日祝福，现在有请在座的母亲接受我们的祝福！（母亲起立，送上康乃馨）

您好！这是母亲花康乃馨，祝您青春常驻，永葆美丽！（送上木梳）

这是"谭木匠"木梳，祝您平安顺利，家庭美满！另外，对今天过生日的母亲，出示您的身份证确认后，我们还将送上生日礼物，请问您是吗？

（1）（回答不是）那我就不打扰各位用餐了，祝你们共度一个温馨快乐的母亲节！

（2）（回答是并出示身份证确认，送上生日礼物）祝您生日快乐，万事如意！

现在我就不打扰各位用餐了，祝你们共度一个温馨快乐的母亲节！

（3）（回答是，但没带身份证）我们的活动截至今晚八点半结束，在此之前您可以随时凭身份证和餐厅消费的小票到"××餐厅"展台处领取生日礼物，我们欢迎您的到来。现在我就不打扰各位用餐了，祝你们共度一个温馨快乐的"母亲节"！

六、七夕节促销

七夕节，又名七姐诞，来自于牛郎与织女的凄美传说，被浪漫之人称作中国人的情人节，借助这个浪漫的节日，各界商家纷纷推出了促销活动，餐饮企业也不例外。

七夕来临之际，餐饮企业不仅推出了浪漫情侣套餐，有的还专门制作了名为"相约开元 浪漫七夕"的爱心许愿墙。爱心许愿墙以一颗粗壮的大树为背景，客人们在七夕当天填写精致的心形"爱心卡片",与自己的爱人一起把卡片悬挂在爱心许愿墙上,用一张张甜蜜的爱心卡片为这棵爱情之树添枝增叶。并且,餐饮企业将为客人免费赠送一张许愿墙前的情侣合影照片。众情侣可伴着悠扬的音乐,品尝精致的情侣套餐,与自己的爱人一起享受一年中最浪漫时刻。 总而言之,餐饮企业的七夕促销方案可谓是异彩纷呈。

情人节的促销单张

以下提供××餐厅七夕情人节促销活动方案,供读者参考。

【实战范本】××餐厅七夕情人节促销活动方案 ▶▶▶

一、活动背景

(略)

二、活动主题

穿越七夕夜,遇见更美的你!

三、活动时间

××××年8月14～16日。

四、活动定位

本活动为一次影响力广、吸引人数多、参与门槛低、具有话题性和文化性的七夕促销活动,主要针对20～40岁的中高端消费群体。

五、活动形式

（1）8月14～15日，消费达____元即可获赠____元优惠券，以直接让利的促销形式拉长餐厅热销周期。

（2）8月16日七夕夜晚，利用主题活动引爆全场，扩大餐厅知名度。

六、活动内容

（1）以七夕当天主题活动为主线、前期返券让利促销为辅助，举行为期三天的"穿越七夕夜，寻找更美的你"主题促销活动。8月16日当天，举办"忽然遇见你"单身交友派对及"浪漫回味年"情侣交友派对，凡活动当天交友成功者均可享受餐饮5折优惠。

（2）只要身边有伴侣，均可参加8月16日××餐厅举办的情侣主题派对，凡是夫妻、情侣在七夕当天到餐厅消费，均可获得餐饮5折优惠。

（3）凡是8月16日为结婚纪念日的客人，只要讲述其浪漫爱情故事，均可享受餐厅提供的免费情侣套餐一份。

七、现场氛围打造

1.餐厅外围布置

（1）在餐厅入口处设置大型七夕鹊桥门头，借传统七夕鹊桥会的文化习俗增添餐厅的人文格调及节日独特性，以此吸引消费者关注，并力邀当地知名摄影机构联合加入，为每一个来餐厅消费的客人留下七夕最美的身影。

（2）结合七夕鹊桥门头，布置牛郎、织女特色造型人物模型，不仅从外围环境上增加餐厅的格调与文化，也为消费者照相留念提供契机。

（3）根据七夕促销主题创意设计古香古色的宣传立柱，并贴上"穿越七夕夜，遇见更美的你"活动主题口号。

2.大厅环境布置

（1）在餐厅大厅及主要过道设置中式灯笼，增添厅内的人文格调。

（2）按照七夕促销主题统一设计宣传吊旗，以创意造型有序布置，用于活动宣传及氛围打造。

（3）根据场地设置摄影照片领取台，进行活动主题造型布置，如签到板、造型纱幔、展架等。

（4）根据餐厅场地进行分区规划设计、舞台创意造型设计等。

（5）根据餐厅场地布置活动当天所需灯光设备、光影表演设备等。

八、活动流程

1.单身区

单身区的活动流程如下表所示。

单身区的活动流程

阶段主题	时间	活动安排
七夕夜美丽留影	17:30 ~ 18:30	由餐厅迎宾员引导客人到餐厅入口鹊桥造型处，由专业摄影机构为每位来餐厅的客人拍照留念，以迅速聚集人气
享特色文艺盛宴	18:30 ~ 18:40	主持人开场，介绍活动主要内容及促销优惠措施
	18:40 ~ 18:45	3 ~ 4人舞蹈开场
	18:45 ~ 18:50	独唱加伴舞
七分钟浪漫心跳	18:50 ~ 18:55	主持人串词，进入"交友找伴"环节
	18:55 ~ 19:02	餐厅灯光渐暗，四周出现闪烁、绚丽的光影艺术效果，营造优雅、神秘的气氛，在场客人写下期望交友的座号数字
	19:02 ~ 19:10	主持人统计在场客人交友数字配对情况，公布交友结果
七夕夜完美遇见	19:10 ~ 19:20	现场演奏音乐，交友成功的客人开始现场交流
	19:20 ~ 19:25	主持人串词，统计交友成功的客人数量
	19:25 ~ 19:30	结束离场，客人在照片领取处领取照片，工作人员登记客人信息，以此建立客人档案

2. 情侣区

情侣区的活动流程如下表所示。

情侣区的活动流程

阶段主题	时间	活动安排
七夕夜浪漫留影	17:30 ~ 18:30	由餐厅迎宾员引导客人到餐厅入口鹊桥造型处，由专业摄影机构为每位来餐厅的客人拍照留念
寻五段完美爱情	18:30 ~ 18:40	主持人开场，介绍活动的主要内容及促销优惠措施
	18:40 ~ 18:45	歌舞表演
	18:45 ~ 18:50	主持人串词，进入"寻找五对七夕情侣，讲述五段浪漫爱情"环节
七夕夜浪漫回味	18:50 ~ 19:05	主持人串词
	19:05 ~ 19:30	现场演奏音乐，客人在照片领取处领取照片，工作人员登记客人信息，以建立客人档案

七、父亲节促销

父亲节，起源于美国，现已广泛流传于世界各地，节日日期因地域而存在差异，最广泛的日期是每年6月的第三个星期日。

在父亲节这天，人们选择特定的鲜花来表示对父亲的敬意。人们采纳了杜德夫人建议，佩戴红玫瑰向健在的父亲们表示爱戴，佩戴白玫瑰对故去的父亲表示悼念。后来在温哥华，人们选择了佩戴白丁香，宾夕法尼亚人用蒲公英向父亲表示致意。红色或白色玫瑰是公认的父亲节的节花。

父亲节的建立，使得不少商家从中看到商机，餐饮企业也不例外，借此良机，广泛开展促销活动。以下提供××酒楼父亲节促销活动方案，供读者参考。

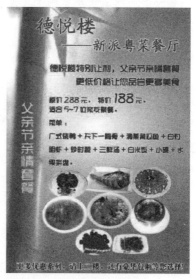

父亲节的宣传单

 【实战范本】××酒楼父亲节促销活动方案 ▶▶▶ ------------------------

一、活动目的

（1）通过父亲节前期和当天的宣传，对用餐的客人进行温馨提示并赠送礼品，给客人提供其他的超值服务，以增加酒楼的营业额，提高客人的回头率及对品牌的忠诚度。

（2）通过情感促销（提供超值服务）不断提高酒楼在餐饮市场的占有率，确保始终领先于其他竞争对手。

二、活动时间

父亲节当日。

三、活动地点

××酒楼。

四、活动内容

（1）父亲节当天来本酒楼用餐的客人都可以免费给父亲打个电话（市话、国内长途），限时15分钟。

（2）父亲节当天来本酒楼用餐的客人都可有机会免费拍照一张，并免费寄到本人父亲的手中。

（3）父亲节当天如有客人请本人父亲来本酒楼用餐，可享有如下优惠：免费合影一张；送相框一个；送纪念父亲节特制菜品1～3份；送礼品一份（领带等）；享受全单8.8折优惠。

（4）父亲节当天过生日的父亲，免费提供"父亲节家庭套餐"一份。

五、宣传与氛围营造

1.广告宣传

平面媒体广告、电视广告、网络广告、高档楼宇广告。

2.短信群发

短信内容：父亲节到了，××酒楼全体员工祝福您的父亲或身为父亲的您健康快乐！当天生日的父亲可享受免费家庭套餐！更多惊喜请致电咨询！

订餐电话：××××××××。

3.店内外布置

通过在店内外的不同位置布置各种广告（图片和文字），进行全方位立体化的宣传，营造出浓浓的"父亲节"文化氛围。具体工作布置如下。

（1）店外水牌

第一次提示客人。

（2）店内广告和氛围营造

① 展架3个。

② 喷绘图片30张。

③ 特制父亲节菜单。

④ 免费父亲节家庭套餐。

⑤ 台面软文（从儿童节到父亲节）。

⑥ 背景音乐：《常回家看看》《父亲》等循环播放。

⑦ 员工问候语："父亲节快乐！"等。

（3）现场互动

① 送"父子（女）连心"菜品一份。祝福语："祝愿天下父子（女）都永远心连心、幸福快乐！"

② 现场拍照。配音："各位朋友，让我们在父亲节这个难忘的日子里留下这永恒的一瞬间！"

③ 为现场的父亲和天下父亲敬上一杯祝福酒。祝酒词："今天是父亲节，祝现场的父亲和远在家乡的父亲节日快乐、身体健康！"

④ 祝酒词讲完之后说："各位朋友，我和我的助手一起为现场的父亲和客人献上一曲《父亲》，再次祝您和您的父亲节日快乐、身体健康！"（将氛围推向高潮）

六、注意事项

（1）宣传文稿的感情表达要贴切、准确、到位，太过则显得虚情假意，有所欠缺则无法与客人产生情感共鸣，很难打动客人。

（2）要就父亲节活动内容进行全员培训，确保全体员工达到熟知的地步。

（3）父亲节优惠活动不能与其他优惠活动同时进行。

（4）父亲节那天来本酒楼过生日的"父亲"必须提前预约。

（5）要保障父亲节特制菜品的原材料充足。

七、宣传文稿

1.软文一篇

（略）

2.广告宣传语

（1）我们与您有一个共同的愿望——祝父亲生活更快乐！身体更健康！

（2）父亲节，无论工作再忙也别忘了给父亲打个电话……

（3）父亲节，一定要抽出时间陪父亲吃顿饭啊！

（4）身为父亲的您别忘了自己的节日啊！

（5）每天都在忙碌地工作，偶尔闲暇时您是否还能记起父亲的节日？

（6）大家来这里留下您对父亲的祝福吧，哪怕只有一句话或几个字，相信父亲们都能收到我们从心中传递的那份深深的祝福。

（7）是否还能记起当初远行时父亲在拐角处始终不肯离去的身影。父亲节，记得给父亲一声问候啊！

（8）特制菜单名字：父亲常健、伟大父爱、父子情深、父子连心。

八、工作分工

1.总策划：×××。

（1）负责制定"父亲节"整体促销策划方案，讲解方案的核心与细节，协调整合资源。

（2）做活动总动员，并为活动造势。

（3）监督指导各部门对方案的贯彻落实情况。

（4）写作与整理图片和短文。

（5）跟进、检查与落实所有相关工作。

2.方案负责人：×××、×××、×××。

（1）动员管理人员和全体员工加入到父亲节活动中来，积极地出主意、献点子。

（2）征集温馨语句、文章以及父亲节特制菜品的名称。

（3）每天在例会上通报父亲节活动进展情况。

（4）制定父亲节免费套餐菜单。

3.后勤保障：×××、×××、×××。

（1）负责购买电话卡、相框、POP用纸张、彩笔、双面胶、胶带等相关物品。

（2）负责相关资料的打字、复印、喷绘、印刷。

（3）负责照相、洗相片和邮寄。

（4）购买《常回家看看》《父亲》等光盘或下载这些歌曲。

（5）负责协助礼品的发放工作。

九、经费预算及广告策划

（略）

八、中秋节促销

农历八月十五是我国传统的中秋节，也是我国仅次于春节的第二大传统节日。八月十五恰在秋季的中间，故谓之中秋节。我国古历法把处在秋季中间的八月，称为"仲秋"，所以中秋节又叫"仲秋节"。中秋节将要来临，各餐饮企业结合自己的实际情况和中国传统的民族风俗，为了达到经济效益与社会效益双丰收，纷纷推出各具特色的促销活动。

中秋节餐厅宣传单张

以下提供某××餐厅中秋节活动策划方案，供读者参考。

【实战范本】××餐厅中秋节促销活动方案 ▶▶▶ ------

中秋节，这是我们民族一年一度的欢庆盛会，众多朋友聚会、家人团聚也会选择中秋节这样一个具有特殊意义的日子，而他们也会将餐厅、饭店、酒楼作为中秋节聚餐的首选之地。

针对中秋节餐饮消费市场的这一需求，餐厅有必要策划一个中秋节促销活动方案，以吸引更多的中秋节聚餐消费人群到餐厅就餐，拉动餐厅中秋节经营收入的同时，为中秋节节日欢庆营造良好的喜庆氛围。结合本餐厅的实际情况和中秋节民族传统习俗，为了更好地开展中秋节促销活动，达到中秋节餐厅经济效益与社会效益双丰收，特制定如下餐厅中秋节促销活动策划方案。

一、目标市场分析

本餐厅的顾客主要是中上层人士和政府机关工作人员，但其中也有不少是周边社区的大众消费者，这要求餐厅在提高档次的基础上必须兼顾餐厅周边人群的大众化消费需求。

二、定价策略

1. 饭菜基本上可以保持原来的定价，但要考虑和中秋节相关的一些饭菜的价格，可采用打折（建议使用这种办法）或者直接降低价格的办法。

2. 针对价格高的饭菜，建议采用减量和减价相结合的办法。

3. 中秋节的套餐的价格不要偏高，人均消费控制在50～80元（不含酒水）。

4. 其他的酒水价格和其他服务的价格可根据餐厅的实际情况灵活变动，在中秋节的前后达到最低价（但要针对餐厅的纯利润来制定）。

三、营销策略

1. 制作专门针对中秋节的套餐，可以根据实际的情况分实惠、中、高三等，有二人餐、三人餐等类型，主题要体现全家团圆，可赠送月饼（价格不需要太高）。

2. 如果一家人里有一个人的生日是八月十五日，凭借有效的证件（户口本和身份证），在餐厅聚餐可享受8.15折（根据餐厅的实际情况决定）的优惠。建议给他们推荐中秋节套餐。

3. 如果手机和固定电话号码尾号是815（广州地区以内），凭借有效的证件（户口本和身份证），在餐厅聚餐可享受8.15折（根据餐厅的实际决定）的优惠。建议给他们推荐中秋节套餐。最好是餐厅直接联系一下这些人。

4. 由于本餐厅暂时没有住宿服务，可和其他的以住宿为主的大型宾馆联合行动，相互介绍客户，这样可以增加客户群，减少一些相关的费用。对这部分客户可用专车接送，同时也建议给他们推荐中秋节套餐。

5. 在饭后赠送一些和中秋节相关的小礼物（上面要印上餐厅的名称、电话、地址、网址）。

6. 活动的时间定于农历八月十日至八月二十日。

四、推广策略

1.在餐厅的门口附近、火车站、汽车站放置户外广告（户外广告采用喷绘为主、条幅相结合的形式）。

2.电视、街道横幅和报纸广告相结合。

3.可以尝试一下手机短信广告，群发的重点是原来饭店的老顾客，注意要使用适当的语言，主要介绍餐厅的最新活动。

4.网上做个弹出框广告或者比较大的Flash动画广告或者是标语、横幅。网页动画和图片的处理必须要和营销的内容相符合。

5.也可采用传单广告，但传单的质量必须要高。

注意：以上广告可同时选择几种，推广的重点在市区，也可向周边的县市推广。广告的受众最低要保证15万人。

五、其他相关的策略

1.保安必须要保证餐厅的安全。

2.对服务员和相关工作人员采取一些激励政策，调动他们工作的积极性（以后可以细化这个内容）。

3.在大厅里放一些品位高、优雅的音乐。

4.餐厅厨房需要做好后勤，在保证菜品标准质量的情况下，菜品出品和上菜的速度必须要快。

5.大厅的布置不需要太豪华，但要美观大方，表现出中秋节的味道。

六、效果预测

餐厅在切实实施了以上的促销推广活动和为顾客提供了周到服务时，餐厅经营收入最少是平时经营收入的1.5倍以上。

七、其他建议

1.餐厅前台及时与服务员沟通，随时保存一些重点顾客的资料。

2.在争取顾客同意的条件下，把顾客的信息输入数据库（关键是顾客的名字和手机号码），为以后的推广服务（以后可以细化这个内容）。

3.尽快做好餐厅的网站，网站必须要由专业的人士制作，域名既要简单又要好记，网页的设计上要体现出餐厅的特色，颜色以暖色调为主，主页最好有一个大的Flash动画，还要有新闻发布系统、网上营销系统、顾客留言板、客户论坛、员工娱乐等方面的内容。

九、重阳节促销

农历九月九日为传统的重阳节。《易经》中把"六"定为阴数，把"九"定为阳数，九月九日，日月并阳，两九相重，因此又叫重阳，也叫重九。庆祝重阳节的活动，一般包括出游赏景、登高远眺、观赏菊花、插茱萸、吃重阳糕、饮菊花酒等。九九重阳，因为与"久久"同音，九在数字中又是最大数，有长久长寿之意，秋季也是收获的黄金季节，人们对此节历来有着特殊的感情。借着人们的依赖情结，重阳节便也成为各餐饮企业置办促销活动的商机。以下提供××餐厅重阳节促销活动方案，供读者参考。

【实战范本】××餐厅重阳节促销活动方案 ▸▸▸ ----------------

一、活动背景

重阳节也叫"老人节"，是继"中秋节"之后的一大传统节日。近年的重阳节，逐渐掀起了一股"团圆风"。

二、活动主题

菊品为尚，情浓重阳，礼敬老人，送上温馨，送上健康！

三、活动时间

××月××日～××月××日。

四、装饰布置

（1）在正门外摆放大型菊花花坛，在门外两根立柱之间悬挂"菊品为尚，情浓重阳，××餐厅赏菊会"主题横幅。

（2）在正门入口处堆放九层的大型"重阳糕"，配放小装饰"灯"，寓意"步步登高"。

（3）餐厅内张贴重阳节主题吊旗。

（4）在各楼层显著位置摆放不同品种的名贵菊花，供人观赏。

五、活动内容

（1）时逢秋季养生好时机，推出适合老年人口味的养生佳品及各色重阳套餐。

（2）重阳节当天向60岁以上的用餐老人赠送养身滋补汤一份。当天过生日的客人，凭生日蛋糕或本人有效证件可获赠长寿面一份。

（3）凡年满60岁（凭有效证件）的老人可享受每位99元的"九九重阳优惠套餐"（仅限100人），额满为止。席间有民乐、变脸、舞狮子等助兴表演。

（4）重阳节特价酬宾，酬宾内容包括保健酒类、保健品类、保健食品类及其他老年用品等。

六、活动宣传

（1）报纸广告：重阳节前在《××晚报》发表重阳节促销活动内容。

（2）网络广告：在大众点评网、饭统网等餐饮网络平台上发布重阳节促销活动信息。

运用网络宣传重阳促销活动

十、国庆节促销

国庆节是国家法定节假日，也是所谓的旅游黄金周，放假日期都是：10月1～7日，共7天。绝大部分的企业都会按这个时间放假，这也为餐饮企业提供了一个很好的促销机会。在这个机会面前，餐饮企业主要是提高市场占有率，增加来客数。

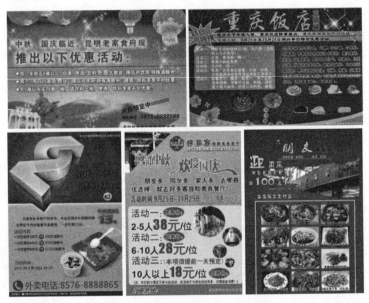

国庆节餐厅营销活动宣传单张

下面提供两份国庆节促销活动方案的范本，仅供读者参考。

【实战范本】××餐厅国庆节促销活动方案 ▶▶▶ ------------------------

一、活动目的

提升酒楼品牌形象，吸引更多客人来本酒楼消费，最终实现销售额的快速增长。

二、活动主题

国庆同欢喜，好礼送不停！

三、活动对象

针对不同消费人群开展不同的促销活动。

四、活动时间

×××年9月25日～10月8日。

五、活动形式

打折、赠送、抽奖。

六、活动内容

（1）促销期间凡在本餐厅用餐超过＿＿元者均可享受九折优惠。

（2）促销期间凡在本餐厅消费指定系列套餐者即可获得相应大礼盒。

（3）活动期间凡在本餐厅用餐者均可参加有奖竞猜活动。

七、活动宣传

（1）在人流量集中的地方，如火车站、公交车站等做户外广告。

（2）在报纸、电视台进行宣传。

（3）发放传单。

【实战范本】××酒楼国庆促销活动方案 ▶▶▶ --------------------------

一、活动背景

（略）

二、活动时间

×××年10月1～7日。

三、活动主题

暖意国庆——情满黄金周！

四、活动安排

本次国庆节黄金周促销活动主要分为三个篇章：亲情篇、爱情篇、同窗篇。

1.亲情篇

活动时间：××××年10月1～2日。

营造一种家庭温馨气氛，菜肴以家庭日常菜为主，餐具桌椅都用最朴实的家庭风格。让客人参与其中，提供个性化的服务，如在聚餐环节以子女名义向父母赠送一份小礼物。

2.爱情篇

活动时间：××××年10月3～4日。

增设爱情包厢，大堂营业活动照常进行。根据客人需求，包厢里可布置成具有情调的淡黄色、甜蜜的粉红色。最好提供烛光晚餐，让情侣、夫妇在此尽享二人浪漫世界。酒楼提供一些情趣增值服务，如送玫瑰花、给男方提供真情告白机会等。

3.同窗篇

活动时间：××××年10月5～7日。

增设同学聚会大包厢，如果人太多也可在大厅举行，包厢里不需要多余装饰。菜肴都提供本地的特色菜，尽一切可能让客人满意。

十一、圣诞节促销

圣诞节又称耶诞节，是西方的一个传统节日，时间是每年的12月25日。但是近年来，圣诞节在中国已发展得越来越成熟，结合中国当地的民风民俗，吃苹果、带圣诞帽、寄送圣诞贺卡、参加圣诞派对、圣诞购物等成了中国人节日的一部分。许多商家也纷纷借题发挥，诸如许多餐饮企业借着圣诞节来临之际，纷纷进行促销活动。

庆圣诞迎新春的餐厅宣传单

以下提供××酒楼圣诞节促销活动方案，供读者参考。

 【实战范本】××酒楼圣诞节促销活动方案 ▶▶▶ ----------------------

一、活动背景

每年12月25日的圣诞节是西方国家一年中最盛大的节日，可以和新年相提并论，类似我国的春节。

二、活动主题

圣诞狂欢夜、欢乐优惠在圣诞！

三、活动时间

××××年12月23～26日。

四、场景布置

1.门口

一名服务员装扮成圣诞老人站在门口迎候客人，遇上10岁以下的小客人则发一粒水果糖。

2.大堂

中央摆上圣诞树，圣诞树的尺寸要与大堂的空间协调一致，树上必须有闪烁的彩灯，以吸引客人的注意力。

3.玻璃门窗

贴上圣诞画，如雪景、圣诞老人等。

4.酒楼

服务员头戴圣诞红帽，给每桌客人献上一盘别致的圣诞点心，点心主要有蛋糕、饼干，也可以是平时很受欢迎的酒楼特色点心，周围摆上各式各样的糖果。还可以在盘中藏匿一件有奖吉祥物，客人可凭不同的吉祥物到服务台领取不同的圣诞节小礼物。

5.过道

用红纸扎成小巧的灯罩，每隔1.5米挂一个，顺着过道挂在两列。

五、营造圣诞氛围

（1）门前广场可设置这样一个场景造型：在雪地上矗立着一座别墅式的房子，房子周围是青翠的圣诞树，并有着一个美丽的花园。整个房屋透着黄色的温暖灯光，透过窗户可看到一家人的身影，正在欢快忙碌着准备圣诞晚会。圣诞老人正悄悄爬上烟囱，悠扬的音乐从圣诞屋内飘出来……整个场景静谧而欢快，有动有静，栩栩如生，充满情趣（注：音乐是必不可少的，它能给整个场景增加动感，所以要播放一些经典的曲子）。

（2）服务员和收银员全部戴一顶红色圣诞小帽子，衬托节日气氛，刺激客人消费。

（3）划出圣诞商品区域，陈列各种圣诞礼品。圣诞树排成一排，配以各种彩灯、装饰品等，加上海报、音乐等来渲染圣诞氛围，将酒楼变成圣诞晚会的天堂。

六、促销活动

活动期间订餐满＿＿＿元，凭消费小票可获赠手套一双（手套价值50元左右，在手套里还藏有小礼物）。

操作说明：手套是人们必不可少的防寒用品，对客人来说比较实用。将奖券藏在手套里又是一个新颖的促销方式，与西方的小孩从长袜里得到礼物有异曲同工之妙。购物赠品可以是一些时尚台历、圣诞小礼品、平安符等。

十二、元旦促销

元旦，即世界多数国家通称的"新年"，是公历新一年的第一天。

元，谓"首"；旦，谓"日"；"元旦"意即"首日"。"元旦"一词最早出现于《晋书》，但其含义已经沿用4000多年。

中国古代曾以腊月、十月等的月首为元旦，汉武帝起为农历1月1日，中华民国起为公历1月1日，1949年中华人民共和国成立后，也以公历1月1日为元旦，因此元旦在中国也被称为"阳历年"。

圣诞元旦餐厅宣传单

以下提供××酒楼元旦促销活动方案，供读者参考。

【实战范本】××酒楼元旦促销活动方案 ▶▶▶ ----------------------

一、活动目的

为了让消费者体会到××酒楼独特的文化氛围，在经济利益增长的同时强化酒楼知名度，提升品牌影响力，特举办此次促销活动。

二、活动时间

××××年12月31日～1月3日。

三、活动主题

"让我们把新年的钟声传遍四方，让我们把节日的祝福洒向人间。"

四、活动内容

（1）活动期间，客人用餐消费满×××元（以结算金额为准）即送××元代金券（代金券有效期为××××年2月18日～3月17日）。

（2）在××××年1月1日用餐的客人均可参加当天的幸运大抽奖活动，抽奖方式为以每桌为单位，把桌牌号统一放入抽奖箱，在12:30时，由总经理致辞并亲自抽出"新年幸运大使"及两名幸运奖。

（3）在××××年1月1日用餐的客人，以桌为单位均可获得精美礼品一份。

（4）在××××年1月1日在包间用餐的客人可填写幸运星档案，今后半年内在本酒楼消费时，凭此档案即可享受一次9折优惠（幸运星档案记录见附表）。

五、布置装饰

1.环境布置

（1）在酒楼大门挂横幅，并用粉红色气球装扮。

（2）制作一只卡通兔子模型，手托标牌，用气球与鲜花装扮大厅。

（3）开启喷泉，用气球装扮。

（4）为每个餐桌送上一张贺卡。

（5）电梯门口及楼梯扶手均用气球装饰。

2.气氛布置

（1）酒楼所有员工在元旦当天均穿工作服并保持整洁。

（2）酒楼门口设迎宾两名，面带笑容地对进入酒楼的客人说："新年快乐！"

（3）酒楼内播放新年喜庆音乐。

六、活动宣传

本次活动的宣传方式包括海报和横幅、宣传单、广播电台或报纸、酒楼外广告支架、电话、短信。

七、活动预算

本次活动的预算详见下表。

活动预算表

名称	单价	数量	总计	现金支付	备注
小礼物					台历
精美礼物					布衣玩具兔
代金券（20元）					
贵宾券					
PVC模型					
横幅					
条幅					
气球					
贺卡					
鲜花					
喷绘					
宣传单					
电台或报纸					
电话/短信					
折扣					
免单					
其他杂费					

八、活动效果预测

通过本次促销活动，预测本月内酒楼的上座率将会有10%～30%的增长，因此酒楼各部门应做好协调及应急安全工作。

九、附表

幸运星档案记录表

姓名	性别	工作地址	电话	备注

第六章
品牌营销

引言

　　近几年，我国餐饮业呈现出高速增长的发展势头，成为"热门"行业之一。21世纪是品牌纵横的世纪，品牌已成为餐饮企业最有潜力的资产，品牌扩张成为企业发展、品牌壮大的有效途径。纵观我国餐饮企业发展模式，当前发展主要方向和任务是提升品牌文化水平，推进餐饮产业化。

第一节　品牌营销认知

一、何谓品牌

在了解餐饮品牌营销之前，首先需要对品牌有一个认识。相信大家对"麦当劳""肯德基""必胜客"等相当熟悉。

1.品牌

对于品牌的含义，可以先看看以下几种解释。

（1）品牌是消费者对产品、对生产该产品的企业全方位的复杂感觉的"容器"。这个"容器"装有的东西很多，有产品的质量、特点、餐饮企业形象、服务水准、餐饮企业理念、餐饮企业的亲和力等，它包含餐饮企业宏观和微观的方方面面，形成消费者对餐饮企业和产品深入细致的了解。

（2）品牌是商品差别化的符号。这个符号让消费者产生的联想是具体的、美好的，是可以让消费者信赖并能够产生购买欲望的。

（3）品牌是餐饮企业文化的标识，形象是品牌的识别因素。人们可以通过品牌透视出餐饮企业的经营策略、价值观、经营哲学。

可以这样说，在现代经济中，品牌是一种市场销售行为，销售市场的竞争就是品牌的竞争。品牌已成为餐饮企业产品的代名词，所以，没有品牌，就没有餐饮企业，更别说市场销售了。

2.品牌的特性

品牌的特性，具体如下图所示。

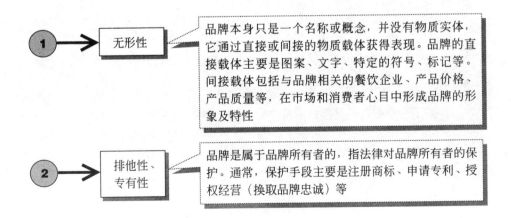

① 无形性：品牌本身只是一个名称或概念，并没有物质实体，它通过直接或间接的物质载体获得表现。品牌的直接载体主要是图案、文字、特定的符号、标记等。间接载体包括与品牌相关的餐饮企业、产品价格、产品质量等，在市场和消费者心目中形成品牌的形象及特性

② 排他性、专有性：品牌是属于品牌所有者的，指法律对品牌所有者的保护。通常，保护手段主要是注册商标、申请专利、授权经营（换取品牌忠诚）等

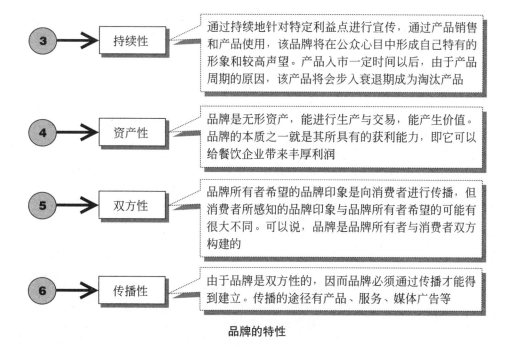

③　持续性　通过持续地针对特定利益点进行宣传，通过产品销售和产品使用，该品牌将在公众心目中形成自己特有的形象和较高声望。产品入市一定时间以后，由于产品周期的原因，该产品将会步入衰退期成为淘汰产品

④　资产性　品牌是无形资产，能进行生产与交易，能产生价值。品牌的本质之一就是其所具有的获利能力，即它可以给餐饮企业带来丰厚利润

⑤　双方性　品牌所有者希望的品牌印象是向消费者进行传播，但消费者所感知的品牌印象与品牌所有者希望的可能有很大不同。可以说，品牌是品牌所有者与消费者双方构建的

⑥　传播性　由于品牌是双方性的，因而品牌必须通过传播才能得到建立。传播的途径有产品、服务、媒体广告等

品牌的特性

3.品牌功能

（1）促销　由于大多数消费者喜欢按照品牌选择产品，这就促使餐饮企业必须注重产品的品牌声誉，不断开发新产品，不断强化管理，不断改良餐饮企业形象，使品牌经营走上良性循环的轨道。由于品牌是产品品质的标志，消费者往往按品牌选择产品，因此，品牌有利于引起消费者的注意，满足他们的欲望，达到扩大产品销售的目的。

（2）识别　品牌是一种无形的识别器，品牌可以减少消费者在选购产品时所花费的时间和精力，品牌的识别功能主要表现在两个方面，具体如下图所示。

品牌是餐饮企业的代号

在设计品牌时，一般都会要求品牌能够充分体现餐饮企业的经营特色，这样才有利于塑造餐饮企业形象。因此，品牌在消费者心目中代表着餐饮企业的经营特色、餐饮企业形象等，从而在一定程度上迎合了消费者的兴趣爱好，节省了消费者在购买产品时所花费的时间和精力

品牌是餐饮企业的标志

当消费者购买某种具有使用价值的产品时，其购买行为首先表现为选择、比较。品牌在消费者心目中是产品的标志，它代表着产品的品质、特色、服务等，因此，品牌缩短了消费者的购买过程

品牌的识别功能

（3）增值　品牌是一种无形资产，它可以作为一种产品被买卖。在现代餐饮企业中，谁拥有了知名的品牌，谁就掌握了市场的先机，谁就拥有了大量的无形资产。

4.品牌的价值

近年来，原料、人工、能源等生产要素价格不断上涨，导致餐饮企业产品在市场上的销售价格一直很低，给更多餐饮企业特别是中小型餐饮企业带来了无尽的烦恼甚至是致命的打击。

对于餐饮企业而言，品牌的价值最终体现则是降低了餐饮企业的销售成本，具体如下表所示。

品牌对餐饮企业的价值

序号	类　别	说　明
1	吸引新的消费者	如果餐饮企业品牌有一定知名度，就会拥有一大批对本品牌忠实的消费者，这是消费者对餐饮企业经营和餐饮企业产品信得过的最好证明。具有忠诚度的顾客，一方面以他们的实际消费行动为餐饮企业带来利润；另一方面，他们将会与本品牌产品或服务的有关信息从褒扬的角度传输给自己熟悉的人，与广告相比，这种方式更有吸引力和说服力
2	降低成本，增加利润	如果消费者对某品牌的产品有好感，并逐渐形成品牌忠诚度，消费者就会重复购买该产品，这样，餐饮企业就可以节省广告及促销费用。从而降低生产或经营成本，增加餐饮企业的利润
3	营造核心竞争优势	餐饮企业的品牌有了一定的知名度，还有利于餐饮企业营造核心竞争优势，比如，顾客重复购买的概率增大，减轻了餐饮企业的竞争压力；若竞争对手推出新的产品，餐饮企业可利用消费者对自身餐饮企业的忠诚度的足够时间制定应对之策，从而增强餐饮企业的竞争力

二、我国餐饮品牌现状

中国有五千年的餐饮文化，在中国以外的其他国家，有总数超过100万家的中国餐馆，然而为什么在当今时代却没有中国知名餐饮品牌？

1998年，匈牙利的布达佩斯总共有800万人，有163家麦当劳和162家中国餐馆，163家麦当劳的连锁店属于同一家上市公司，而162家中国餐馆却有162个各自独立的创始人。因此，给人的感觉似乎是布达佩斯到处都是麦当劳，生意火爆。

通过以上的现象，就会发现中国餐饮业面临的品牌打造问题，中国已经进入高成本时代，中国餐饮业必然要面临全面的革命。

1.面临全面革命

自2005年开始，中国已经进入了高成本时代，使得中国的整个经济结构发生变革，即从原来的成本型经济向技术型经济和品牌经济转变。在这样的经济大背景下，每个企业都要面临如此的转型，餐饮业也不例外。

目前，餐饮业已经进入品牌经济时代。中国在国外发展总数超过100万家的餐馆，却没有知名品牌，严重影响了中国餐饮业的竞争力。麦当劳在全球只有3万多家，却能主宰人类未来市场的发展趋势，这就是国际化和全球化竞争的区别。现代餐饮业由成本经济转向品牌经济时面临着全面革命，主要是由于高成本时代到来，需要向技术经济和品牌经济转变。

所谓国际化，就是企业到国际上去发展，全球化则是不仅要到国际上发展，而且要能主宰国际市场的走向。能主宰国际市场走向的企业和品牌，才是真正的全球化企业，从这个角度看，中国餐饮业已经国际化了，但是还没有全球化，还不能主宰全球餐饮市场的走向。

2.中国餐饮业面临困境

（1）没有知名品牌 中国餐饮业面临的第一个困境，是知名品牌极度缺乏。如北京的全聚德烤鸭已经有130年的发展历史了，然而还没有在全球发展，而麦当劳仅仅靠汉堡包、薯条、可乐这三大件，结果在世界上发展了半个世纪。

（2）品牌供求矛盾 现在的消费者已经对品牌有了高度的认知，消费者选择到什么地方去消费，主要是根据对品牌的认知，而不仅仅因为某个地方的饭菜好吃就选择去就餐。因此，餐饮业要求不仅要服务好，更重要的是品牌要有影响力，有美誉度，消费者对这个品牌有认知度。我国餐饮业真正知名品牌还很少，因此，发展知名品牌就显得尤为迫切。

（3）品牌竞争更加剧烈 如今，我国餐饮业面临品牌的竞争更加激烈。目前，品牌繁多的餐饮连锁企业，例如瓦蓝、一茶一座、合合谷、永和、小肥羊、真功夫等餐饮品牌的竞争日趋激烈。在国内品牌竞争日趋激烈的同时，还面临着国外的大品牌进入中国的竞争。

面对激烈竞争的环境，中国餐饮业如何打造知名品牌，如何完成从成本型经济到品牌经济的转变，已经成为中国餐饮界每个企业家都要思考的大问题。

三、塑造餐饮品牌

1.品牌定位

品牌定位是餐饮企业开展市场销售工作的重要前提。通俗地说，品牌定位就是餐饮企业将自己的产品或服务设想在目标消费者心目中的独特位置。

餐饮企业的品牌定位实质上就是推出餐饮企业自身所期望的形象（产品、服务或餐饮企业本身），目的是让其在消费者的心目中的实际形象与餐饮企业所期望的形象相吻合或产生共鸣，这也可以说是餐饮企业的一种引导和控制消费者心理的销售行为。

（1）品牌个性塑造　品牌可以赋予产品个性、意会、情感文化等，它就会像风情万种的活生生的人，具有非常丰满的文化形象与气质。为此必须把握以下几点。

① 产品、服务有什么突出的特质、特征、特点。

② 以谁为目标顾客，他们有何种生活形态偏好。

③ 目标消费群体有何种心理个性。

④ 对你的产品、服务如何进行定位。

⑤ 对你的产品、服务如何进行人格化。

⑥ 人格化的形象广告如何让消费者产生认同，或把前几个问题综合起来不难得出以下公式。

$$品牌性格＝产品＋定位＋个性$$

（2）品牌定位要素　品牌定位的要素包括目标市场、消费者心理、竞争环境、品牌独特性等。

① 目标市场　品牌定位的一个要素是确定目标市场或目标消费者。品牌定位是品牌被预设在目标消费者心理空间的位置。只有选定目标消费者，并由此确定定位空间，才谈得上品牌定位。

② 消费者心理　消费者心理是品牌定位的一个要素，因为品牌定位是预设品牌在目标消费者心理空间的位置。只有了解目标消费者的心理，才能建立他们的心理空间；只有建立心理空间，才能进行品牌定位；建立消费者的心理空间，就是确定与消费者认知、动机和态度有关的定位维度（定位坐标轴）。因此，了解目标消费者现在的和潜在的认知、动机、态度，选择与此相关的、恰当的定位维度，是品牌定位的一个关键。

中式快餐巨头——真功夫，则是以营养健康为卖点。信奉"民以食为天"的中国人特别讲究饮食的搭配与营养的吸收。人们在快节奏的生活中要求采用无公害的绿色野生或天然原料进行科学烹饪与加工，要求保持菜肴原料的本色和原味。

近年来，麦当劳、肯德基等世界名牌快餐产品的营养问题已经引起人们的普遍质疑；代表着"黄色"和"黑色"的食品，其品种在开发、配方、加工方式上的单一化、标准化，其烹饪方法以煎、炸、烤为主，从而导致了产品的高热量、高脂肪、高蛋白质和低维生素、低矿物质、低食用纤维，这对人体需求非常不利，易使人体发胖。其缺乏营养、热量高、容易上火、长期食用对健康不利等弊端也逐渐被人们所认知，因此国人对洋快餐的追捧也逐渐降温。真功夫抓住机会，积极扩展市场，除了宣布剔除所有油炸产品外，还推出各款营养食品，以满足人们对健康的追求。

真功夫的官方网站首页

真功夫以营养健康为卖点的原盅蒸饭和蒸汤，是典型的岭南风味：口味清淡，制作精细。真功夫尽管属于岭南饮食文化，但中国人大部分以米饭为主食，而目前在快餐市场上像真功夫这样专注于"做饭"的快餐品牌几乎没有，而蒸以水为热媒，能保持食物原味，不上火，是非常健康的烹饪方式；真功夫的这种做法，恰好迎合了消费者的消费习惯，抓住了消费者的心理。

美味是中餐的一种共性，"营养"才是真功夫的竞争力所在。真功夫的品牌口号"营养还是蒸的好"和"80秒完成点餐"顺应了中国消费者对快餐"便捷、健康"的需求趋势，并与肯德基、麦当劳等"洋品牌"形成鲜明的市场区隔，一举击中洋快餐的"烤、炸"不健康软肋，具有较强差异化竞争力，初步完成对快餐市场蛋糕的"切割"。以消费者认可的方式来确定自己的竞争手段，这正是真功夫能在竞争激烈的市场中取胜的主要原因。

③ 竞争环境　分析竞争环境是品牌定位的一个要素，因为进入目标消费者心理空间的品牌通常不止一个，品牌与其竞争对手的定位之间是相互影响的，因此，品牌定位要分析竞争环境和了解对手的定位。分析竞争环境，就是选择一组竞争维度，比较品牌与其对手在每一个竞争维度上的优势或劣势，由此选择较能体现该品牌优势的竞争维度，再从中选出最重要的竞争维度作为定位维度。

④ 品牌独特性　品牌独特性或品牌差异化是品牌定位的一个要素，这也是由品牌在目标市场的竞争所决定的。品牌定位是预设品牌在消费者心理空间的独特的位置，独特的位置就是品牌区别于其他对手的有特色或有差异的位置。品牌的特色定位或差异化定位，是品牌定位的一个关键。

2.品牌形象建立

餐饮企业要想塑造自身的品牌形象，首先就得弄懂品牌形象建立的相关因素，如下图所示。

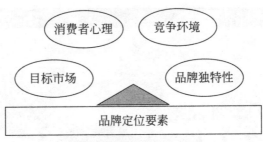

品牌形象建立的相关因素

（1）品牌文字　品牌文字是建立品牌形象的一个要素。品牌名称、品牌口号、品牌年度报告、品牌产品目录、品牌手册等文字都是建立品牌形象的重要手段。品牌文字的含义、读音和多义性，能使消费者对品牌产生认知和联想，并由此建立一定的品牌形象。

著名饮料品牌名称"娃哈哈"可以通过消费者的认知和联想建立以下品牌形象。

① 特色形象　娃哈哈饮料具有适合儿童的口味和营养特色。

② 利益形象　儿童从娃哈哈饮料得到很大的满足。

③ 价值形象　让孩子愉快、幸福是中国家庭的价值观念。

④ 文化形象　"娃"代表了浓厚的中国家庭文化色彩，同时谐音"哇哈哈"是一首20世纪60年代流行的新疆民歌的歌名，听起来有亲切感。

⑤ 个性形象　"娃"体现强烈的人性——对孩子真诚的爱，"哈哈"具有强烈的感染力。

⑥ 对象形象（特征）"娃"表明品牌的市场对象是儿童。

（2）品牌标志　品牌标志是建立品牌形象的一个要素。品牌的标志图案、标志色和标志物以及品牌包装等，都是建立品牌形象的手段。

真功夫的品牌形象设计是很到位的，整体品牌VI设计借用享誉世界的功夫名星"李小龙"的形象为蓝本，设计了一个十分像李小龙的"小龙哥"作为企业的标志，李小龙的形象家喻户晓，基本上是过目不忘，VI主色彩采用和麦当劳一样

的红黄两色搭配，鲜明夺目，很有食欲感，同时企业取"真功夫"的谐音，突出"蒸"的特点，高调地宣扬"营养还是蒸的好"的独特卖点。

这是一个品牌理念和视觉表现结合地很好的一个案例。

（3）品牌传播　品牌传播是建立品牌形象的一个要素。品牌广告、品牌展览、品牌公关和品牌形象代言人等传播方式，都是建立品牌形象的手段。其中，品牌广告通过大众传媒进行传播，具有最高的传播效率，是最重要的传播品牌形象的手段。

西安一家食品公司阿香婆香辣酱品牌形象的树立，与那则曾经轰动大江南北的广告有关。在广告里，姑娘说："精选上等的牛肉、芝麻、核桃、花生、桂圆、味素精心地熬（画面：锅里翻腾的热气）。"老太太说："熬哇熬，我终于熬成了阿香婆。""阿香婆香辣酱，口口流香好滋味"。这里，一个"熬"字将香辣酱制作的精心和工夫突出表现出来，同时与"媳妇熬成婆婆"联系起来，暗寓代代相传、历史悠久的地方文化意味。

（4）品牌销售环境　品牌销售环境是建立品牌形象的一个要素。品牌销售的地点、建筑、场地、设施、工具、用品、信息资料、人员、顾客、气氛等环境因素，都是建立品牌形象的手段。

美国海特饭店通过艺术画廊塑造了一种品牌形象，而维多利亚饭店则通过箱形专用车塑造了一种品牌形象。又如，销售环境在餐饮业可以起到以下形象提示作用。

① 繁华的地段暗示饭店、餐馆的档次不会低。

② 整洁的环境可以提示食品的卫生水平。

③ 新鲜而芳香的店堂空气可以暗示所出售菜肴点心的新鲜程度。

④ 温暖宜人的气温、柔和的灯光和音乐、舒适的座位可以提示温情、细腻的服务风格，而强烈的灯光和欢快的音乐又可以提示热情、豪爽的服务风格。

⑤ 醒目的指示牌和印制精良的菜单可以提示精心设计的、周密的服务。

⑥ 店堂服务人员和在座顾客语言举止的文明可以提示格调的高雅。

（5）品牌活动　品牌活动也是树立品牌形象的一个要素。品牌促销、品牌公关等活动对品牌形象的建立起到重要的作用。

 拓展阅读

俏江南品牌建设思路

1.俏江南品牌定位

俏江南的品牌定位主要在于商务人士，商务人群的消费需求比较看重环境的品位和氛围。而为了方便商务宴请，俏江南不仅从环境、菜品、价格、服务等方面都针对性地满足了商务人群的需求，在就餐地点上更是选择了就近商务人群的"商务楼宇"内，作为终端。不仅方便商务宴请，对于某些高级"白领"而言，也提供了中午优雅的用餐环境。

而在用餐环境的打造上，俏江南极大满足了商务人群高雅的审美情趣，以及充分满足了他们在宴请时的"面子"，他们极其注重装修的时尚感，及个性与艺术空间于一体的高档中餐厅就餐环境，同时相比于其他开设在高档写字楼的餐厅，俏江南价位要低，吸引了很多普通"白领"光顾。而这类人群，也是具有强劲消费能力的人群，正是针对这个消费群体，俏江南获得了市场的成功。

明确的市场定位无疑是俏江南成功的关键，在创建俏江南品牌前，首都的很多高档写字楼里只有粤菜餐厅，价位偏高，把很多普通"白领"拒之门外。俏江南从一开始就将目标锁定于商务人群，在此定位下，衍生出符合商务人群消费心理的菜品、服务、就餐环境，有效地满足了商务人群的消费需求。知道自己的受众究竟是谁，在哪里，喜欢什么，因而打造出相应的菜品、环境、服务，从而进一步规划出品牌的个性和远景，才是建立一个老字号品牌的良好开端。

2.俏江南品牌文化建设

在俏江南还未创立之初，俏江南的创始人张兰女士还在经营一家叫"阿兰酒家"的餐厅。为了追求给予顾客好的就餐感受，她只身前往四川郫县，带着一帮当地的竹工上山砍竹子，用火车把13米长碗口粗的竹子运到北京，将"阿兰酒家"变为竹楼，她亲手在竹墙上画画做装饰，俨然将开餐馆当作是艺术活动。装修和菜品的结合使她第一次尝到甜头。

俏江南成立以后，一次她在法国一家餐厅，服务员在她面前做沙拉，虽是一道简单的菜，却能带给客人精神上和文化上的享受，她一闪念，想到了自己的好朋友崔健，于是自己动手配料、做实验。如今，只要你到俏江南，随意地点上一道"摇滚沙拉"，就会有服务员走到桌边，像玩万花筒一般，翻云覆雨般"摇滚"出鲜美的沙拉来。

由此不难看出俏江南对顾客在俏江南就餐时精神和文化上感受的重视，虽是餐饮企业，但却是以超越餐饮本身给顾客带来更多的就餐感受的理念。正是这种来源生活却高于生活的服务理念，是俏江南和众多的餐椅服务品牌不同之处。俏江南是在保证做好餐饮本身的色、香、味俱全的同时，结合店面非同寻常的装饰以及别出心裁的烹饪手法，在视觉、听觉、文化认识、精神等方面给予顾客独特享受。

俏江南能够在中国这个具有几千年美食文化并且无断代传承的国家一枝独

秀，引领中国餐饮风向，与其品牌效益不可分割的。先是俏江南的商务气息，再到SUSB的时尚健康，俏江南成功树立起其在公众心目中的品牌形象。俏江南成功地将中国传统菜系、法国菜系、意大利菜系及奢华的建筑风格、高贵的生活品等物质和精神艺术结合在一起，形成了其尊贵、健康、时尚、细致的独特品牌。这种独特的品牌带给俏江南更好的品牌效益，使得俏江南能够在原有的基础之上创立了"兰"和"SUSB"，从而形成了良性循环。促使俏江南走上一条不断健全、不断完善的道路。依靠顾客认可的老的品牌的力量来创立新的更具价值的品牌，不断地为俏江南的成长积累深厚的基础，引导俏江南走向更具人性化需求的服务管理新道路。

俏江南自成立以来始终坚持"时尚、经典、品位、健康"的理念，致力于打造一个世界级的餐饮服务管理品牌，成为全球餐饮行业的标杆。为了达成这一目标，这些年来俏江南通过强化市场服务，完善企业信息化管理系统等一系列措施。作为一家餐饮公司，俏江南致力于提高服务水平和创新能力，不断地增强市场竞争意识，使俏江南逐步走向世界级的中国餐饮服务企业。

3.俏江南品牌营销战略

俏江南在营销方面紧扣高端定位，与各大品牌，尤其是奢侈品牌的关系一直比较密切，因为定位的人群类似，在店面选址方面都是同步走，包括和一些大型地产商以及大型银行的合作都是如此。跨界合作时，这个行业的领军品牌一定要和另一个行业的领军品牌合作，才能把自己的品牌提升到那个位置上去，这是跨行业营销最重要的一点，也是俏江南要持之以恒做下去的奋斗目标。俏江南的重要跨界战略合作都具有排他性。品牌圈营销策略创造出的价值为合作双方提供了营销上的双赢。

俏江南对于大事件特有的品牌放大价值备受关注，大事件营销是俏江南独具特色的重大营销策略之一。无论是奥运会、美洲杯帆船赛等大型赛事，还是世博会这样的大型盛事，俏江南在诸多大型的标志性事件中不断现身。上海世博会，俏江南的4家店全面告捷。其选点是有技巧的，选在中国国家馆旁边，代表国家"脸面"地出现在公众面前。奥运会、世博是中国承办的有跨世纪意义的大事件，其成功作为唯一中餐代理馆，向海内外人士展示中餐的特色和时尚。

四、品牌设计

品牌设计也就是品牌的表现形式，主要包括品牌的名称及品牌标志，另外还有品牌说明、品牌故事、品牌形象代言人、品牌广告语及品牌包装等附加因素。餐饮企业的品牌设计就是针对餐饮企业品牌的形式或要素进行的设计。

1.品牌设计准则

品牌设计的一般准则是可记忆性、含义丰富性、可转移性、适应性和保护性，如下图所示。

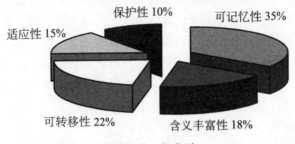

品牌设计一般准则

（1）可记忆性　可记忆性即容易让消费者记住和识别。记忆是认知的储存，即品牌资产的储存。容易记住和识别的品牌，是品牌资产储存和使用费用较低的品牌。

如Acer品牌名"只有2个音节、4个英文字母，易读易记"，符合可记忆性准则。Acer品牌名第一个字母A，在字母表排在最前面，第二个字母C也排在前面，这就有助于Acer在按字母排列的商业资料（如企业名录）中排在前面，而根据人们的阅读心理，一篇资料中排在前面的文字容易引起阅读者更多的注意，并容易给阅读者留下更深的印象。因此，Acer的字母选用也符合可记忆性准则。

（2）含义丰富性　含义丰富性即有品牌特色和利益的描述，有情趣，容易让人产生联想。品牌含义越丰富，品牌的信息量就越大，就越能更全面地满足消费者和员工对品牌信息的需要，给他们带来激励。

又如，Acer品牌就是一个含义丰富的品牌：使人联想到高技术（芯片形状）、计算机的灵敏（Acer的拉丁语义）、宏基在国际计算机市场"称王"的壮志（词根Ace的含义）、宏基计算机的质量（箭图案和钻石图案的含义）、竞争力（箭图案的含义）和价值（钻石图案的含义）。

（3）可转移性　可转移性即品牌能向不同的产品种类延伸和向不同的市场转移。品牌的市场可转移性主要表现为跨文化性，即能融入不同的文化。品牌是市场的语言，而市场总是要冲破文化障碍的，包括地区之间、国家之间、民族之间或社会群体之间的障碍，因此，品牌设计要有跨文化性。这一点在经济全球化的大背景下越来越重要。

（4）适应性　品牌设计的适应性即品牌设计能通过修改或调整适应市场的变化。

如联想计算机的英文品牌原来是Legend，体现了联想创业阶段的"传奇"色彩。进入成长阶段的联想计算机将Legend改为Lenovo，其中"Le"仍然代表中文

"联想"，而"nov"代表"创新"（Innovation），联想计算机试图以创新来适应计算机市场的变化。Legend（传奇）代表过去，而Lenovo（创新）代表未来，代表联想计算机对未来的憧憬（品牌理想，Vision）。因此，从Legend到Lenovo，是符合品牌设计的适应性准则的。

（5）保护性　品牌设计的保护性是指产权保护性和设计难模仿性。

① 产权保护性　包括品牌注册（拥有注册符号"®"和商标符号"TM"）和防止品牌侵权。

俏江南商标的持有者北京俏江南餐饮有限公司十分注重知识产权的保护，自成立之日，就开始商标注册和保护。如今，已经在10多个类别中对俏江南进行了注册保护，换句话说，就是能进嘴的都进行了商标注册。据介绍，该公司现在使用在餐饮经营和服务中的注册商标中文俏江南与英文South Beauty组合，字体为华文行楷。这一商标还向国家工商总局商标局申请了国际注册并已获批准。

② 设计难模仿性　品牌设计的诸准则之间可能存在一定的矛盾。因为，含义丰富的品牌可能在文化转移方面有困难。

中国品牌全聚德（烤鸭）具有丰富而深刻的文化内涵，周恩来总理曾经这样诠释"全聚德"："全而无缺，聚而不散，仁德至上。"像这样典型地体现中国传统文化的品牌就很难翻译成一个外文品牌（除了"烤鸭"以外）。相反，含义不丰富的品牌文化转移反倒比较容易。如美国CocaCola品牌的取名与两种来自南美的原料有关：古柯（Coca）叶子和可乐（Cola）的核没有多少含义，而CocaCola的市场拓展——跨文化或国际化经营倒比较顺利，没有遇到多少文化障碍，即使进入语言文字最特别的中国也十分通畅。CocaCola被成功地翻译成"可口可乐"。中文"可口可乐"不仅读音接近英文，而且含义的丰富性还超过了英文："可口"的含义是口感宜人，"可乐"的含义是一种享乐的情趣。

2.品牌设计要素

品牌设计要素包括品牌名称、品牌标志和品牌附加因素等的设计。

（1）品牌名称　品牌名称也就是指餐饮企业品牌的命名/取名。

① 品牌命名的原则　餐饮企业品牌命名应遵循相关原则，具体如下表所示。

品牌命名的原则

类别	需遵循原则	具体示例
独特性	（1）品牌名称首先应当具有独特性，不宜重复别的品牌名称（尤其是同行业），因为品牌重名会稀释品牌的独特性 （2）品牌独特可将企业的个性强调出来，以便于迅速扩大企业的影响力，使企业在市场中拥有清晰的形象	比如，国内品牌名为天鹅的有175家，名为熊猫的有331家

续表

类别	需遵循原则	具体示例
暗示性	暗示性就是品牌名字能暗示出产品的某种性能和用途，具有良好的提示作用	比如，"999胃泰"，它暗示该产品在治疗胃病上的专长；"SONY"提示索尼在音响设备及器材上称雄世界
易传播性	简明。简明的名字容易记忆，取名一般不宜超过3个字，外文名字的字母也应尽量少	比如，杭州的"盾"牌链条只有1个字；可口可乐的缩写"Coke"也只有4个字母
	朴实。朴实的取名给人一种诚信感，而消费者对品牌的诚信感是品牌赞誉度的基础	比如，老干妈、大娘水饺
	易读。易读性包括易懂、易写	比如，娃哈哈、蒙牛、报喜鸟、金利来
	亲切。亲切就是贴近消费者的日常生活，有亲切感，亲切感是购买行为的驱动力之一	比如，上海人家、宜家、湖南人家
支持标志物	（1）标志物是品牌经营者命名的重要目标，需要与品牌名称联系起来一起考虑 （2）当品牌名称能够刺激和维持品牌标志物的识别功能时，品牌的整体效果就加强了	比如，苹果牌的牛仔服，立刻就会想起那只明亮的能给人带来好运的苹果；"健力宝"，能让人联想到运动、健康等
保护性	品牌的名称要能够受法律保护，要能够注册。为此，企业应注意该品牌名称是否有侵权行为，注意该品牌是否在允许的注册范围之内	

② 品牌命名的步骤 餐饮企业品牌命名的命名步骤如下图所示。

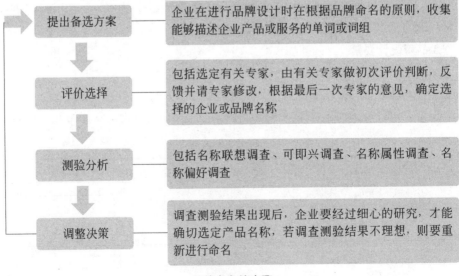

提出备选方案 —— 企业在进行品牌设计时在根据品牌命名的原则，收集能够描述企业产品或服务的单词或词组

评价选择 —— 包括选定有关专家，由有关专家做初次评价判断，反馈并请专家修改，根据最后一次专家的意见，确定选择的企业或品牌名称

测验分析 —— 包括名称联想调查、可即兴调查、名称属性调查、名称偏好调查

调整决策 —— 调查测验结果出现后，企业要经过细心的研究，才能确切选定产品名称，若调查测验结果不理想，则要重新进行命名

品牌命名的步骤

③ 品牌命名的策略　品牌命名的策略很多，归纳起来不外乎如下表所示的几种。

品牌命名的策略

策略	内　容	示　例
以产品带给消费者的不同利益层面来命名	功效性品牌。这类品牌以产品的某一功能效果作为品牌命名的依据	如奔驰（汽车）、飘柔（洗发水）、波音（飞机）、佳能（相机）、捷豹（汽车）、媚登峰（内衣）、美加净（香皂）、舒肤佳（香皂）、汰渍（洗衣粉）、护舒宝（卫生巾）、固特异（轮胎）、好味思（面包）、锐步（运动鞋）等
	情感性品牌。这类品牌以产品带给消费者的精神感受作为品牌命名的依据	如登喜路（服装）、金利来（服装）、贺喜（巧克力）、美的（家电）、百威（啤酒）、家乐氏（食品）、七喜（饮料）、富豪（汽车）、吉列（刀片）、万事达（信用卡）等
	中性品牌。这类品牌无具体意义，呈中性	如海尔（家电）、索尼（电器）、埃克森（石油）等
以品牌本身的来源渠道命名	以姓氏、人名命名。以姓氏、人名作为品牌名的多为传统型商品，如汽车、服装、啤酒、食品、医药	如陈李济药厂、马应龙眼药、福特（Ford）、百威（Budweiser）、飞利浦（Philips）、爱立信（Ericsson）、凯迪拉克（Cadillac）等
	以地名命名。借助闻名遐迩的风景名胜、著名的产地、神话及小说中令人神往的地名往往可以使品牌借势成名。但以地名来命名的产品会受到地域的局限	如青岛、燕京、茅台、兰蔻（LANCOME）、香格里拉（Shangri-La）等
	以物名命名。以物名命名主要指以动植物名称命名的方式，以动植物命名可以将人们对动植物的喜好转嫁到品牌身上	如熊猫、猎豹、骆驼、小天鹅、赤兔马、芙蓉、荷花、苹果、牡丹等
	以其他词汇命名。其他词汇主要是形容词、动词，以及其他可以从词典中找到的词汇	如奔驰汽车、联想计算机、快捷相纸、彩虹电器、兄弟打印机等
	自创命名。其品牌名是经过创造后为品牌量身定做的新词，词典里没有。这些新词一方面具备了独特性，使得品牌容易识别，也比较容易注册；另一方面，具备较强的转换性，可以包容更多的产品种类。自创命名体现了品牌命名的发展方向，是今后最常用的品牌命名方式	如全聚德、铁美时（Timex）、蔚蓝远景（Azure Prospect）、索尼（SONY）等

续表

策略	内 容	示 例
以品牌的 文字类型 命名	以汉字命名。以汉字命名的品牌名即中文品牌，这类品牌不仅是国内企业最主要的命名方式，而且也是一些国际品牌进入中国后实施本地化策略的命名方式	如惠而浦（Whirlpool）、黛安芬（Triumph）、桑塔纳（Santana）、奥林巴斯（Olympus）、劳斯莱斯（Rolls-Royce）、欧宝（Opel）等
	以拼音命名。以拼音为品牌命名是国内企业的独特做法	如Haier（海尔）、CHANGHONG（长虹）
	以数字命名。因容易出现雷同，这类品牌比较少	如999（药业）、505（神功元气袋）、555（香烟）等
	以英语命名。一类是国外品牌；另一类是国内品牌进入国际市场，通常会选择一个外文名称	如Intel、Kodak、Dell、Dove；Mexin（美心）、Youngor（雅戈尔）、KELON（科龙）等

（2）品牌标志　品牌标志包括品牌的字体、标志的图案、颜色及标志物。以下列示的是部分著名企业的品牌标志，供参考借鉴。

部分著名企业的品牌标志

品牌名称	标志书法	标志图案	标志色	标志物
燕京啤酒	空心美术字	麦穗、酒杯、燕子	金黄、红	
光明乳业	美术字	火炬	红、白、蓝	牛妈妈
海尔家电	草书字母r变形		蓝	卡通男孩
鄂尔多斯羊绒衫	草书蒙语拼音	圆环、羊角、平行杠	红、白	
王朝葡萄酒	英文DYNASTY			葡萄种植园漫画
万和燃气具	Vanward，V字特殊		红、蓝	
帅康吸油烟机	美术字	SK吸油烟机状		
星海钢琴	隶书体	圆章形、星、波纹	棕黄、蓝	
上海家化	Jahwa		蓝	白玉兰
浙江阳光节能灯	Yankon美术字	太阳	红、荧光白、黑	
杭州天堂伞	隶书	伞倒影（西湖）	深蓝	
红豆服装	拼音o用一粒豆代替	一颗红豆、绿叶	红、绿、蓝	

① 品牌标志书写　中外品牌名的书写都可以成为一种标志，给消费者留下深刻印象。

海尔品牌名的书写标志是中文的草书，这昭示其是一个中国品牌，但又不乏洋气；并将其拼音"Haier"的最末一个字母"r"进行特殊变形。又比如，红豆服饰品牌的拼音中的"o"用一粒豆代替，起到了画龙点睛的作用，使人印象深刻。

② 品牌标志图案　品牌图案包括品牌的标志符号、图形等，一般是对品牌名的一种图解，以便让消费者记住和识别。

燕京啤酒的品牌图案是麦穗、酒杯和燕子。麦穗是啤酒的原材料，酒杯盛满金黄剔透的啤酒，彰显着其出众的品质；燕子图案代表着"燕京"。又比如，杭州天堂伞的品牌图案是一幅似伞似桥、上下对称的倒影，简洁地显示出西湖（断桥、倒影）-杭州-天堂，对天堂伞做了极好的诠释。

③ 品牌标志色　品牌的标志色就是品牌的颜色标志，它是对品牌的一种解释。如蒙牛乳业的标志色是白色与绿色，白色代表牛奶，绿色代表内蒙古大草原及绿色食品，白色与绿色对蒙牛品牌做了最好的解释。

④ 品牌标志物　品牌标志物，通常就是人物、动物、景物或动漫人物。许多标志物与标志图案一样都是图形，但标志图案是比较抽象的图形，而标志物是比较具体的图形。比如，快餐连锁巨头肯德基的山德士上校、麦当劳的麦当劳大叔、海尔的两个泳装快乐卡通男孩等，这些品牌的标志物设计都是很成功的。

拓展阅读

俏江南品牌标志设计

（1）红色：象征力量、激情、创造和进取，代表着俏江南不断创新的锐气与勇于挑战的精神，预示着俏江南在困难面前永不妥协，同时也代表俏江南是一个有着强大生命力的优秀团队。

（2）黑色：象征个性、尊贵，既现代又古典，是永不褪色的时尚颜色。代表着俏江南的尊贵、经典与时尚。

（3）白色：象征完美、理想，代表着俏江南永远引领餐饮文化时尚，不断追求完美、缔造完美。

（4）黄色：是明亮、温暖的颜色，是收获的象征，代表着俏江南以灿烂夺目的成就，为社会创造源源不断的价值和财富。

脸谱面门正中眉心处黄色的"人"形，代表着俏江南以人为本、寓情于理的管理思想；眼睛似寿龟眼部的造型，象征着俏江南集团基业长青，员工健康平安；角两侧到额头的"如意"图案，代表着俏江南吉祥如意，兴隆盛世；下巴和嘴的图案如同一个金元宝，象征俏江南生意兴旺、财源广进。

（3）品牌附加因素　品牌附加因素是指品牌的说明、品牌口号、品牌故事、品牌广告语、品牌歌曲、品牌包装、品牌代言人等。

① 品牌说明　品牌说明就是指对品牌产品所属产业或行业的说明。其主要作用是让消费者对品牌所涉及的领域有一个明确的认知，以便于餐饮企业品牌的延伸。品牌说明比较适合持品牌延伸战略的餐饮企业。

家电行业的成功典范海尔最初是做电冰箱的，那么"海尔"就是家用电器的一个子领域。由于海尔的品牌说明是"家用电器"，那么，给人的感觉就是海尔不仅有生产电冰箱的能力，还有生产其他家用电器的能力。因此，当海尔品牌延伸到空调、彩色电视机、洗衣机、手机、计算机等时，消费者也不会觉得海尔"不专业"。

② 品牌口号　品牌口号是指能体现品牌理念、品牌利益和代表消费者对品牌感知、动机和态度的宣传用语。餐饮企业在设计自己的品牌口号时，一定要让品牌口号能突出品牌的功能和给消费者带来利益，具有较强的情感色彩、赞誉性和号召力，能够刺激消费者。餐饮企业的品牌口号可通过标语、电视（广播）媒介、手册、产品目录等手段进行宣传。

③ 品牌故事　品牌故事是指餐饮企业品牌在创立和发展过程中有意义的一些轶闻旧事，它可通过公司手册或著书等手段进行传播。品牌故事体现了品牌的理念或文化，能增加品牌的历史厚重感、资深性和权威性，能加深消费者对品牌的认知，增强品牌的吸引力。

拓展阅读

知名连锁餐饮企业品牌故事

连锁餐饮企业，有着相同的口味，稳定的品质和相近的风格。每一个品牌都有着自己品牌背后的故事。

1.必胜客

必胜客是全世界最大的比萨专卖连锁企业，目前遍布世界各地100多个国家，每天接待超过400万位顾客，烤制170多万个比萨饼。必胜客已在营业额和餐厅数量上，迅速成为全球第一的比萨连锁餐厅企业。近年来，必胜客强调西式全餐理念，并通过增加产品种类和推行"丰俭随意"的价格策略，成功完成从"比萨专家"向"西式休闲餐饮专家"的品牌定位转变。从2008年9月开始的大规模更换菜单的全新策略（每半年更换一次，每次推陈出新25%以上），已经逐渐成为推动其销售业绩的动力之一。

2. 肯德基

肯德基自1987年在北京前门开出中国第一家餐厅到现在，来到中国已经30年了，这30年间，肯德基已在中国的450多个城市开设了超过2500多家连锁餐厅。"立足中国、融入生活""为中国而改变，全力打造'新快餐'"一直是肯德基的口号。30年来研发的长短期新品超过百款。目前，除了广为消费者喜爱的吮指原味鸡、香辣鸡腿堡、香辣鸡翅等代表产品外，由中国团队研发的老北京鸡肉卷、新奥尔良烤翅、四季鲜蔬、早餐粥、蛋挞、豆浆、油条等都受到好评和欢迎。

3. 麦当劳

麦当劳是全球最大的连锁快餐企业，是由麦当劳兄弟和Ray Kroc在20世纪50年代的美国开创的、以出售汉堡为主的连锁经营的快餐店。在世界范围内推广，麦当劳餐厅遍布在全世界六大洲百余个国家。麦当劳已经成为全球餐饮业最有价值的品牌。在很多国家麦当劳代表着一种美国式的生活方式。麦当劳的开心乐园餐免费赠送玩具，如迪士尼电影的人物公仔，对未成年人颇有吸引力。为了更好地融入亚洲，麦当劳也不定期推出亚洲美食惠活动，提供诸如海派咕噜肉堡、北海道芝麻鳕鱼堡等富含亚洲风情的美食。

4. 哈根达斯

1921年哈根达斯冰激凌诞生于纽约布朗克斯市的一个家庭。哈根达斯提倡"尽情尽享，尽善尽美"的生活方式，鼓励人们追求高品质的生活享受。其著名的广告词"爱她，就带她去哈根达斯（If you love her, take her to Haagen-Dazs.）"可以说是家喻户晓。时至今日，哈根达斯的冰激凌在全美国甚至全球多个国家都开设了专卖店，哈根达斯也成为全球性"冰激凌品牌"。自从20世纪90年代哈根达斯进入中国以来，已经开设了50多家专卖店，零售点更是达到100多个。

5. 小肥羊

小肥羊公司是以经营小肥羊特色火锅连锁为主业，兼营小肥羊调味品及专用肉制品的研发、加工及销售的品牌餐饮企业。"小肥羊火锅"将延续了千百年的蘸着小料涮羊肉食法，改革为"不蘸小料涮羊肉"的新食法。锅底料采用几十种上乘滋补调味品；羊肉精选自纯天然、无污染的锡林郭勒大草原六月龄"乌珠穆沁羊"；两者珠联璧合，形成了"肉品鲜嫩、香辣适口、回味悠长，久涮汤不淡、肉不老的"具有浓厚的蒙古民族餐饮文化特色的小肥羊火锅品牌。

6. 重庆小天鹅

重庆"小天鹅"火锅创立于1982年，励精图治35年，不断将火锅革新换代，眼下除了味道纯正、浓厚的传统火锅外，再次升级改版了重庆火锅，个性唯美、时尚营养成为美人美时尚火锅的鲜明主题。"小天鹅"美人美时尚火锅已成为"小资新贵一族"的最爱，相对上一代重庆火锅，全新美人美的时尚可以说是脱胎换骨了，就餐环境一改老火锅沉稳的设计风格，变得时尚而优雅，细节方面增加了许多时尚元素，大大提升了它的舒适度和视觉冲击力。

7.永和大王

永和大王是全国连锁快餐企业，所经营的产品均是符合中国人口味的豆浆、油条、各种稀饭以及中式的小点心。1995年，永和大王将"24小时不间断经营"这一崭新的经营理念带到了大陆，它改变了许许多多消费者的消费习惯，他们可以在一天的任何时候，舒适、惬意地享用美食，也可以在一间清洁、明亮的餐厅中，放心地食用过去熟悉的美味食品——"豆浆、油条、葱油饼、饭团"。

8.豪客来

豪客来诞生于厦门，是以牛排为主营的餐饮连锁店，曾于2007年被中国烹饪协会评选为最受欢迎的连锁加盟品牌。豪客来围绕"欢乐餐厅"的品牌定位，每年都推出"环宇搜奇""缤纷异国行"和"华夏精选"等主题系列新品。除了牛排外，豪客来更着力于西式餐饮所独有的全餐享受，开发研制了一系列脍炙人口的沙拉、小吃、汤品和饮料，其中"自助沙拉吧"和"浓情香鸡翼"已经和"比萨"一样，成为了豪客来的代名词。

9.德克士

连锁快餐店德克士炸鸡起源于美国南部的德克萨斯州，1994年出现在中国成都。1996年，顶新集团将德克士收购，并投入5000万美元，健全经营体系，完善管理系统，并重新建立了CIS系统，使其成为顶新集团继"康师傅"之后的兄弟品牌。虽然都是炸鸡，但是由于德克士炸鸡采用开口锅炸制，因此鸡块具有金黄酥脆、鲜美多汁的特点，并以此与肯德基炸鸡形成鲜明差别。德克士最有名的就是脆皮炸鸡，在中国西式快餐界中，出了德克士！

10.大娘水饺

大娘水饺于1996年4月创建于常州，是以水饺为主打产品，融合西式快餐理念，致力于价格平民化、品质标准化、管理现代化、品牌国际化的中式快餐连锁企业。大娘水饺面皮制作脱胎于北方水饺，全部采用手工擀制，厚实而有韧劲。饺馅更融合了南方风格的细腻多汁，清爽可口，从而集南北风味之长，使水饺超越了地域之分，不仅吸引了南方人，而且吸引了北方人以及外国客人。

（4）品牌广告语　品牌广告语是指广告中用以介绍品牌的短语。品牌广告语是对品牌的解释，能帮助消费者了解品牌的内容，包括品牌的含义、利益和特色等。品牌广告语在设计时也应像品牌名称一样独特、简明、朴实、易读、亲切、熟悉、有含义。

肯德基更换广告语

"finger-lickin' good"（好吃到让你舔手指），肯德基经典的广告语一直被沿用了50多年。据了解，为了打造更加健康的快餐形象，肯德基决定更换广告语，将其改成"So Good"。

"finger-lickin' good"这句广告词诞生于20世纪50年代。在当时的肯德基宣传片中，一个名叫戴维·哈曼（Dave Harman）的男子正在吃鸡肉。一名观众拨打了电话，质疑哈曼一边吃鸡肉一边吮手指，举止过于粗俗。这时接听电话的经理回答说："finger-lickin' good"。这句广告词立即红遍美国的大街小巷。

2011年2月，肯德基决定启用新的广告词"So Good"（好极了）。肯德基英国和爱尔兰分支代表马丁·舒克表示："finger-lickin'good这句广告词非常好，但是仅仅宣传了食品本身。So Good不仅指食品好，还涵盖了品牌、我们的员工等。"

肯德基此举是其健康计划的一部分。为了倡导更健康的饮食，肯德基决定从2011年9月起使用新的菜单，提供热量更低的食物。比如，肯德基英国分店决定停止使用棕榈油炸食物，而改用菜籽油；还决定投资700万英镑添置烤箱，减少油炸食品供应量。

（5）品牌广告曲　品牌广告曲就是广告里的乐曲，广告曲比广告语的情感性和艺术性更强，对广告受众的刺激性更强，更容易激发消费者的购买冲动。

（6）品牌包装　品牌包装是品牌（信息）的主要载体，在广义上也作为品牌的一个附加要素，品牌包装对品牌起到传播品牌与介绍品牌的作用。

（7）品牌代言人　品牌代言人通常是选文艺或体育界的名人、明星，利用其社会号召力增强品牌的市场号召力。

第二节　品牌扩张

一、品牌扩张的含义

品牌扩张是一个具有广泛含义的概念，它涉及的活动范围比较广，但具体来说，品牌扩张指运用品牌及其包含的资本进行发展和推广的活动。它是指品牌的延伸，品牌资本的运作，品牌的市场扩张等内容，也具体指品牌的转让、品牌的授权等活动。

麦当劳、肯德基利用其品牌优势开展特许经营、加盟连锁，在全世界范围内扩张。我国的俏江南、小肥羊、乡村基等也纷纷开始在各地进行扩张。

二、品牌扩张原因

1.消费者心理基础

消费者使用某个品牌产品或接受某种服务并获得了满意的效果后，就会对此种品牌形正面评价，形成良好的消费经验，并把这种经验保留下来，影响其他消费行为。

消费者在消费某一名牌并获得了满意经验后，会在心中形成一种名牌的"光环效应"，它会影响这一品牌下的其他产品或服务。中国有句成语"爱屋及乌"便说明了这种心理效应。

2.企业实力推动

从企业内部讲，企业发展到一定阶段，积累了一定的实力，形成了一定的优势，如企业积累了一定的资金、人才、技术、管理经验，这就为品牌扩张提供了可能，也让企业开始提出扩张要求。特别是一些名牌企业，它们一般具有较大的规模和较强的经济实力，这为实行品牌扩张提供了条件。

中国餐饮界知名川菜品牌俏江南对外扩张的步伐将再次加快。俏江南董事长张兰最近在接受采访时透露，目前公司正在为上市做准备工作，计划通过资本运作与海外收购，在3～5年内开300～500家俏江南分店。

历经十年发展，俏江南业已形成自己清晰的定位，主要服务于中高端市场，并在2008年北京奥运会场、2010年上海世博会等重要赛事活动中崭露头角。

张兰的海外开店计划直接剑指高端市场。她表示，俏江南要改变全球人对中餐的印象，如果开店不会选在唐人街，一定要进入（西方）主流社会，选择汇聚主流人群的地方，比如说香榭丽舍大街等，"旁边有大品牌的地方，就一定会有俏江南"。

从俏江南的扩张可以看出，品牌扩张是企业实力的表现，品牌扩张的良好进行会给企业带来巨大效益。

3.市场竞争压力

品牌的生存发展也同样摆脱不了市场竞争。市场竞争的压力常会引发品牌扩张的行为，市场竞争压力下的品牌扩张主要指由于竞争对手在某些方面做出了调整，或进行了品牌延伸或市场扩大，而迫使企业不得不采取相应对策，采取相应的品牌扩张措施。竞争对手的品牌扩张使其实力增强、规模扩大或发生了其他有利于竞争的变化。

麦当劳由美国走向世界进行全球性的品牌扩张，其销售额、利润都获得了巨大发展，品牌知名度也在世界范围打响。作为其主要竞争对手的肯德基在这种竞争态势下也必须采取相应的措施，开展品牌扩张战略。肯德基也必须进行全球扩张，以抵御麦当劳实力增长给其带来的竞争压力，否则，肯德基便在这场竞争中处于下风，并可能导致失败。

4.外界环境压力

企业是在一定的外界环境中生存、发展的，外界环境会对企业的发展、品牌的扩张产生重大影响，外界环境造成的压力常常也是企业进行品牌扩张的原因之一。

企业生存的外部环境主要指影响企业的宏观环境，如政治环境、自然环境等，这些因素对企业来说是不可控的，任何环境因素的变化都可能导致企业进行适应性变革，这些变革很多是品牌扩张的内容。

5.规避经营风险

对于单项经营的企业来说，此项业务的失败，会使企业唯一的经营活动失败，从而给企业带来严重的损失。由此，众多的企业在发展中往往采用品牌扩张的策略，进行多元化经营，从而规避经营风险。实施品牌扩张，使企业左右逢源，保证了企业平稳发展。

三、品牌扩张价值

在市场经济不断发展的今天，品牌代表着企业拥有的市场，在一定程度上也代表着企业的实力。实际上利用品牌资源实施品牌扩张，已成为企业发展的核心战略。

1.优化资源配置，充分利用品牌资源

只有合理配置各种资源，使其充分发挥作用，才能使企业走向良性发展道路。品牌是企业重要的资源，企业在发展品牌战略中可能会出现这样那样的问题。

如小肥羊、小天鹅、德庄等餐饮企业都有其本品牌的火锅底料，可以说是典型的餐饮品牌资源。

 拓展阅读

小肥羊品牌是如何扩张的

小肥羊调味品有限公司成立于2003年，是小肥羊餐饮集团唯一生产调料的全资子公司，是国内外小肥羊餐饮店面标准化火锅底料和全球小肥羊家装火锅底料系列产品、肉酱系列产品、蘸料系列产品、香辛料系列产品、辣椒制品类系列产品供应商。

2006年以来，小肥羊分别被国家相关部委授予或评定为调味品十强企业、内蒙古名牌产品、中国优质名牌产品、国家良好行为AAAA级企业，是目前为止西北乃至华北地区最大的复合调味品生产加工企业。

公司自成立以来，一直秉承品质第一、安全至上的经营管理理念，始终把食品安全视为指导一切经营活动的核心宗旨。在原料采购环节，采用基地化采购管理模式，先后在新疆焉耆、河北冀州、广西玉林、宁夏中宁等地建立了年产10000吨的核心原料种植基地，其中四大种植基地均通过国家有机食品认证机构认证。纯天然无污染的原料是小肥羊调味品公司实现食品安全保障的关键环节；在生产加工环节，小肥羊调味品公司是国内乃至全球首家采用全自动化生产流水线加工火锅底料类产品的企业，标准化的生产设备、科学规范的生产工艺确保了小肥羊系列调味料产品始终如一的优良品质，从而也打破了中餐实现标准化的瓶颈，使小肥羊在几年内力挫群雄成为中餐第一品牌；先进的检验化设备、严格规范的管理体系、精细高效的员工队伍是实现小肥羊系列调味品高品质的保障。公司秉承以人为本、顾客至上的经营理念，在人才引进、技术创新、管理创新、制度创新等方面一直引领着行业的发展。"一流企业做标准"，小肥羊调味品公司于2008年正式成为火锅底料国家标准的起草单位，成为行业标准的制定者和引领者。公司始终以不断创新，追求人类健康、美味生活为己任，以持续探索并弘扬民族饮食文化，使之享誉全球走向世界为使命，力争打造最受消费者欢迎和信赖的调味品行业首选品牌。

2.借助品牌忠诚，减少新品"入市"成本

当企业进行品牌扩张，对新产品以同一品牌投放市场时，就可以利用消费者对该品牌已有的知名度、美誉度、信任度及忠诚心理，以最少的广告、公共、营业促销等方面的投入，迅速进入市场，提高新产品的开发、上市场的成功度。品牌扩张常利用已有品牌及产品的美誉度、知名度、追随度来提携新产品，为新产品上市服务。

3.提高市场占有率

品牌的扩张更为目标市场扩大了领域，为消费者提供了更多的选择对象，增强了品牌的竞争力。品牌扩张能使品牌群体更加丰富，对消费者的吸引力更大。

4.实现收益最大化

规模经济可以实现企业运营的最低成本，从而使企业低成本扩张，扩大生产能力，增强企业实力，实现收益最大化。品牌扩张在一定程度上使企业规模扩大，充分利用闲置资源，合理进行闲置配置，从而实现"规模效益"。

我国首家民营餐饮企业上市公司湘鄂情，在经过2010年整个年度的稳步发展，

调整品牌扩张的思路、布局之后，2011年开始将加大湘鄂情品牌扩张的步伐，年内完成国内以行政区划分的品牌扩张战略部署。

特别提示

品牌扩张可以给企业带来巨大效益，但也伴随着巨大的风险，品牌扩张应在一定的科学思想指导下进行，以减少、避免品牌扩张给企业带来的风险。

四、餐饮品牌竞争环境

识别竞争是餐饮品牌扩张战略的前提和基础，虽说盲目的品牌扩张在餐饮行业中屡见不鲜，但总体来看餐饮行业竞争可以分为四种形式。

1.份额竞争

主要在同质化餐饮企业中表现得尤为突出，当市场需求稳定，需求增长率趋缓时，为了保持已有的利润率和维持投资效益，通过扩大市场占有率来达到这一目的。

2.差别竞争

在同一个行业里，企业之间通常使用的竞争手段是菜品、价格及服务上的差别竞争。

3.规模竞争

在发展较为成熟的餐饮行业，规模扩张是企业降低成本最有效的手段。

4.多元化竞争

随着自身能力的不断增强，以及潜在竞争对手的不断出现，多数餐饮企业开始多元化发展、培养不同的餐饮形态和品牌来应对市场挑战。

五、餐饮品牌竞争格局

1.处于垄断竞争阶段

由于餐饮技术人才的流动性大，产品同质化严重，为控制质量和成本，降低部分风险，多数竞争对手开始采取前后一体化的竞争战略，向供应链上方不断突破，不断拓宽下游企业。如许多餐饮企业都投资兴建了自己的原料供应基地，纷纷建立食品加工厂，拓宽销售范围。这种业态的竞争类别属于形式竞争，品牌扩张策略较多地需要依赖品牌传播和品牌推广。

2.连锁式发展

为了发挥资金、成本控制优势，大多数餐饮企业纷纷走连锁经营道路，可以有效地提高餐饮行业潜在对手的进入门槛，使企业品牌部分得到提升。

3.竞争类别多样化

如今餐饮种类多样，形式丰富，各种相关的餐饮替代品和新的餐饮形式不断兴起，在就餐形式上改变了很多消费者的就餐习惯。

六、餐饮品牌扩张策略

1.餐饮品牌识别策略

品牌识别策略是品牌扩张策略的第一步，是消费者对品牌的第一印象。品牌识别是所有品牌活动的基础，对于餐饮企业来说其品牌识别可以通过对竞争态势的分析建立其自己品牌的核心识别、精髓识别和延伸识别。

2.餐饮品牌定位策略

品牌定位是要针对顾客的心理，将产品在潜在顾客的心目中确定一个适当的位置。餐饮品牌定位的前提条件是清晰、完整的企业竞争战略，找出企业的比较优势，明确企业最佳发展方向，当餐饮企业需要重新定位时，要经过企业的竞争态势分析-企业品牌定位理念的形成-围绕企业品牌定位理念的具体定位-定位更新这一过程。

3.餐饮品牌形象

我国餐饮企业在品牌形象的塑造上一直投入不足，餐饮行业中叫得响的大品牌并不多。相对于国际餐饮品牌，我们在品牌形象的推广上欠缺很多。从品牌传播的角度看，品牌形象的支撑是品牌文化，只有拥有独特、深厚的文化内涵，品牌形象才更丰富，更有魅力。同时，一个品牌持久的生命力，在于品牌蕴含和代表的被消费者普遍而且持久认同及接受的文化底蕴；没有文化的支撑，品牌的形象就苍白而肤浅。

酒楼饭店的装修要有个性，如果饭店是老字号，有历史话题、人文典故，则可以在这方面做文章：如果饭店经常有名人光顾，就要形成自己的风格。

著名的麦田村餐饮连锁集团，其重要的广告手段是在店堂四壁张贴凸现麦田村餐饮文化的"爱情宣言"，这让消费者在惊奇之余忍不住坐下来细细品味广告给他们带来的"麦田村"文化，若顾客有兴趣，还可以自己动笔写出自己的"爱情宣言"，由店内的美工经过特殊的文字处理，堂而皇之地在麦田村的墙上展示。

4.餐饮品牌推广

品牌推广在品牌识别、定位和品牌最终形象之间起着中介和桥梁作用。不管品牌识别有多清晰，品牌定位多准确，若离开了强有力的品牌推广，也无法实现最终的品牌形象目标：餐饮企业品牌推广的过程，是品牌形成的过程，也是消费者对品牌的逐步认识过程。

因此，品牌推广可以说是品牌塑造的关键环节，在明晰了餐饮企业品牌识别、定位与整体形象目标之后，餐饮企业具体的推广策略可以因地制宜，因人而异，根据地方产业发展政策。

七、制定加盟连锁标准

餐饮品牌要成功实现品牌连锁扩张，一定要制定统一加盟连锁标准。

拓展阅读

俏江南加盟手册

俏江南集团旗下的第一个餐饮品牌，2000年4月16日在北京CBD核心区——中国国际贸易中心正式成立，并在短短的几年内得到迅速的发展。

俏江南在立足于中国传统美食文化的基础上，勇于突破、大胆创新，将经典中华美食与时尚现代的设计经营理念相结合，不但追求菜品的创新与融合，还在餐厅设计上标新立意，

将中国古典的江南小桥流水进行西式设计，每一间餐厅均采用不同的装饰风格，并聘请国际级设计师量身定做，以中西合璧、风格各异的餐厅环境，为消费者带来时尚、健康、高雅的就餐体验。

2006年，俏江南的战略发展规划中加入特许经营的业务，俏江南开始将在北京和上海等城市的经营积淀，向国内二级城市展开渗透。同时俏江南也重新调整战略目标，利用原有的客户群体和需求进行细分，针对顶级服务市场、高端商务餐市场、时尚健康美食市场，将中式商务正餐的菜品、服务、环境和理念推向极致。

到目前为止，俏江南已在北京、上海等最具商业价值的城市和地段，开设了40多家分店，总营业面积超过七万平方米，员工超过6000名，仅2008年一年已有逾1100万商务人士、时尚精英和外籍人士在俏江南用餐。未来还将在全国发展50多家新的连锁餐厅，并将登录美国、日本等海外市场。

2007年4月，俏江南集团已经与全球知名的航空配餐企业Marfo公司达成合作，俏江南中餐已由Marfo公司送入法国航空公司、荷兰航空公司，正式开展供餐合作，服务标准与菜品质量开始受到国际的认可。同时，作为北京奥运会的餐饮服务商，俏江南还在北京奥运期间为奥运场馆提供餐饮服务。

2007年11月，俏江南被正式认定为"中国驰名商标"，获得了中国唯一在

全球范围内得到国际法律保护的商标标志，也进一步开拓了俏江南在海外市场的发展空间。10年的健康成长，让俏江南逐步树立了中国高端服务的新标准，发展成为最具时尚品位和创新理念的世界级中国餐厅，并带领中餐行业向具有国际水准的中国民族餐饮品牌迈进。

加盟区域：不限。

培训时间：0周。

加盟金：35万元。

保证金：无。

经营模式：特许连锁，直营连锁。

适合人群：自由创业，现有公司增项。

选址建议：商业街商铺。

其他要求：认同俏江南的企业文化和经营理念，诚实守信，没有犯罪及信用不良的记录。与俏江南所有品牌没有利益冲突，具有企业家精神，又有很好的企业管理经验和能力，拥有足以投资此项事业的资本。

地址：××××××××。

邮编：××××××。

电话：×××××××××。

八、餐饮品牌异地扩张

很多传统行业都在走连锁加盟模式，但在异地扩张方面，很多企业却陷入了进退两难的境地。

1.选址

麦当劳、肯德基为了了解一个地区的生活方式和消费能力，甚至分析该区域的生活垃圾，寻找相关数据。

首先，考虑选择在哪个级别的城市，其次考虑选择在哪个区域。选址与市场定位密不可分，什么样的定位决定了选择什么样的店址。

2.调研

在市场扩张前，能够找到合适的市场调研公司是比较好的做法。实在不行，企业就需要花一定精力去深入地了解将要进入的市场状况，比如市场容量、群体特征、竞争对手、潜在加入者、自身及对手优势与劣势、3～5年内的市场变化及竞争格局等。

连锁行业在异地扩张，目标群体的消费习惯才是最重要的，消费能力倒在其次。如果消费者不认可产品，你再努力也没有用。

3. 人才储备

一个想要做大做强的企业必须储备人才。人才储备必须先于开店前 1～2 年内完成。如果新店已经开张，店长还没确定，那么扩张的结果是可怕的。

异地连锁企业的发展，最重要的是对人的管理而不是制度管理。以人为本，是推动企业向前发展的核心所在。如果人是对的，那么这个企业也会是对的；如果人错了，再怎么正确的制度，也挽救不了人的错误带来的悲剧结局。

4. 一味扩张

扩张与做大时，一定要弄清单店与总体的关系。只有单店做好了，整体才会持续发展。如果只求规模、速度、市场占有率、表面贴金或数量增长，而不考虑单店生存状态，那么，一旦资金流出现异常，小则元气大伤、前功尽弃，大则瞬间崩盘、全局皆输。

 拓展阅读

全聚德品牌扩张

目前，全聚德仍然坚持走以直营连锁为主、特许连锁为辅的连锁发展道路，计划在国内、海外继续增加连锁店的数量，但其扩张方式已经有所调整，尝试采取"特许＋托管＋收购"三合一的开发模式，即在开店初期由加盟商投资、连锁经营公司进行业务辅导，并在合同中约定——度过培育期后，公司可选择购回门店作为直营店，力求有效规避新建企业前期市场培育的经营风险，为3年后直营店发展进行有效储备，降低培育市场的投资风险。

 拓展阅读

湘鄂情品牌扩张

湘鄂情同样采用以直营店为主、以加盟店为辅的策略，在直营店方面主要采用全资控股模式，对各加盟店则由公司直接派驻店长和驻店董事，对其管理比照直营店的标准进行。除了2010年新开门店亏损外，其在武汉、长沙、株洲、太原的老店运营均告盈利，且基本都在百万元以上。上市后，湘鄂情扩张提速，2010年收购2家加盟店、直营店开业8家，共拓展12个项目，多在外地，这些项目将进一步验证其运营模式的可复制性。

第三节　品牌保护

品牌保护，实质上就是对品牌所包含的知识产权进行保护，即对品牌的商标、专利、商业秘密、域名等知识产权进行保护。

一、品牌硬性保护

美国可口可乐公司创始人曾经说过："即使可口可乐公司在一夜之间被大火烧为灰烬，它在第二天就能重新站立起来，因为可口可乐的品牌价值高达600多亿美元，这就是品牌的力量，是大火烧不掉的财富"。

既然品牌是如此重要，那么，该采取什么样的方法和措施对餐饮品牌进行有效的保护呢？

对品牌的硬性保护，主要是指对品牌的注册保护，它包括纵向和横向全方位注册，不仅对相近商标进行注册，同时也对相近行业甚至所有行业进行注册。

比如娃哈哈公司对商标的注册，不仅包括了娃哈哈，还有娃哈娃、哈哈娃、哈娃哈等，光是防伪注册就有70多种，这样一来就确保了品牌保护的万无一失。

1.商标注册的好处

商标是企业的生命，可以成为最有价值的财产；商标代表了产品与服务的质量和信誉，能使消费者记住产品和服务；注册商标不仅是协助企业快速成长的利器，也是企业创造利润的必经之路。具体来讲，进行商标注册有以下好处。

（1）为企业可持续发展，创造强势品牌奠定基础。

（2）具有区别商品或服务出处的作用，引导消费者认牌购物或消费。

（3）促进生产者或经营者不断提高、稳定产品或服务的质量。

（4）有利于市场竞争和广告宣传，是企业信誉和质量的象征。

（5）避免自己的商标被他人抢先注册，避免无意侵权而支付巨额赔偿。

"格拉条"是阜阳名小吃，就是一种类似面条的即食小吃。可是，阜阳特色小吃格拉条的商标已经被北京的一家餐饮公司抢注。

根据《中华人民共和国商标法》规定，一旦"格拉条"商标被北京的这家公司注册成功，该公司有权要求阜阳的格拉条停止经营或支付使用费用。同时，根据相关规定，阜阳格拉条属近似商标，将不会再有申请注册的机会。

（6）能防止或阻挠他人在所专用的商品或服务类别上再注册一个相同或令人混淆的商标。

湖北周黑鸭食品有限公司是商标"周黑鸭"文字和一个椭圆拱门内的"卷发小男孩"图形的商标专用权人。从2009年12月开始，市场上出现了一个"汉味周黑鸭",不仅与"周黑鸭"商标字体相同,且小男孩卡通形象也类似。"周黑鸭"以商标侵权和不正当竞争行为为由,将"汉味周黑鸭"告上法庭。

武汉市中院审理认为,"汉味周黑鸭"标识使用的直发小男孩卡通形象,与"周黑鸭"商标中的卷发小男孩图形的人物主要要素组合后,形象整体相似,构成对"周黑鸭"的商标专用权的侵犯,有明显"傍名牌""搭便车"行为,构成对"周黑鸭"不正当竞争和虚假宣传。

法院一审判决"汉味周黑鸭"立即停止使用带有"周黑鸭"字号的企业名称,不得使用与"周黑鸭"注册商标近似的图形标识,立即停止自行使用或授权他人使用带有"周黑鸭"字样的店面名称或者门面招牌,赔偿经济损失30万元。

(7)有效地对相似的商标提出异议或维权。

拓展阅读

小肥羊商标维权之路

小肥羊餐饮连锁有限公司于1999年9月13日在工商局注册登记成立,在开业仅几个月以后的12月14日,注重知识产权保护的小肥羊公司即向商标局提出了对"小肥羊"这一独创商标进行注册的申请,并于2003年2月14日获得了初审公告。然而,此时便有一些跟风假冒的商家开始对获初审公告的小肥羊商标恶意地提出异议。为此,小肥羊公司为了保护小肥羊这一民族品牌,不得不开始了维权之路。

经过几年来一系列的艰苦诉讼,至2006年5月19日,北京市高级人民法院就西安小肥羊烤肉馆和陕西小肥羊实业有限公司诉国家工商总局商标评审委员会"商标侵权行政诉讼"一案,维持国家工商行政管理局商标评审委员会关于核准内蒙古小肥羊餐饮连锁有限公司3043501号"小肥羊LITTLE SHEEP及图"商标注册的判决,标志着小肥羊维权历程的全面胜利。

该案的终审判决,是该公司"小肥羊LITTLE SHEEP及图"商标在继2004年11月12日获得驰名商标认定后的又一具有历史意义的里程碑,"小肥羊LITTLE SHEEP及图"商标将成为该公司的注册驰名商标,得到《商标法》的全面保护。

几年来,为保护"小肥羊"的自有品牌,小肥羊公司及其子公司做出了巨大的努力,至今为止已在国内申请了36种、涉及17个类别的77件商标,已取得30件商标注册证;另有涉及4个类别的9种商标在26个国家和地区申请了77件商标,目前已取得46件商标注册证;并有3件商标通过马德里国际注册。已经初步形成以"小肥羊卡通羊头"和"小肥羊"文字不同组合的完善的系列商标保护体系。"小肥羊卡通羊头形象"与"小肥羊文字"已经成为小肥羊公司不可分割的一部分。

（8）公司的一项重要财产，有助于公司在股票上市时或被收购时的资产评估。

2.所需提交资料

现在，有专门负责商标注册的公司，可以委托其进行相关事宜办理。一般需要提交以下资料。

（1）《商标注册申请书》一份，填写打算申请的类别和商品/服务。

（2）《商标代理委托书》一份，申请人签字/盖章。

（3）申请人如是公司，需提交清晰的《营业执照》副本复印件一份；如是个人，需提交清晰的身份证复印件一份。

（4）商标图样5份，长和宽应不大于10厘米，不小于5厘米，指定颜色商标应提供彩色图样5份，并附加黑白墨稿1份，图样应当清晰、洁净。

3.商标注册流程

在我国，商标注册流程如下图所示。

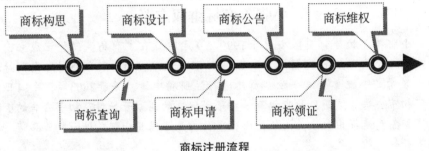

商标注册流程

4.商标注册方式

餐饮企业在硬性保护的同时要注意其他几种注册方式，具体如下图所示。

方式一　行业注册

一个餐饮品牌，不仅需要在餐饮行业进行注册，同时也要考虑到其他的行业，比如在食品、医药、地产、电器、化妆品等行业进行注册，其他行业里就不会出现同名的品牌

方式二　副品牌注册

对于实施了副品牌战略的企业来说，有必要对各种副品牌名称进行注册。比如海王金樽、海王银得菲，如果不对金樽、银得菲进行注册，就可能会出现许多三九金樽、太太金樽甚至海尔金樽，到了最后的时段却是花了很多钱，还为竞争对手无偿地宣传了一回

方式三 ▷ 包装风格注册

对自己企业或公司独特产品的包装风格，要立刻申请专利保护，如可口可乐的外形包装，其他的饮料企业公司就不能模仿，以防止竞争对手模仿偷袭

方式四 ▷ 形象注册

如今，形象物已被越来越多的企业所使用。如大家所熟知的麦当劳叔叔、肯德基上校、一休小和尚等。这些形象的使用成为品牌识别的标志之一，对其进行注册保护，可以维护品牌识别的完整性

方式五 ▷ 跨国注册

在国内有些企业的品牌自我保护意识非常强。据资料显示，日本的松下电器、东芝，日立、美国的通用，德国的汉高等知名企业拥有的商标注册件数都是从几千件到几万件，少数公司的商标甚至达到六七万件

方式六 ▷ 近似注册

比如"太子奶"与"太于奶"，这只不过是一个字"子"与"于"之间的区别。这就是一种其他企业的"近似注册"。这种注册方式，对于企业品牌的伤害很大，会大幅度影响企业在市场中的销量。"太子奶"如果在同行业中同时注册"太于奶""太小奶"等名称，就可以有效避免

商标注册方式

拓展阅读

"我佳"咖啡遭遇近似注册

随着"我家咖啡"的名气越来越旺，厦门当地不少餐馆负责人，也开始纷纷"傍名牌"，陆续涌现出不少"我家茶餐厅、我家快餐店、我家冰饮店"等。这些餐馆令"我家咖啡"创始人王先生感到非常气愤，可由于公司没有注册"我家"商标，就连餐饮业最重要的食品包装、餐具等产品，都被外省的"我家"系列企业抢注了，所以根本没办法通过法律手段来维权。

王先生已经意识到注册"我家"商标的重要性，但为时已晚。考虑到重新通过协商的方式，向国内那么多家"我家"企业赎回"我家"商标成本高而且太麻烦，以及今后企业规范化健康成长，王先生决心放弃"我家"字号，而申请注册了"我佳"商标，并逐步把旗下的所有咖啡店改成"我佳咖啡"。

吸取教训的王先生，及时对"我佳"商标进行了一系列相关类别产品的注册与防御性商标注册，而且还注册了相关网络域名等衍生产品、服务。"我家咖啡"改为"我佳咖啡"后，提出"我要做得最好"（我佳）的新企业文化理念，且对公司进行了重新VI系统设计。幸运的是，改为"我佳咖啡"后，公司的业绩不但没有下降，反而快速提升，半年内还增开了两家分店。

二、品牌软性保护

软性保护是指餐饮企业在品牌的管理中，严防做出与品牌核心价值不一致的行为。比如，推出与品牌核心价值不吻合的产品或产品概念，推出与品牌核心，价值不一致的传播与活动等。

1.纵向保护

纵向保护是指在时间上，品牌应该坚持用一个主题去传播，不要轻易改变主题，推出与主题不一致的广告。如果今天定位"安静"，明天又变为"热情"，那么传递的信息将会混乱不堪，这对品牌形象的维护极为不利。

如俏江南品牌的商务气质与奢华风格、SUBU概念餐厅的未来感和时尚感。

2.横向保护

横向保护是指在同一时期品牌的推广上，广告、公关、促销等行为应该协调一致，不能相互抵消。

比如一家餐饮连锁企业，由总部统一进行促销规划，但是各地活动却呈现出五花八门的局面。即使同一个活动，也会出现许多不同的声音。品牌的横向保护需要通过协调统一的营销方式和管理手段来实现，并且需要整个公司营销体系的计划配合。

三、品牌危机处理

1.品牌危机

品牌危机，是指由于组织内、外部的突发原因而对品牌资产造成始料未及的负面影响，包括品牌形象的损害和品牌信任度的下降。

2.品牌危机特征

品牌危机特征，具体如下图所示。

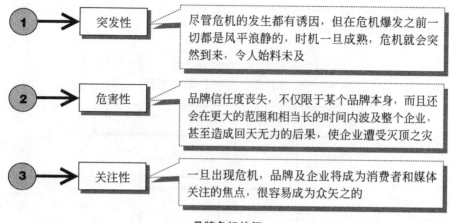

品牌危机特征

3.品牌危机管理

品牌危机管理贯穿于"品牌事件——品牌危机"的始终。从品牌事件发生开始，就要防止品牌事件演化为品牌危机。

肯德基"勾兑豆浆"应急处理

肯德基的"勾兑豆浆"事件引起了社会广泛关注。2011年7月29日，肯德基官网发布信息称，由于传统的现磨工艺无法满足全国3000多家店对品质及食品安全的要求。肯德基最后与供应商益海集团开发出新的豆浆粉。

尽管肯德基向媒体提供的说明中认为，肯德基豆浆粉有别于市面上一般出售的豆浆粉，消费者也认为肯德基醇豆浆口味纯正，接近传统现磨风味。但是问题在于，连早点摊的豆浆都是煮出来的，肯德基那么贵的豆浆竟然是冲出来的，怎么能说得过去？作为国际知名连锁店，连区区一杯豆浆也要愚弄公众，其形象和市场声誉无疑要遭受很大质疑。

本来，肯德基食物的市场形象经过数十年的洗礼，已经得到了消费者广泛的认可，几乎就是新鲜、洁净、高品质餐饮的代名词。肯德基的制作工艺、对原料的选用标准也达到了高品质化。按着这样的思路，消费者想当然地就认为肯德基的豆浆应该是新鲜、现磨的。尽管肯德基并没有声明豆浆是现磨的，公众将豆浆理解为新鲜现磨的也是完全合情合理的。如果不是因为该门店前几箱豆浆粉被网民发现并网络曝光，肯德基估计也不会主动承认。国际知名洋快餐"高大全"的形象在消费者的心里轰然倒塌。

餐饮企业要明确如何处理危机，以及如何同相关利益方进行沟通。品牌危机管理步骤，具体如下图所示。

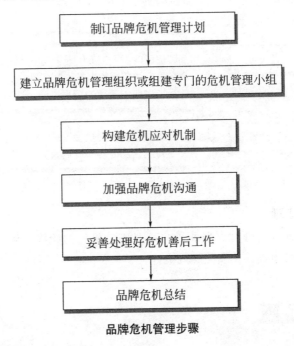

品牌危机管理步骤

4. 制订品牌危机管理计划

有无正式的品牌危机管理计划是衡量一个企业品牌管理水平的标准，缺少品牌危机管理计划的企业常常存在发展不稳定的隐患，风险比较大。品牌危机管理的关键是预防，因此，制订品牌危机管理计划非常重要。品牌危机管理计划的基本内容如下。

（1）危机管理的指导原则和目标。

（2）分析影响品牌的各类潜在危机情形。

（3）紧急情况下的工作程序。

（4）危机报告和汇报结构，以及危机处理团队、危机指挥中心、危机发言人等有关人员及其运作机制。

（5）危机计划的演练、修改、审计等有关规定。

5. 建立品牌危机管理组织或组建专门的危机管理小组

有条件的企业可以事先建立品牌危机管理组织以协调和控制品牌危机。品牌危机管理组织主要由三部分组成，具体如下表所示。

危机管理小组成员应包括：企业最高负责人、业务负责人、公关专业人员、企业法律顾问、行政后勤人员、新闻发言人等。

品牌危机管理组织

序号	组成部分	职　责	备　注
1	核心领导小组或核心委员会	（1）保证企业业务的正常运转、原料来源和产品供应 （2）紧急情况下的预算审核 （3）与政府和特别利益团体进行高层沟通 （4）对机构投资者、媒体、消费者、员工以及其他受到影响的群体传达信息 （5）明确保险政策，与法律顾问沟通，决定特别抚恤金的支付 （6）跟踪公众的动向，准备好到相关现场探视 （7）保证公司董事长或总裁了解事件的总体进展，并且尽快在公关人员的陪同下赶往事故现场，启动媒体沟通程序	由公司的董事会、总裁等组成
2	危机控制小组	（1）向联络沟通小组下达核心领导小组的决策信息 （2）向核心领导小组及时通报事态的进展 （3）从核心领导小组那里接收战略建议，并制定危机处理预算	负责危机处理工作的部门
3	联络沟通小组	没有条件的企业，可以在危机发生后，组建专门的危机管理小组，制定危机处理方案，启动危机管理计划，并协调各项工作	负责与公众、媒体、受害者、公司成员的沟通

6.构建危机应对机制

在企业一旦遭遇品牌事件时，能在第一时间迅速地做出正确反应，以最快速度启动应急机制，及时、准确地判断事件的性质、影响程度及影响范围，并按照危机处置预案，果断采取相应的对策和措施，以求将事件的影响和损失降低到最小，尽可能将事件在可控范围之内。企业处理品牌危机的方式，主要有以下四种。

（1）不能否认问题的存在　否认很容易将事件激化为危机，很容易使简单的品牌形象危机变成品牌信誉危机。否认还有可能被看成对罪责的承认。即使企业确实认为否认是企业的最佳选择，也必须认识到否认所带来的负面效果。

拓展阅读

味千拉面"骨汤门"得不偿失

味千拉面"骨汤门"并不是此次事件的根本原因，最大的问题就在于其态度。任何一个企业都可能会遇到危机，或大或小，面对危机时，企业首先应该摆正自己的态度，必须将所有问题一肩挑起，而味千拉面在这方面是失败的。

每次遇到质疑或者声讨，味千拉面总是不能勇于承认，总是推脱责任。面对骨汤兑制质疑，味千拉面最初不承认；对于为何不披露被罚信息一事，味千拉面沉默以对；报告认证被认证方否认，味千拉面又是"不了解此事"。

对于最初的骨汤兑制质疑或许味千拉面觉得只是一件小事，味千拉面并不予理会，只做了简单的解释澄清，并没有意识到应该去形成一个完整的危机公关战略，从而被接下来的事件牵着鼻子走。正是味千拉面冷漠、傲慢、推诿的态度让公众的愤怒不断增加，事件本身的严重性也被放大，甚至转移到这家企业的道德层面。味千拉面的躲闪与逃避让事件一步步恶化。

味千拉面此次危机公关的失败归结于其没有抓住"快""准""稳"三个要领。当消费者和媒体发出第一声质疑时，企业就应该在第一时间给出回应。味千拉面并没有及时、积极地向社会做出回复，而是等到事件全面爆发后，味千拉面才出面承认。一步之差，步步跟不上，味千拉面一开始就丢掉了化解危机的"良药"。

味千拉面也没找准此次危机的症结所在。其实此次危机就是消费者对其拉面汤底是不是大骨熬制原汤产生质疑，味千拉面以营养丰富的骨汤为名，只要主动向消费者证明兑制骨汤的浓缩液并无食品质量问题，且营养丰富，消费者也不至于一再追问。但是味千拉面只是简单说明其成分，对于其他细节并未给出权威的解释。

当味千拉面的营养认证报告被认证方否认的时候，味千拉面又失去了"稳"。认证方已经否认，这时味千拉面就应该道歉或者进行补偿措施，并积极地与该方进行沟通。在中国农业大学的回复中可以看到，此次认证是中国烹饪协会委托该方进行的认证，那么说明这个认证的结果是事实，只是并不是味千拉面委托进行的，味千拉面如果做出相应措施，其实并不会造成很大影响。

一个个"如果"证明味千拉面丢掉了危机公关的一个个要领，最终将自己推入了深渊。

（2）不能大事化小　理智上讲，这样的反应可能是对的。这种回应方式表现出企业对顾客的关爱程度不够。将事件大事化小，或为自己的观点寻找证据，短期内可能会奏效，但长期下来会激化对品牌的负面宣传。

（3）改变事件在消费者心目中造成的印象　比如企业可以试图影响消费者对负面因素的评价，可以揭露负面宣传中的不真实性和不合理性，可以在营销传播中更加强调品牌带给消费者的利益，可以向消费者说明事件形成的背景等。

麦当劳"薯条危机"

2006年2月，麦当劳在面对"薯条危机"时有三变：一变反式脂肪酸的含量，2月8日麦当劳公开承认每份麦当劳薯条中不利于身体健康的反式脂肪酸含量从过去的6克增加到8克；二变油的品种，麦当劳中国公司2月8日晚发出紧急声明称，目前麦当劳中国内地餐厅的炸薯条使用的是橄榄油，2月9日上午，前一份声明中的橄榄油则改为棕榈油；三变薯条的成分，2月麦当劳在公司的官方网站上悄悄增加了炸薯条"含有小麦、牛奶和麸质成分"等字样，一周后麦当劳公开宣布其薯条中含有过敏成分，而此前麦当劳却一直宣称所售薯条中没有上述潜在过敏原，对乳制品过敏的消费者可以安心食用。麦当劳发出的信息，失去了一个国际品牌应该有的稳重，十分轻浮，前后不一致的信息只会导致社会公众更多的质疑和猜测，加深危机的程度。

（4）召回　将有问题的产品召回。

7.加强品牌危机沟通

危机沟通是指以沟通为手段、以解决危机为目的而进行的一连串化解危机的活动。有效的危机沟通可以降低危机的冲击，而且通过危机沟通，有可能化危机为转机；反之，若没有适度的对外、对内沟通，小危机可能变成大危机，大危机可能导致企业破产。一旦发生品牌危机，就应该立即有计划、有步骤地展开公关行动，加强危机沟通。

（1）确定沟通对象，找到相关利益者。对股东，最重要的是维持股价的平稳；对顾客，要避免不必要的误会使他们产生拒绝购买的行为；对经销商，要保证产品的质量和稳定其信心，维持其继续代理产品的决心；对媒体，迅速给他们提供准确及时的消息是最关键的；对于工商行政部门，要积极配合他们的工作。

（2）选好发言人。发言人应具有良好的应变能力和语言技巧，一般由公司高级主管直接担任。

（3）统一口径，用一个声音说话。

（4）运用多种沟通工具进行危机公关。

8.妥善处理好危机善后工作

品牌危机一旦过去，则进入休眠期，企业还必须做好善后处理工作，防止危机再度发生，并尽快恢复公司信誉与品牌形象，重新取得社会、客户、政府部门等方面的信任。善后处理工作主要包括遗留问题处理和滞后效应处理。

（1）遗留问题处理包括：对外，企业除应勇于说明危机发生的原因与处理情形外，并应声明愿意负起道义上的责任；对内，管理层应以沟通的方式来治愈组织成员心理上的创伤，让大家了解危机对于公司品牌所造成的严重影响，来获取成员们的认同进而恢复正常工作。

（2）滞后效应处理包括：一是公司必须重新建立起公司的利益相关者对公司的信心；二是公司的管理者应该密切注意社会公众和利益相关者对公司形象的看法，采取积极的实质性的措施来维护公司品牌的形象。

9.品牌危机总结

品牌危机总结是整个品牌危机管理的最后环节。对危机的总结，就是重新审视品牌危机出现的原因，从制度上预防危机再次发生，并且把本次处理品牌危机的方法和经验记录下来，以供日后参考。它对制定新一轮的危机预防措施有着重要的参考价值。

品牌危机总结主要包括三个方面：一是调查危机发生的过程；二是评价危机管理的效果；三是整改危机管理的不足。

第七章
其他营销方法

引言

　　除了前述的餐厅营销方法以外，餐饮企业还有许多其他的营销方法，如菜单营销、店内营销、跨界营销等，这些营销方法若运用得当，对餐饮业绩的拓展是大有功效的。

第一节　菜单营销

菜单是现代餐厅营销乃至整个经营环节的关键要素。菜单是一个餐厅的产品总括。好的菜单编制是企业及顾客之间的信息桥梁，是企业无声的营业代表，它能够有效地将企业的产品策略、菜谱设计重点、产品特点传达给顾客，进而引动优质营销行为系统，达到店家、顾客双赢目的。

一、认识菜单

菜单是向顾客介绍餐饮经营商品的目录单，同时又是指挥、安排和组织餐饮生产与餐厅服务的计划任务书，是餐饮生产和服务运转的第一环节。菜单主要包括零点菜单和筵席菜单两种。

1.零点菜单

零点菜单是宾客从菜单上选择了菜品后，服务员在记账单上书写菜名，传至厨师作为配菜、烹调的手续，也是顾客结账的凭据。

零点菜单

2.筵席菜单

筵席菜单是指全套菜品、点心、酒水（有时不写）、果品，按上席顺序排列成完整名单。主要是指各种宴会菜单，如婚宴、谢师宴等。

婚宴产品的销售在酒店的收入中占有越来越重要的位置，酒店对婚宴产品的开发和营销也越来越重视。

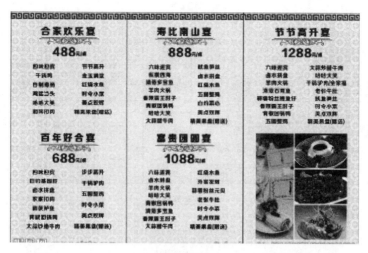

宴席菜单

面对婚宴市场这块"蛋糕",有众多的酒店想要来分上一块,尝尝甜头。如何能够分到更大块的"蛋糕",是酒店转攻婚宴市场的关键之处!

① 特色 婚宴举办一定要有特色,无论是场地、司仪还是文化等,餐饮企业都应该独具特色。如今,婚礼模式几乎千篇一律,如何体现出本餐饮企业的特色对消费者来说是存在很大吸引力的。比如:餐饮企业独特的中式婚礼设计,或者避免与其他餐饮企业雷同,根据新人自身经历设计的别具匠心的西式婚礼,精心设计的婚房等。

② 文化 餐饮企业举办婚宴不只是举办一个仪式,而是要在进行这个仪式的时候体现出一种文化。如在浙江某酒楼里面,就有专门与婚礼相符的"十里红妆""大登科""小登科"等文化,而且还有与婚礼相匹配的酒文化"女儿红"。在举办婚宴的时候,也能很好地将这些文化与婚礼相融合,给人别具一格的新鲜感!

③ 服务 越来越多的人选择在酒楼举办婚礼,不仅是因为酒楼营造的氛围,还有就是酒楼的服务齐全。要想赢得口碑,做好婚宴市场,不但要服务齐全,更要服务优异,从婚前准备到贴身婚礼管家,再到婚后蜜月等"一条龙"服务,要处处站在让新人满足和幸福的角度去迎合消费者。比如香格里拉酒店推出的全球香格里拉酒店蜜月之旅、结婚周年纪念住宿、水疗及餐饮消费等服务。

④ 定位 要想做好婚宴市场,那么酒楼的定位就不能仅仅是举办一场婚宴,而是定位于"为顾客设计一场浪漫幸福的花开并蒂礼"。以顾客为出发点,以顾客感受为标准,以幸福圆满为宗旨。

⑤ 营销 将这些文化、这些特色和服务图文并茂地设计出来并且传达给消费群体,也可以利用价格手段,比如打折来吸引顾客,还可以利用"集体婚礼"为99对(数目不限)新人一起举行婚礼,或者用捆绑销售(比如:蜜月游与婚礼捆

绑）等方式进行营销。

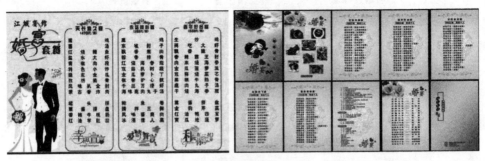

婚宴菜单

以下是××酒楼婚礼宴席营销，仅供参考。

🔍【实战范本】×× 酒楼婚礼宴席营销 ▶▶▶--------------------------

尊敬的顾客：

您好！

欢迎您光临我们酒楼，也非常感谢您一直以来对我们的关心、支持和爱护。经过近几年的拼搏和努力，××酒楼在品牌经营和发展中进行了大胆的探索和实践，形成了自己的品牌发展模式，而今已发展成为拥有100多名员工的大型餐饮酒楼。××酒楼靠的就是讲真诚、讲信誉的经营理念和奋斗精神，并把顾客的满意作为我们工作、学习的指南和追求。

酒楼在倡导健康企业理念、建立丰富内涵的企业文化等方面都进行了大胆尝试和创新，先后推出了"××、××、××等"深受消费者欢迎的名菜，形成了"以员工为中心的管理和以顾客为中心的经营"的具有"××酒楼"特色的企业文化。在经营方面，酒楼形成了多元化经营的产业格局和以品牌及健康为导向的经营。

我们公司在经营中一直遵循坚持"诚信为本"的经营理念；坚持"把餐饮业当事业做"的社会价值观；坚持"以市场为导向，以顾客中心"的经营宗旨；坚持"立足××，面向全省，走向全国"的发展战略。形成了自己独特的经营特点和经营风格，赢得了广大顾客的信赖，先后荣获"××"等荣誉称号。公司的品牌效应和美誉度得到更进一步提升。

为感谢社会、回报顾客，特别推出宴席优惠。

此致敬礼！

××酒楼餐饮公司

××年××月××日

××酒楼包婚礼宴席优惠活动如下。

一流的婚礼殿堂将为您留下终生美好的回忆，××酒楼价格让您感动、服务让您心动、菜肴让您味动。

一、优惠活动一

1.5～10桌送礼品一份。

2.11～20桌送礼品一份、婚庆消费券200元/张、××酒楼请帖（订桌数的50%）。

3.21～30桌送××酒楼会员卡5张、婚庆消费券200元/张、××酒楼请帖（订桌数的50%）。

4.31～40桌送××酒楼会员卡15张、婚庆消费券300元/张、××酒楼请帖（订桌数的50%）。

5.41～50桌送××酒楼会员卡30张、婚庆消费券300元/张、××酒楼请帖（订桌数的50%）。

6.51桌以上送××酒楼会员卡40张、婚庆消费券300元/张、××酒楼请帖（订桌数的50%）。

7.散瓜子、散喜糖、喜牌、餐巾纸（免费赠送）。

8.酒水优惠（超市价）。

9.10桌以上（免费提供主持人、场地布置）。

10.著名节目主持人有偿为您主持婚礼（提前预定、价格面议）。

二、优惠活动二

（一）选择消费项目

1.烛台，优惠价260元。

2.香槟塔，优惠价260元。

3.泡泡机，优惠价160元。

4.冷烟火（4支），优惠价50元。

5.雪花机，优惠价240元。

（二）免费赠送项目

1.地毯，优惠价200元。

2.舞台背景，优惠价160元。

3.追光灯，优惠价300元。

4.绢花路引，优惠价25元。

5.发光树，优惠价25元。

6.绢花拱门，优惠价380元。

7.气球拱门（10米），优惠价80元/米。

三、优惠活动三（宴席菜单优惠）

见宴席优惠菜单、每桌赠送水果，本店的凉菜量较大，可以作为主菜。

菜单一　（原价385元，优惠价338元）

```
一、精美四凉碟
    香炸刀鱼仔18元        湘西口水鸡26元
    洋葱黑木耳16元        花仁拌时疏16元
二、营养六大菜
    农家小炒肉22元        片片枫叶情28元        保康炖菜28元
    酱鸭锅仔38元          夹馍扣肉28元          红烧武昌鱼28元
三、美味四热炒
    肉沫粉丝煲12元        海鲜蒸鸡蛋18元
    三丝瓜瓜脯15元        清炒时蔬菜16元
四、开胃养颜汤羹
    野山菌汤28元          南瓜银耳莲子羹18元
五、健康主食、点心
    黄金小饼16元          酱卤汁拌面12元
```

菜单二（原价410元，优惠价368元）

```
一、精美四凉碟
    香炸刀鱼仔18元        湘西口水鸡26元
    洋葱黑木耳16元        花仁拌时疏16元
二、营养六大菜
    农家小炒肉22元        片片枫叶情28元        保康炖菜28元
    酱鸭锅仔38元          夹馍扣肉28元          红烧武昌鱼28元
三、美味四热炒
    干锅花菜18元          油焖野生菇26元
    水煮肉片28元          清炒时蔬菜16元
四、开胃养颜汤羹
    酸辣肚丝汤28元        南瓜银耳莲子羹18元
五、健康主食、点心
    黄金小饼16元          酱卤汁拌面12元
```

菜单三（原价466元，优惠价418元）

一、精美四凉碟

　　香炸刀鱼仔18元　　　湘西口水鸡26元

　　洋葱黑木耳16元　　　花仁拌时蔬16元

二、营养六大菜

　　红焖全膀48元　　　黄陂三合38元　　　保康炖菜28元

　　酱鸭锅仔38元　　　夹馍扣肉28元　　　红烧武昌鱼28元

三、美味四热炒

　　片片枫叶情28元　　　干炒酱香山药26元

　　辣得跳38元　　　　　清炒时蔬菜16元

四、开胃养颜汤羹

　　酸辣肚丝汤28元　　　南瓜银耳莲子羹18元

五、健康主食、点心

　　黄金小饼16元　　　　酱卤汁拌面12元

菜单四（原价518元，优惠价458元）

一、精美四凉碟

　　香炸刀鱼仔18元　　　　深井烧鹅仔28元

　　洋葱黑木耳16元　　　　花仁拌时蔬16元

二、营养六大菜

　　红焖全膀48元　　黄陂三合38元　　椒盐基围虾38元

　　扒烧全鸡36元　　襄阳扣肉28元　　清蒸武昌鱼28元

三、美味六热炒

　　木须肉26元　　　　片片枫叶情28元　　　干炒酱香山药26元

　　保康炖菜28元　　　清炒时蔬菜16元　　　油焖野生菇26元

四、开胃养颜汤羹

　　酸辣肚丝汤28元　　　南瓜银耳莲子羹18元

五、健康主食、点心

　　黄金小饼6元　　　　酱卤汁拌面12元

菜单五（原价538元，优惠价488元）

一、精美四凉碟

　　香炸刀鱼仔18元　　　烧鹅仔28元

　　洋葱黑木耳16元　　　花仁拌时疏16元

二、营养六大菜

　　红焖全膀48元　　　黄陂三合38元　　　椒盐基围虾38元

　　扒烧全鸡36元　　　夹馍扣肉28元　　　干烧马面鱼48元

三、美味六热炒

　　片片枫叶情28元　　　干炒酱香山26元　　　保康炖菜28元

　　木须肉26元　　　清炒时蔬菜16元　　　油焖野生菇26元

四、开胃养颜汤羹

　　酸辣肚丝汤28元　　　南瓜银耳莲子羹18元

五、健康主食、点心

　　黄金小饼16元　　　酱卤汁拌面12元

菜单六（原价620元，优惠价568元）

一、精美六凉碟

　　香炸刀鱼仔18元　　　烧鹅仔28元　　　蒜粒白切肉26元

　　洋葱黑木耳16元　　　话梅芸豆蜜22元　　　花生拌时疏16元

二、营养六大菜

　　红焖全膀48元　　　黄陂三合38元　　　椒盐基围虾38元

　　扒烧全鸡36元　　　夹馍扣肉28元　　　三味蒸回鱼88元

三、美味六热炒

　　片片枫叶情28元　　　保康炖菜26元　　　手撕包菜12元

　　牛肉炖粉皮36元　　　清炒时蔬菜16元　　　油焖野生菇26元

四、开胃养颜汤羹

　　酸辣肚丝汤28元　　　南瓜银耳莲子羹18元

五、健康主食、点心

　　黄金小饼16元　　　酱卤汁拌面12元

菜单七（原价706，优惠价658元）

一、精美六凉碟

五香熏鱼28元　　　　茴香道口鸭38元　　　　透味卤牛肉32元

洋葱木耳16元　　　　话梅芸豆22元　　　　　花生拌时蔬16元

二、营养六大菜

红焖全膀48元　　　　黄陂三合38元　　　　　椒盐基围虾38元

扒烧全鸡36元　　　　夹馍扣肉28元　　　　　三味蒸回鱼88元

三、美味六热炒

片片枫叶情28元　　　明珠甲鱼68元　　　　　糯米藕28元

馋嘴蛙38元　　　　　白灼时蔬菜16元　　　　油焖野生菇26元

四、开胃养颜汤羹

酸辣肚丝汤28元　　　南瓜银耳莲子羹18元

五、健康主食、点心

黄金小饼16元　　　　酱卤汁拌面12元

二、菜单制作前考虑的问题

菜单制作的好坏与餐厅的经营成败息息相关，所以在制作之前，当然要考量餐厅基本的资源，经过慎重分析考虑，才能规划一个获利最大、行销力量最强的菜单。通常菜单形成前要考虑下列几个问题。

1.服务的方式

无论是自助式、法式、俄式或是中国圆桌式的服务，都直接影响菜色的选择及菜单的结构。

2.菜色的种类

菜色的种类是指食物因不同烹调的风格，而呈现出区域性或国籍性的差异，如川菜、湘菜、粤菜、法国菜、德国菜等。菜色的种类也会影响菜单的设计。

3.顾客需求

每个人对食品的口味，都有着各自不同的喜好。经由调查、统计分类，可以显示餐厅所在地区的社会、经济情况，如学校、住宅区及办公区，都有其不同的饮食趋势。了解顾客需求的另一个方法，是熟读邻近餐厅的菜单，这是研究市场需求的一种快捷方式。

4.员工的能力及厨房的设备

设备最能评量餐厅在食物制备上的潜力。通常一家新开的餐厅，要先设计好菜单,才能添购设备,如此一来,菜单和设备才能"联手"创造出最高的效用与利润。训练有素且能力强的员工能保证食物的品质,因此,随时储备人员可使人力短缺造成的问题降至最低。

5.市场的需求与利益

市场与行销是决定利润的要件。因此,选择有卖点、利润高的菜色来吸引顾客,则全依赖餐厅对消费市场及顾客需求的敏锐掌握。

三、菜单制作步骤

在对菜单制作有了通盘的概念后,接下来便要从众多的菜色中挑选出适合自己餐厅的最佳组合。这个过程有一定的步骤,如果以量的方式表达,则是一个金字塔图形,如下图所示。

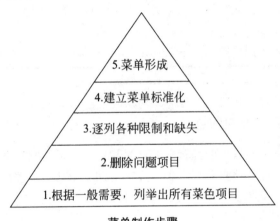

菜单制作步骤

其步骤分为五个阶段。

阶段1:根据一般市场的需求,从食谱、烹调书籍、餐饮杂志中列出所有适合的菜色,以供参考。

阶段2:删除会因产地、季节而改变的问题项目。

阶段3:将剩余的菜色,逐项分析其制备过程中所需的设备和能力,除去无法达成的项目。

阶段4:将现存的菜色逐一试煮、试吃,建立每道菜的标准食谱,若烹调的品质难以维持,则应舍弃这道菜。

阶段5:历经前面四个步骤的筛选,代表一个餐厅的菜单就此产生。

四、菜单设计

菜单既然是餐饮企业宣传的利器,其设计自然要符合餐厅的形象,外形上要能辉映餐厅的主题，颜色、字体要能搭配餐厅的装潢和气氛，甚至经由菜单内容的配置可以反映出服务的方式。

1.外形的设计

完成筛选、定价等步骤后，就必须将所拟订的菜单规划成一种引人入胜的形式。此步骤必须由专业人才和餐饮经理充分沟通，进行整体的设计，项目包括外形、尺寸、质感、颜色、字体、印刷方式等。下列几个技巧则必须注意。

（1）干净且有效地运用空间，但也不要太过拥挤，一般以50％的留白最为理想。

（2）封面的设计需具吸引力，并且能与餐厅的室内装潢互相辉映。

（3）菜单的配置形式很多（见下图），不论采用哪一种形式，都需详细考量整体顺序，如上菜的顺序等，但是不妨匠心独具地配上不同的颜色、形状来显示创意。

菜单设计的格式参考

（4）菜名的撰写需清楚易懂，如果是外文的菜名，则需附注翻译或加以叙述。

（5）可适时地加入文字或插页来促销特定食物及饮料。

（6）别忘了加入地址、电话及营业时间，再次地提醒顾客以加深印象。

（7）切不可把菜名或旧价格涂掉，而填上高价或以廉价的菜色取代，一定要重新印制新菜单，以免引起顾客不高兴。

2.更换使用的设计

有些餐厅长年累月使用同一个菜单，或以相似结构的菜单企图招徕顾客，甚至以能长期使用单一菜单为傲。殊不知餐饮市场多变，顾客更是"喜新厌旧"，如果不能维持适度的新鲜感，随时都有被淘汰的可能。

（1）循环菜单　菜单的制作耗时费力，不可能经常更新菜单。最有效率也最具成效的方式，就是以几个菜单轮流使用，并按一定的系统制度来做适当的调节。

循环的方式有下列几种：以周或月为单位的单纯循环；以几套菜为单位单纯循环；以数个套餐不定期循环；菜色拆开的循环。

（2）季节菜单　有些餐厅会依产品的产期而推出不同菜色的季节性菜单，或在餐饮的淡旺季中适时地变化菜单，以特殊口味或低价吸引游离客人。

特别提示

菜单设计常犯的错误有：尺寸太小，菜式种类又多，增加阅读的困难；字体太小，老年人不易阅读；没有描述菜肴内容；每一项目都用相同的表现手法，无法凸显获利较高的菜色；点心和饮料等可额外获利的餐品并未列入；空白页太多，造成浪费；整体设计与餐厅风格或餐品内容格格不入。

以下是××餐厅推出的季节性菜单推广宣传，仅供参考。

【实战范本】××餐厅：为您度身定做季节性菜单 ▶▶▶----------------

品尝每月精选菜单配特选美酒，唤起味蕾新体验。××餐厅每个月均会根据季节当造食材，度身设计全新的季节性菜单，每款佳肴更特意配上精选美酒。食客可以980元的价钱品尝本月份全新的七道菜肴菜单，另外，只要加400元，便可享四杯精选美酒，佳肴配美酒，创意非凡，务求令食客尽情体验无与伦比的餐饮享受。

（一）菜式介绍

薄切生鲂鱼片配菠萝、青瓜及红莓粉。

Carpaccio di Gallinella con Crudo di Scampi，Ananas，Certiolo e Polvere di

Lamponi.

马铃薯蓉配鲜虾、蘑菇及黑松露。

Fondente di Patate con Tartufo Nero，Funghi e Mazzancolle.

马尔凯式海鲜杂烩浓汤。

Albanella di Crostacei e Mulluschi.

意大利长通粉配鲉鱼、蚬及菠菜。

Paccheri，Scorfano，Spinaci.

马铃薯饺子酿烟熏斯卡莫札软芝士、松露酱及卷心菜。

Ravioli di Patate alla Norcina.

鲈鱼配鹌鹑汁及烤茴香。

Branzino con Salsa di Quaglia，Finocchio Gratinati.

焦糖烤鸭配鹅肝酱、樱花茶、红浆果、菠萝、青柠及薄荷。

Anatra e Foie Gras Caramellati al Te di Ciliegia，Frutti di Bosco，Ananas，Lime e Menta.

柠檬蛋糕、开心果酥配柠檬及西瓜泡沫配血橙雪糕。

Biscotto al Limone e Gelato all' Arancia Rossa.

（二）菜单介绍

菜单以清新可口的前菜揭开序幕，以季节性食材为食客带来无穷新感受。马铃薯蓉配鲜虾、蘑菇及黑松露是××餐厅的一项招牌菜，以马铃薯蓉配鲜虾，以及香味四溢的蘑菇和黑松露，带领食客走进美食之旅。主菜用传统的意大利菜式，融合创新理念炮制出多款以时令食材悉心烹调、风格独特的意大利面、海鲜以及肉类佳肴。××餐厅的另一款招牌菜是著名的马尔凯式海鲜杂烩浓汤（Albanella di Crostacei e Mulluschi）——典型的意大利海鲜浓汤，加上××餐厅的独特风格，用玻璃容器烹调和密封，以充分保留其海鲜鲜味。至于钟情意大利面的食客，则不可错过传统与特色兼备的鲉鱼意大利长通粉，或酿满季节风味、精致可口的意式马铃薯饺子。

（三）主菜及甜品推介

主菜方面，鲈鱼配鹌鹑汁及烤茴香（Branzino con Salsa di Quaglia，Finocchio Gratinati）是别具创意的海鲜菜肴，以鹌鹑汁及海鲜食材的鲜美味道相互融合，为食客呈现非一般的美食体验。除此之外，焦糖烤鸭配鹅肝酱、樱花茶、红浆果、菠萝、青柠及薄荷（Anatra e Foie Gras Caramellati al Te di Ciliegia，Frutti di Bosco，Ananas，Lime e Menta）则是××餐厅另一大受欢迎的精选菜式。

特制的柠檬蛋糕和开心果酥，配上柠檬和西瓜泡沫及血橙雪糕（Biscotto al Limone e Gelato all' Arancia Rossa），多款清新的水果为晚餐带来完美的句号。

（四）其他介绍：美酒配佳肴

××餐厅的美酒专家，特别为以上佳肴美食配对美酒，其中包括2009年的Langhe arneis balange，ceretto，piemonte，以及2007年的Vino nobile di montepulciano，avignonesi，toscana。此外，××餐厅也为食客提供一应俱全的葡萄酒单，让食客可因应个人口味选择。

（五）Happy Hour不二之选

××餐厅为食客提供下班后与朋友好把酒言欢的好去处。每日晚上6～8时，食客以一杯饮品的价钱，即可享用小食自助餐，各式各样的美味小食包括多款冷盘火腿、各式芝士、水牛芝士沙律和每天新鲜烤焗的面包等，配以××餐厅的特色鸡尾酒Summer Spritz，可谓双重享受。

菜式：意大利。

食品种类：西餐，意大利粉，自助餐，小食。

地址：×××××。

电话：×××××。

传真：×××××。

营业时间：星期一至星期日中午12时至午夜12时。

平均每人消费：500元。

地铁站：××站×出口。

---

3. 菜单的呈现方式

菜品排列顺序应与公司盈利收入点和公司促销重点一致。每个餐厅的菜品都可以归为几个类别，如何在菜单上排列这些菜品，对企业的销售有着很重要的影响，餐厅的菜品类别与排列顺序如下图所示。

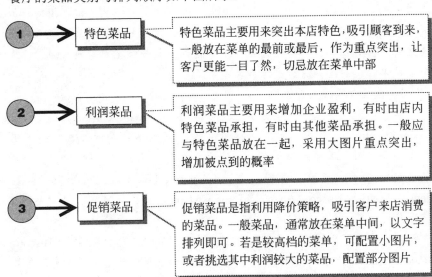

1	特色菜品	特色菜品主要用来突出本店特色,吸引顾客到来,一般放在菜单的最前或最后,作为重点突出,让客户更能一目了然,切忌放在菜单中部
2	利润菜品	利润菜品主要用来增加企业盈利,有时由店内特色菜品承担,有时由其他菜品承担。一般应与特色菜品放在一起,采用大图片重点突出,增加被点到的概率
3	促销菜品	促销菜品是指利用降价策略,吸引客户来店消费的菜品。一般菜品,通常放在菜单中间,以文字排列即可。若是较高档的菜单,可配置小图片,或者挑选其中利润较大的菜品,配置部分图片

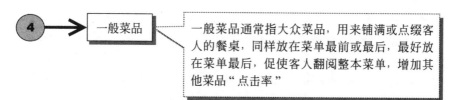

4 ──→ 一般菜品 ┄┄┄ 一般菜品通常指大众菜品，用来铺满或点缀客人的餐桌，同样放在菜单最前或最后，最好放在菜单最后，促使客人翻阅整本菜单，增加其他菜品"点击率"

餐厅的菜品类别与排列顺序

所以，一本菜单菜品的排列顺序一般为：特色菜品＋利润菜品＋大众菜品＋促销菜品。当然，每个企业都有其独特的营销之道，因此也有其独到的菜品排列方式。但是原则只有一条：符合客户群体的翻阅习惯，大图突出重点菜品。例如，有的餐厅会利用当地客人习惯的上菜顺序排列菜品：冷菜→热菜→汤→主食→酒水。

各式菜单

五、菜单的评估与修正

菜单制作完成，并非表示就可以高枕无忧了，应随时留心客人的反应，顺应时下的餐饮风尚做进一步的菜单修正。

1.修订的步骤

在修正的过程中，可以采取的步骤如下图所示。

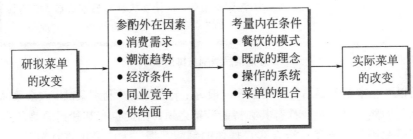

菜单修正的步骤

2.定期做口味调查

定期的口味调查即是利用问卷调查的方式，确实探知消费者的口味，以及对更换餐饮的喜好度。问卷的设计至少应包括口味、分量、热度、香味、装饰、价格六项。调查的频率不可太多，也不可太少，每半年或一年一次最理想，其注意事项如下。

（1）经常和同业做口味比较 为了使比较的结果更具参考性，做比较时必须把握"模拟"的原则。例如一家中型的粤菜餐厅，就应和中型粤菜餐厅做比较。而口味比较可先从同地区的同业比较开始，然后再逐渐比较其他区域的同业。

（2）简化菜单，淘汰不受欢迎的菜色 在调整菜单时，乏人问津或极少卖出的冷门菜，应该毫不犹豫地把它们剔除掉。这样不仅可以减少材料的准备和浪费，也可避免第一次上门的顾客点到这些菜，而对餐厅的口味产生不良的印象。

（3）套餐的运用 套餐是将餐厅里最受欢迎的菜组合成套，提供消费者点菜的便利。它对经常来用餐的老主顾来说，是个划算的选择。对第一次上门的新客人，则有"广告"的作用，能帮助餐厅在客人心目中建立良好的第一印象。

（4）多推出季节性的菜肴 大多数海鲜、蔬果类的食品都有一定的生产季节，在生产季节中这些食品不但数量、多品质佳，价格也比较便宜；而不在生产季节时，不但数量少、品质差，价格也变得很贵。

3.分析每日销售情形

使用"每日菜单销售情形表"来正确记录菜色的消耗量，然后将所有菜分为四类。

（1）受欢迎且获利高。

（2）不受欢迎但获利高。

（3）受欢迎但获利低。

（4）不受欢迎且获利低。

如此一来，每月或每周评估时，就知道什么菜该保留、什么菜该删除。但是在删除菜色的同时，也要注意菜单的完整性，若把所有不受欢迎且获利低的菜色全部删除的话，菜单可能将支离破碎，餐厅的特色也将不复存在。

六、菜单定价

在定价的决策里应考虑顾客对餐品与价值之间的联想。简单地说，餐饮业的"产品"价值，都是依顾客的眼光来评定。

1.定价时需考虑因素

既然餐饮产品是由食物食材及其外层的各种因素所构成的，定价时当然要包括材料成本、人事费用、场地租金等有形的成本，除了这些，为了使其"产品"更具市场性，定价的策略也不能忽略同业的竞争和顾客的心理因素。

（1）同业的竞争　餐饮企业经常面临同一地区内有同等级及相似产品的挑战。"知己知彼，百战百胜"，因此应先熟读同业的菜单，并了解热门的食物种类及其定价，然后用产品差异法或是重点产品的低价方式切入市场，以吸引更多的客人。

（2）顾客的心理因素　在价格心理学的理论中提及，数字策略的运用的确可以加强顾客购买的欲望。标价199的商品要比标价200元的商品好卖，同样地，奇数结尾的149元标价，也比定价是整数的150元更令人心动。同时，还可以采用"声东击西"策略，转移顾客的注意力。

一个以东北大馅饺子为主营业务的特色餐馆，如果你是第一次光顾，你很容易从店面装修的外观来直观感受他们的特色——纯木质清漆的门头，几个仿清朝的大炮和酒坛，店内大堂陈列的是清朝十三帝的大幅画像，还有很多胸前挂着星级的具有清朝特色的服务员等。但如果你马上被这些特色所吸引而沉醉，则很难看懂他们的深层营销手段。其实他们除了这些直观的装修特色和人文环境之外，整体的档次倒是一般，甚至连贵宾包厢都设在了地下半层（哈尔滨的特殊建筑结构），这其实是没有太明显的吸引力的。

最高明的促销秘笈就藏在他们的菜单上。如果你只点了饺子，则正常的肉馅饺子无论是蒸饺还是水饺一律6元一份（12个）。客观上说，这个价格对应他们的产品，其实是不贵的，并且可以向你保证绝对新鲜好吃。但千万不要涉及菜品，因为随意一道菜品的价格动辄数十元。

但是，又有谁只吃饺子而不点菜呢？所以你一旦点了菜品，甚至哪怕是简单的凉菜，价格都是不菲的。值得一提的是：由于饺子非常好吃且实惠，所以商家就将饺子的价格表压到了每张餐桌、每个台位的玻璃下面，而菜品的价格却没有提供。凉菜和炖菜都需到橱窗现场选购，而其他菜品则可以直接通过服务员来点。这时候，你便会不自觉地丧失了对菜品价格的直观敏感性，而满脑子都是"饺子好吃又很实惠"的美好印象。

如果你今天带的是贵客，则马上会有"眼尖"的服务员殷勤地给你推荐60元一份的"鲍鱼蒸饺"等其他高档菜品。并且不由分说地"积极"给你推荐到手。有意思的是，如果你直接点饺子而没有点其他菜品，则马上会有服务员非常"善意"地提醒你说："您可以先点菜，饺子上得快，不着急。"

2.定价策略

在定价的艺术里，通常要考虑"顾客付款的能力"，这种方式当然是最直接的联想，而且是重要的市场因素之一。实际上，还是有些技巧能帮助餐饮经理在定价的过程中，在成本、利润与经营理念上取得平衡，同时能确定定价不至于太高，致使竞争者有机可乘，也不会因售价太低而利润微薄。

特别提示

不同管理控制系统的餐厅，当然会有不同的定价策略，但是下面两点基本原则是不变的：每道菜制备所需的食物材料，包括调味料，都要精确地算入成本里；价格需订在顾客可接受的范围内。

一般餐饮企业采用的定价策略有三种，具体如下表所示。

定价策略

序号	策略	说　明	备　注
1	合理价位	客人能负担得起，且在餐厅有利润的前提下，以餐饮成本为基数，加上某特定倍数而制定出来的价格	食物成本比例确定一个标准，如46%，意思是希望所有食物的成本约占销售总额的46%
2	高价位	有些餐厅会把菜单的价格定得比合理价位高出许多的"天价"，其主要目的有两个 （1）产品独特，市场无竞争对手，销售者可乘机赚取最高利润 （2）本身知名度高，信誉卓著，于是将主要顾客定位在"金字塔"的顶端，迎合这些顾客的价值观念，使出入餐厅的客人身份地位的表征得以满足	在执行时，需配合着高品质的产品及完善的服务等附加价值，使顾客更能欣然接受
3	低价位	为了促销新产品，或为了出清存货，求现周转，把菜单价格定在比总成本低或边际成本的价格，使市场的接受率大大提高，薄利多销	

3.常见的菜单定价法

餐饮业虽然每日有庞大的现金收入,但大小餐厅到处林立,不能和高科技产品一样申请专利而抬高售价,其利润占销售金额的1～4成。

目前广受欢迎的两种定价方法为成本倍数法和利润定价法,现说明如下。

(1)成本倍数法 即在决定菜单售价时,首先会考虑到餐饮成本,而此成本实际上是由食材、工资及经常费用三项构成的。因此,最常见的餐饮定价法自然是所谓的成本倍数法,其计算步骤如下。

某道菜材料成本为20元。

某道菜人工费为5元。

主要成本额为20+5=250(元)。

设定主要成本率为60%。

求主要成本率的倍数:100%÷60%=1.66(倍)。

主要成本额×倍数=售价25×1.66=41.5(元)。

此方法的优点是简单易算,清楚易懂,但是餐饮的经营,除了主要成本(材料及人事费用)外,还会有其他的开销及变量,而影响最后的利润所得,因此并非最理想的方式。

(2)利润定价法 此法较有科学根据,以利润的需求和食物成本合并来计算,如下例。

假设年度预算如下。

预估食物销售额为30000元。

操作费用(不含食物成本)为18900元。

预期利润为1500元。

步骤一:预估食物成本30000–(18900＋1500)=9600(元)。

步骤二:计算出定价的倍数为30000÷9600=3.13(倍)。

步骤三:计算出每道菜的售价。

如牛排的成本为8元,售价=食物食材成本×3.13,则牛排的售价为8×3.13=25(元)。

该方法的重点是将利润估算成所花费成本的一部分,以确保利润,提高效率。

七、针对特有人群的菜单营销

1.餐饮品牌特选菜单营销

特别营销一些时令菜、每周特选和新品种等,可以丰富固定菜单,也使常客有新的感觉。

全球著名比萨巨头——棒约翰（Papa John's）经常不断地推出新的菜单。

某年3月推出全新春季菜单，除了推出8款全新产品外，继续保留其前一年的经济特选菜单，价格仍然低至8元起。

棒约翰的春季新菜单，是继前一年6月新菜单发布后的再次变身，不仅在外观完全改变，内容进一步优化调整。除了继续保留热点推荐、经济特选和亲子乐园三个拳头部分外，对产品的优化调整成了此次新菜单上一大看点。棒约翰推出的8款新品中，有小吃、沙拉、甜点、汤等多项组合，另外还地将广受好评的芝士卷边比萨纳为长期产品。

在推出经济特选菜单时，棒约翰就承诺这不再只是一个短期吸引消费者的促销，时隔8个月，就又推出了经济特选菜单，同时价格一分钱没涨，仍然是8元、18元、28元、38元的超值价。经济特选不仅为年轻的"白领一族"提供便利超值的午餐选择，同时也给热爱尝新的顾客提供性价比更高的选择，棒约翰甚至很贴心地将其新推出的魔鬼辣鸡翅和香芋甜心也纳入了经济特选菜单，只要花上8元就可以享受到这两款评价超高的新品，实在是非常划算。

2.餐饮品牌儿童菜单营销

儿童餐厅行业是一个朝阳行业，充满激情、创意和梦想。现在，许多餐厅都增加了对儿童的营销，提供符合儿童口味的菜肴，从而进一步开拓市场。当然，也有以儿童为主题的主题餐厅，转为儿童提供各种服务。

中国台湾有一家大嘴巴儿童餐厅，不仅专为儿童所打造，还是一个最能让小朋友欢笑游玩的快乐场所。因为在大嘴巴儿童餐厅里除了有依照小朋友身高所量身定做的各式趣味动物造型餐桌椅外，餐厅内还设计了一整面的彩绘涂鸦玻璃墙，免费提供彩色擦擦笔让小朋友随心所欲地涂涂画画，同时还贴心设置儿童视听休憩区，让小朋友可以随意坐在地上阅读或欣赏儿童艺术影片，更令人开心的是餐厅外还有可供亲子一起玩耍的户外戏水池及美术馆中充满丰富绿意的大自然景观。

大嘴欢笑儿童餐包括花花绿绿的蔬果餐、快乐口福卷饼餐、大嘴巴潜艇堡餐、活力满足焗烤餐、太极人形薯片、棒棒糖玉米条、缤纷水果冻、彩虹冰激凌、绿薄荷冰激凌等。

3.餐饮品牌中年人菜单营销

根据中年人体力消耗的特点，提供满足他们需求热量的食物，吸引讲究美容的这部分客人。这种菜单往往被客人带走的较多，应印上餐厅的地址、订餐电话号码等，以便营销。

餐厅应根据详细情况，交换菜单进行营销，但变换菜单必须依据以下几点。

（1）根据不同地区的菜系变换。

（2）根据特殊的装饰和装潢变换。

（3）根据餐厅中特殊娱乐流动变换。

（4）根据食物摆布及陈列的特殊方法变换。

4.餐厅品牌情侣菜单营销

情侣菜单要给客人一种温馨浪漫的感觉，从名称到寓意、从造型到口味都要符合年轻人的需求特点，要给情侣们留下深刻的印象和好感。菜单可设计成影集式的或贺卡式的，并配有优美的音乐，让情侣们一开始就能感受到餐厅刻意营造的温馨甜蜜气氛。菜肴的名字也要起得有韵味，给人以浪漫动听的感觉，还可配以浪漫的爱情故事、经典传说、幽默笑话等，以增添饮食乐趣，留下美好的回忆。例如广东人的喜宴上，最后一道甜品一定是冰糖红枣莲子百合，取其"百年好合、早生贵子"之意。用百合、枣、莲子蜜汁的甜菜，可以命名为"甜蜜百合"，在菜单上注明其用料的寓意，再配上几句浪漫情诗、良好祝福，直奔爱情的主题。

5.餐厅品牌女士菜单营销

当代女性更加关注自己的美丽与健康，这不仅体现在穿着打扮上，同样也体现在对健康饮食的需求上。餐厅根据这些需求特点，可以设计出具有减肥功能、美容养颜功能等符合女士需求特点的菜单，定会赢得广大女士的喜爱。例如"美白去斑汤"，其主要原料有富含淀粉、脂肪、蛋白质、钙、磷、铁、维生素、磷脂等，有清热解毒、祛斑等功效的绿豆；含淀粉、脂肪、蛋白质、钙、磷、铁、维生素、植物皂素等，能利水消肿、解毒排脓、清热祛湿、通利血脉的赤小豆；含淀粉、脂肪、蛋白质和多种维生素，能清心安神、润养肺经、气血津液，可以养肤、润肤、美肤的百合。绿豆与百合所含的维生素能使黑色素还原，具漂白作用。因此这个菜肴不仅养颜美容，更可在炎热的气候中消暑解渴，促进血液循环，一举多得。而这些内容都可在专供女士的菜单中列出，投其所好，达到推销的目的。

第二节　店内促销

一、内部宣传品营销

在餐厅内，使用各种宣传品、印刷品和小礼品进行营销是必不可少的。常见的内部宣传品有各种节目单、火柴、小礼品等。具体如下图所示。

种类一 ▷ 按期流动节目单

餐厅将本周、本月的各种餐饮流动、文娱流动印刷后放在餐厅门口或电梯口、总台发送、传递信息。这种节目单要注意下列事项
(1) 印刷质量，要与餐厅的等级相一致，不能太差
(2) 一旦确定了的流动，不能更改和变动。在节目单上一定要写清时间、地点、餐厅的电话号码，印上餐厅的标记，以强化营销效果

种类二 ▷ 餐巾纸

一般餐厅都会提供餐巾纸，有的是免费提供，有的则是付费的。餐巾纸上印有餐厅名称、地址、标记、电话等信息

种类三 ▷ 火柴

餐厅每张桌上都可放上印有餐厅名称、地址、标记、电话等信息的火柴，送给客人带出去做宣传。火柴可定制成各种规格、外形、档次，以供不同餐厅使用

种类四 ▷ 小礼品

餐厅经常在一些特别的节日和流动时间，甚至在日常经营中送一些小礼品给用餐的客人，小礼品要精心设计，根据不同的对象分别赠予，其效果会更为理想。常见的小礼品有：生肖卡、印有餐厅广告和菜单的折扇、小盒茶叶、卡通片、巧克力、鲜花、口布套环、精制的筷子等

店内常见的宣传品

店门口的广告牌

二、门口告示牌营销

招贴诸如菜肴特选、特别套餐、节日菜单和增加新的服务项目等。其制作同样要和餐厅的形象一致，经专业职员之手。另外，用词要考虑客人的感慨感染。"本店下战书十点打烊，明天上午八点再见"，比"营业结束"的牌子来得更亲切。同样"本店转播世界杯足球赛实况"的告示，远没有"欢迎观赏大屏幕世界杯足球赛实况转播，餐饮不加价"的营销效果佳。

三、餐厅服务促销

餐厅服务促销包括以下几个方面。

1.知识性服务促销

在餐厅里备有报纸、杂志、书籍等以便顾客阅读，或者播放外语新闻、英文会话等节目。

在顾客等待上菜期间，可以提供一些供顾客阅览的报纸、杂志，一方面会让顾客感到服务周到细心；另一方面还会消除顾客等待时的无趣。

在一家不足300平方米的餐厅里，墙上竟然贴满了3000多张老报纸，串联起新中国成立史。顺着楼梯上到二层，人们仿佛走进了时光隧道，历史开始回放。墙上贴得满满的，都是各个时期的老报纸，有新中国成立之初的，也有20世纪80年代改革开放时期的。3000多张老报纸由宏观到微观，全方位、多角度地展示了新中国的沧桑巨变，每个读者都能清晰地感受到新中国的成长壮大。其中最珍贵的一张是1959年10月2日《人民日报》新中国成立10周年的《国庆特刊》，当天的报纸上，有赫鲁晓夫、金日成等访华的报道。为了找到这些报纸，餐厅负责人可以说是不知跑了多少图书馆、古玩市场，磨了多少嘴皮子。

2.附加服务促销

在午茶服务时，赠予一份蛋糕，给女士送一支鲜花等。客人感冒了要及时告诉厨房，可以为客人熬上一碗姜汤，虽然是一碗姜汤，但是客人会很感激你，会觉得你为他着想，正所谓："礼"轻情意重。

在餐桌中的适当讲解运用，都是很有意思的。如给客人一边倒茶水，一边说"先生/小姐您的茶水，祝您喝出一个好的心情"。在客人点菊花茶的时候，可以为客人解说"菊花清热降火，冰糖温胃止咳，还能养生等"，这都是一种无形的品牌服务附加值。虽然一般，无形却很有型。客人会很享受地去喝每一杯茶水，因为他知道他喝的是健康和享受。

过生日的长寿面，如果干巴巴端上一碗面条，会很普通，如果端上去后轻轻挑出来一根，搭在碗边上，并说上一句："长寿面，长出来。祝您福如东海，寿比南山"。客人会感觉到很有新意（心意），很开心，这碗面也就变得特别了。

海底捞的许多服务被称为"变态"服务。在海底捞等待就餐时，顾客可以免费吃水果、喝饮料，免费擦皮鞋，等待超过30分钟餐费还可以打9折，年轻女孩子甚至为了享受免费美甲服务专门去海底捞。

海底捞的这些服务贯穿于从顾客进门、等待、就餐、离开整个过程。待客人坐定点餐时，服务员会细心地为长发的女士递上皮筋和发夹；戴眼镜的客人则会得到擦镜布。隔15分钟，就会有服务员主动更换你面前的热毛巾；如果带了小孩子，服务员还会帮你喂孩子吃饭，陪他们在儿童天地做游戏。餐后，服务员马上送上口香糖，一路上所有服务员都会向你微笑道别。如果某位顾客特别喜欢店内的免费食物，服务员也会单独打包一份让其带走。

如美甲服务在美甲店至少要花费50元以上，甚至上百元，而海底捞人均消费60元以上，就可享受免费美甲服务，对于爱美的女孩子很有吸引力。

海底捞将时尚事物和传统饮食结合起来，结合得恰到好处。海底捞将美甲和餐饮服务联系在一起，将美丽赠予给这些女性消费者，而这些消费者体验之后，也将她们的感受带给了更多的人。

3.娱乐表演服务促销

用乐队伴奏、钢琴吹奏、歌手驻唱、现场电视、卡拉OK、时装表演等形式起到促销的作用。一股表演之风流行起来：民族风情表演、民俗表演、变脸表演、舞蹈表演、样板戏、阿拉伯肚皮舞、"二人转"、传统曲艺等。

这些表演大多是在大厅里举行的，并不单独收费，是吸引消费者目光的一项免费服务。但是如果顾客要点名表演什么节目，就要单独收费了。在激烈的市场竞争中，不做出点特色来，要想立足也不是一件容易事。

如某网友评价一家餐厅的演出说："这里的演员真的是很卖力，演出博得了一阵阵的掌声和顾客的共鸣。每人还发一面小红旗，不会唱也可以跟着摇，服务员穿插在餐厅之间跳舞，互动性极强。注重顾客的参与性，必然会赢得更多的'回头客'。"

4.菜品制作表演促销

在餐厅进行现场烹制表演是一种有效的现场促销形式，还能起到渲染气氛的作用。客人对色、香、味、形可以一目了然，从而产生消费冲动。现场演示促销要求餐厅有良好的排气装置，以免油烟污染餐厅，影响就餐环境。注意特色菜或甜品的制作必须精致美观。

俏江南强调把菜品做成一种让顾客参与体验的表演。比如"摇滚色拉"和"江石滚肥牛"等招牌菜品，服务员表演菜品制作，并介绍菜品的寓意或来历等，使消费者在感官上有了深度的参与和体验。

5.借力促销

餐饮服务员向客人介绍和促销菜品时，可借助所在餐厅的名气、节假日的促销活动、金牌获奖菜的美名以及名人效应来向客人推荐相应的菜式，会得到事半功倍的效果，如下图所示。

方式一 　借助餐厅名气促销

沈阳鹿鸣春餐厅是历经百年沧桑的老字号，其名字"鹿鸣春"三个字来自于《诗经·小雅》篇，有浓厚的历史文化蕴味。20世纪80年代末期，餐厅的经营出现了前所未有的火爆，每次接待外宾，餐饮服务员都要介绍店名的来历，对推荐高档菜肴起到了强化作用。如鹿鸣春"富贵香鸡"就是在"常熟叫化鸡"的基础，在名厨的指导下，用环保、绿色的工艺手法对后者进行大胆的创新，受到海内外客人的一致好评

方式二 > 借助节假日促销

> 在促销菜品时，餐饮服务员不要忘记向客人传递企业促销活动信息。如节假日的促销举措、美食节期间创新菜的信息、店庆时的优惠信息，这些会激起客人再次光临就餐的欲望

方式三 > 借助金牌获奖菜促销

> "游龙戏凤""凤眼鲜鲍""兰花熊掌""红梅鱼肚"曾获得××美食节大赛金奖，长销不衰。由于该系列菜品食材珍稀，加工精细，给客人留下了难以忘怀的美味和享受。直到现在，客人在餐厅就餐时还要点这四道名菜。餐饮服务员介绍和推荐此类菜品的过程之所以十分顺畅，正是因为借助了金牌获奖菜的品牌效应

方式四 > 借助名人效应促销

> "名人菜单"也可以成为卖点。连战、宋楚瑜在南京访问期间专门赴"状元楼"品尝秦淮小吃，"连宋菜单"不胫而走，夫子庙的风味菜品立刻异常火爆。所以，餐饮服务员若抓住"名人效应"的良机，则会更有利于点菜销售工作

四大借力促销方式

四、餐厅主题文化促销

主题文化促销是基于主题文化与促销活动的融合点，从顾客需求出发，通过有意识地发现、甄别、培养、创造和传递某种价值观念以满足消费者深层次需求并达成企业经营目标的一种促销方式。

1.借鉴文化因素

餐厅应该努力寻找产品、服务、品牌与中国文化的衔接点，增加品牌的附加价值，在企业促销活动中借鉴各类文化因素，有效地丰富餐厅的内涵。

（1）深挖历史和民俗 深入挖掘各个历史朝代的饮食文化精神，汲取民族原生态的饮食文化习俗，从形式到内核进行总结和提炼，保留原汁原味或改良创新。通过就餐环境的装潢设计、服务人员的言谈举止、菜品的选料加工、相关文化节目的现场表演等一系列促销手段给顾客带来难忘的消费体验。

北京的"海碗居"老北京炸酱面馆就是将地方传统文化与餐饮经营有效融合的典型例子。带着浓重北京腔的吆喝声，身着对襟衣衫、脚蹬圆口黑布鞋、肩搭

手巾把儿的小伙计，大理石的八仙桌，红漆实木的长条凳，京腔京韵的北京琴书，地道的北京风味小吃，每一个因素无不映衬出古朴的京味儿文化。在此就餐不仅仅是品尝北京的地方菜品，更重要的是体验北京的地方文化氛围。

（2）迎合时尚因素　追求时尚是许多现代人的重要心理需求，在餐饮服务中加入时尚的文化因素往往能够调动起人们的消费欲望。个性、新奇性和娱乐性成为很多现代餐厅着力打造的卖点。以各种文化娱乐元素为主题、装潢别致的小型餐厅层出不穷，为满足现代年轻人个性化需求的诸如生日包厢、情侣茶座等特色服务项目屡见不鲜。各式各样迎合都市时尚及生活方式的文化促销方式给传统的餐饮行业注入了新鲜的活力。

2.塑造优秀企业文化

餐厅品牌文化促销，需要构建自己的企业文化。现在许多餐厅都有着自己的企业文化。餐饮是服务企业，比起其他生产型企业来讲，更多的是通过员工的服务来完成菜品、酒水的销售。那么，企业文化的建设对于餐厅来讲，有着更为重要的作用。

（1）树立"真、善、美"文化价值取向　餐厅可以制作一本企业文化手册，从而明确定位企业文化。以下列举一些知名餐厅的企业文化。

① 俏江南的企业文化摘要如下。

俏江南以"时尚、经典、品位、尊宠"为经营理念，致力于打造一个世界级的中餐品牌，成为全球餐饮业的管理标杆。

俏江南期望给予每一位顾客品种丰富、口味独特、营养健康的产品和难忘的用餐经验，期待顾客再一次光顾俏江南。俏江南关爱社会，感恩于支持俏江南发展的社会和合作伙伴，期望持续创造最佳的利润，不断超越自我，带给俏江南的投资者最好的回报。俏江南将"勤奋、正直、感恩、爱心"作为员工的德行标准。

要求员工做到以下几点。

（1）必须具有高尚正直的品格，要人正、心正、行正。

（2）必须具有勤奋、勤俭、勤勤恳恳的拼搏精神。

（3）必须具有感恩之心，要感恩社会、感恩客人、感恩一切美好事物。

（4）必须具有爱心，对工作没有"不"，对生活要有"情"，对生命要有"爱"。

俏江南视每一位员工为家庭成员，倡导关爱身边工作伙伴，期待每一位伙伴能够发挥其最大潜能，与俏江南共同成长。

生机勃勃，走向一个又一个新的辉煌！

② 湘鄂情的企业文化摘要如下。

1.湘鄂情赋

（1）湘鄂两省，以洞庭分南北，是衣带之毗邻。自古为荆楚之地，有楚文化名震四海，惊艳天下。楚地文化，神奇谲秘，气象万千；老庄玄学，屈宋辞骚，开浪漫主义先河；帛画竹简，青铜砖瓦，展楚汉艺术雄风。

（2）湘鄂情酒店雏形于荆楚大地，展翅于特区深圳，腾飞于首都北京。坚持以人为本，倡导以德治店，以情待人，锐意发展创新。融湖湘、荆楚文化底蕴为内涵，集湘、鄂、川、粤菜系之大成，迎来五湖四海顾客，引领美食文化新风。

（3）湘鄂情人既钟情于食，更注重于情，连锁建店，规模恢弘，兴企业文化，传楚汉遗风，鸾飞凤翥，日升月恒，绿色餐饮常绿，生命之树长青，广交天下挚友，笑纳各界佳朋，诚可谓同声同气同乐，乡情亲情友情，其乐融融，其意融融。

（4）双峰人左汉中谨启，壬午年仲夏于城东。

2.湘鄂情企业歌

（1）湘鄂情集团之歌

词：瞿琮　　曲：杜鸣

我们来自五湖，我们来自四海，我们踏着青春的节拍走到湘鄂情来；我们把握今天，我们创造未来，我们真诚的笑脸坦荡着火热的情怀，乡情在，友情在，亲情在，永远不变的是湘鄂情的爱，乡情在，友情在，亲情在，永远不变的是湘鄂情的爱。

我们无比快乐，我们无比豪迈，我们拥抱幸福的时代走到湘鄂情来，我们把握今天，我们创造未来，我们衷心的祝福充满了火热的情怀，乡情在，友情在，亲情在，永远不变的是湘鄂情的爱，乡情在，友情在，亲情在，永远不变的是湘鄂情的爱。

（2）湘鄂情

词：瞿琮　　曲：杜鸣

洞庭雨，五岭风，湘江鄂水汇流东；故园几度旭日红，爱与共心相同。东湖梅，南岳松，天涯咫尺梦芙蓉，今宵举杯会高朋，情更重，意更浓。

管弦动，舞影弄，盛世太平人称颂，何日与君再相逢？艳阳里，明月中。管弦动，舞影弄，盛世太平人称颂，何日与君再相逢？艳阳里，明月中。

3.经营理念

乡情：同饮一方水，同担一山柴，同声同气楚天来。

亲情：同居屋檐下，同乐百家事，同贤同孝福寿来。

友情：同做天下事，同拥大业归，同仁同义醉一回。

4.公司理念

尊重人才，依靠人才，为优秀的人才创造一个和谐的、富有激情的环境，是湘鄂情成功的首要因素；不断追求创新、追求卓越，是湘鄂情不竭的力量源泉；高素质的员工队伍，是湘鄂情赖以成长、发展的资本；强烈的事业心和无私的奉献精神，是湘鄂情永葆活力的关键所在，国际化、现代化是湘鄂情始终不渝的企业目标。

5.服务宗旨

（1）顾客至上：客人永远是对的，对客人的服务永远排在第一位。

（2）主动热情：以真诚的爱心为顾客提供优质的服务。

（3）礼貌微笑：是每一位工作人员对客人的服务应具备的基本要求。

（4）团结合作：和谐的团队精神是达到最高效率和最佳服务的基础。

6.湘鄂情使命：传播餐饮文化、齐聚人间真情。

7.湘鄂情愿景：引领行业革命，成就卓越人生。

8.湘鄂情价值观：重情义、勤创新。

9.湘鄂情客户观：情聚四海，义满天下。

（2）注重员工文化培训，实行全员文化促销　餐饮企业把企业文化建设得好，员工素质自然会提高。因此，餐饮企业管理者在企业培训活动中应加强对企业文化的培训，让优秀的企业文化深深植入员工的心中，体现在员工的行动上，使每一个员工都成为文化的主动实践者、文化的自觉变革者和文化的积极传播者。通过员工这个外界了解企业的"窗口"，传播良好的企业品牌形象，直接影响消费者对餐厅的评价和定位。

3.出版物促销

餐厅的宣传小册子，其内容包括餐厅的位置，电话号码，预订方法，餐厅容量、服务时间及方式，菜肴品种特色、娱乐活动以及餐厅的菜单、酒水、饮料单等。

第三节　跨界营销

所谓"跨界营销"，就是餐饮企业与其他企业合作，利用合作企业的客户资源来实现双赢，是广告营销的一种新形式。

　　关注并实施"跨界营销"的核心很大程度在于可以借别人的优势来补充自己的劣势。它打破了传统的营销思维模式，通过寻求非业内的合作伙伴、发挥不同类别品牌的协同效应、避免单独作战的同时达成"1+1>1"之势。跨界可以从不同角度诠释同一个产品的特征并且让产品的形象更为立体。

一、与银行捆绑合作

　　现在，许多餐饮企业都会选择与银行合作，成为银行的优惠商户，持卡人到优惠餐饮商户消费即可享受相应折扣或优惠。

　　银行和餐饮企业为折扣买单，对消费者来说是一种实惠；对商家和银行来说也是一种长期实惠，可以实现长期和反复消费以及增加客户数量。因此，许多餐饮企业纷纷与不同银行建立"捆绑"关系，以此来吸引众多的持卡客户消费。如外婆家餐饮，就同时与中国银行、广发银行、中信银行、招商银行等近10家银行合作。

拓展阅读

工商银行推出美食卡

　　2009年，工商银行以"爱美食、爱生活"为主题，隆重推出国内首张以餐饮为主题的信用卡"××美食卡"，大力倡导"享受美味健康饮食，感受中国饮食文化"。

　　"××美食卡"包括四款卡片，分别为五谷丰登、连年有余、延年益寿、美酒佳酿，卡面设计主元素为中国民间传统艺术表现手法——"剪纸"，充分展现了中国美食的精髓。除卡面设计独具匠心外，"××美食卡"还向持卡人提供了极具吸引力的折扣优惠、回馈活动以及美食指南等服务。

拓展阅读

建设银行美食特惠活动

　　建设银行美食特惠活动是建设银行信用卡的传统品牌活动，因优惠的折扣和每年近万名持卡人有幸得到年夜饭奖励而受到客户青睐。

　　2010年，建设银行在全国精心甄选了3000多家餐饮名店及知名连锁餐厅，以规模最大、美食最全、回馈最多的特点，让客户体验"刷××信用卡，尽享天下美食"的乐趣。2010年6月起至12月底，持建行信用卡至全国3000多家特约知名连锁或精选餐厅刷卡用餐，可享折扣优惠和双倍积分，过生日的顾客，还可获赠蛋糕、红酒等关怀好礼。2010年10～12月单笔消费满888元有机会成为"美食之星"，获赠年夜饭，与家人共享新春欢乐。

🔍【实战范本】××饭店刷卡餐饮优惠专区 ▶▶▶ --------------------

××饭店刷卡餐饮优惠的介绍如下表所示。

××饭店刷卡餐饮优惠活动介绍

持卡对象	优惠内容	优惠时间	备注
××卡	刷卡8.8折	全年	
××卡	持卡人生日当月消费满__元（含）以上，本人享5折特惠，同行顾客享8.8折优惠，并可获赠6寸生日蛋糕一个（须提前三天预订）	5月1日～10月31日	（1）需用合作优惠银行信用卡结账方可享用餐饮优惠 （2）不与其他餐饮优惠及特殊节日优惠相累加 （3）餐饮优惠需另付原价10%的服务费 （4）若有其他未尽事宜，以饭店规定为准
××卡	持卡人消费满××元（含）以上，获赠进口红酒一瓶	8月8日～12月8日	（1）请于订位时告知服务人员持卡消费，可享用餐饮优惠 （2）不与其他餐饮优惠及特殊节日优惠相累加 （3）餐饮优惠需另付原价10%的服务费 （4）若有其他未尽事宜，以饭店规定为准

在此，以招商银行信用卡为例进行简要介绍。

1.选择合适银行合作

既然成为银行特惠商户有利于餐饮企业的发展，那么如何选择合适的银行呢？

餐饮企业可以对自己的消费群体进行划分，找出主要消费群体，然后查找银行主要客户，从而找到与自己企业客户群体大致相同的银行开展合作。一般在银行官方网站或特惠商户服务建议书上都会有其持卡人的相关资料介绍。

2.银行对特惠商户的要求

当然，银行也会对特惠商户有一定要求，并不是所有企业都可以成为其特惠商户。如某家银行的特惠商户营销指引中要求"以排名靠前及特色商户为主，以点带面，全面发展"。

餐饮企业要成为银行特惠商户就必须与银行签订合作协议，以此来保护双方的合法权益。下面提供了一份××银行特惠商户协议范本，供读者参考。

【实战范本】××银行特惠商户协议 ▶▶▶ --------------------------------

合同编号：

甲方：××餐饮企业（以下简称甲方）

地址：_____

法定代表人：_____

联系人：_____

联系电话：_____

乙方：××银行××分行（以下简称乙方）

地址：_____

负责人：_____

联系人：_____

联系电话：_____

甲乙双方根据国家法律法规的规定，以平等、互利、自愿为原则，经过充分协商，就××卡特惠商户事宜达成如下协议。

一、合作目标

通过双方共同努力，引导更多的××卡持卡人在甲方营业场所刷卡消费，促进双方业务的共同发展。

二、合作内容

1.本协议中的优惠对象是指以下几类持卡人。

（1）××信用卡、××贷记卡和××国际信用卡及其各类联名卡、认同卡。

（2）上述卡种中的××旅游卡。

2.甲方应向乙方××卡持卡人提供以下优惠。

_____

_____

3.优惠有效期为____年____月____日至____年____月____日。

4.参与优惠活动的甲方营业场所如下。

名称	地址	电话

三、双方的权利和义务

1.甲方有权要求乙方在制作特惠商户手册时，在手册中刊载本协议约定的优惠内容和甲方单位的信息。

2.甲方享有通过乙方指定的宣传渠道宣传本协议内容的权利。

3.甲方享有了解本协议签订后乙方持卡人在甲方交易统计信息的权利。

4.甲方有权要求乙方进行与本协议相关的业务培训。

5.甲方应在收银台位置摆放××特惠商户标志牌。

6.甲方应使其员工充分了解协议规定的优惠活动，并在顾客消费时主动提示客户本协议规定的优惠活动。

7.甲方应按照本协议规定向约定的××卡持卡人提供相应的优惠。

8.甲方确保提供给乙方持卡人的优惠不低于其当前提供给其他银行同等级卡种持卡人的优惠。协议期内甲方如给予其他银行持卡人更大的优惠，乙方同等级持卡人自动同时享有同等优惠待遇。

9.甲方同意向乙方提供甲方的标志及相关信息，同时授权乙方在协议期内进行特惠商户业务宣传时免费使用甲方提供的标志和相关信息。

10.若乙方持卡人在甲方指定场所未能享受约定的优惠，甲方须自接到乙方转来的客户投诉之日起5日内查实并履行约定的优惠。无法履行时，应给予乙方持卡人相应的补偿。

四、协议的变更、续签和解除

协议有效期内，甲、乙双方任何一方如果提出变更或终止本协议，需以书面形式通知对方，经双方协商一致可签订补充协议或终止协议书，于新协议签订之日起60日内生效。

1.如遇以下一种或多种情况，乙方有权随时终止本协议。

（1）甲方未按照本协议约定给予乙方持卡人应有的待遇并拒绝履行或补偿。

（2）甲方不再具备受理银行卡的条件。

（3）甲方有严重损害乙方利益的行为。

如果因为甲方的上述行为而给乙方造成损失，甲方应当赔偿乙方损失。

2.协议到期前一个月，双方均未提出书面变更或终止要求，合同自动顺延，顺延后的协议期限与原协议期限相同，依此类推。

3.协议终止时，甲方应归还乙方特惠商户统一受理标志。

五、附则

1.本协议执行过程中双方如发生争议，应本着诚实守信的原则友好协商，如双方协商无效，应向乙方所在地法院提起诉讼。

2.本协议一式两份，双方各执一份，具有同等效力。

甲方：_____　　　乙方：_____

有权人签章：_____　　　有权人签章：_____

日期：_____　　　日期：_____

二、与商场（超市）合作促销

餐饮企业可借用商场（超市）开展促销。如将餐饮企业免费优惠券放在收银台处由顾客自己随便拿取，或在商场（超市）消费满一定金额即送代金券等。

三、与电影院合作

吃饭、看电影是人们休闲娱乐的重要方式，吃完饭到电影院看电影是很多人的习惯。因此，餐饮企业可以选择与附近电影院合作，如消费满一定金额即送电影票一张等。

四、与饮料企业合作

餐厅与饮料有什么共通之处，其合作对于餐饮企业促销有何好处？显而易见，这两种类型的企业都属于"吃"的范畴。在超市购物买完饮料，刚好可以去餐厅吃个晚餐，何况还有优惠呢！这种促销对于消费者而言具有一定的吸引力。

🔍【实战范本】××餐饮企业与可口可乐联合促销 ▶▶▶ ------------------

可口可乐联合××餐饮企业做促销活动，在超市购买一瓶可口可乐饮料，就能获赠一张消费券，凭此券到相应餐厅消费，可享受指定菜品4～5折的优惠价。

对于可口可乐和××餐饮企业来说，这次活动起到了互惠互利的作用。由于该餐饮企业是可口可乐公司的长期客户，双方常有合作。餐饮企业可以借助可口可乐的促销渠道来提高市场知名度，贴进去的食材成本相当于付了广告费。

五、与互动游戏企业合作

互动游戏是年轻人的最爱，因此以年轻人为消费群体的餐饮企业可以选择与其开展合作促销，以推广品牌、实现共赢。

🔍【实战范本】小尾羊、麒麟游戏合作 ▶▶▶ ----------------

2010年，小尾羊餐饮连锁股份有限公司与互动游戏企业麒麟游戏在包头市达成战略性合作协议，宣告中国实体餐饮与虚拟网游首次展开异业合作，双方将在麒麟游戏全新网游大作《成吉思汗2》中展开系列合作，于2010年下半年启动。

小尾羊携手麒麟公司率先在双方终端开启异业合作，不仅可以增加小尾羊的市场竞争力，更将提供广阔发展空间。麒麟游戏拥有庞大的年轻用户群体，通过此次合作将扩大小尾羊的受众群体与消费量，而双方品牌的叠加效应会创造出更多的经济和社会效益。

对于餐饮企业而言，与互动游戏合作是一种新的跨界营销方式，无疑是一个很好的尝试。当然，餐饮企业同样需要寻找到与其消费群体大致相同的互动游戏企业。

六、与电器卖场合作促销

目前，很多消费者习惯于逛完卖场直接进餐厅，品尝美食，体验集购物、餐饮、休闲于一体的"一站式"服务，因此餐饮企业可以与电器卖场开展合作促销。

🔍【实战范本】百胜与苏宁合作促销 ▶▶▶ ----------------

2012年，美国餐饮业巨头百胜与中国3C家电连锁零售业巨头苏宁宣布缔结全国性战略联盟，联手打造"购物-餐饮生活圈"的新型商业模式。

根据协议，百胜将在苏宁遍布全国的商业物业内开设肯德基、必胜客、必胜宅急送、东方既白和小肥羊等品牌餐厅，并制定了未来开设150家的战略目标。

百胜旗下品牌入驻苏宁商业物业，使消费者购物之余，足不出"卖场"便能享受便利的餐饮服务，提升购物体验。对于百胜而言，苏宁对其最大的吸引力在于其数量庞大的卖场和消费者流量。

一个是国内3C家电连锁零售业巨头，一个是餐饮业巨头，两个看似关联性不大的企业之间通过此番跨界合作形成了一条互惠互利的利益纽带。
